슬리퍼 신은 경제학

슬리퍼 신은 경제학

마케터 오승훈의 작은경제론

모든 것은 귀에 딱지 앉도록 명심보감을 말씀하셨던 아버지,

내 집에 온 손님은 배불리 먹여 보내야 한다는 어머니로부터 시작되었다.

추천사

군수, 시장, 도지사를 주민들이 직접 선출하는 지방자치가 시작된 지 28년이 지났다. 하지만 지역 간 불균형은 심화되고 지방은 소멸의 위기에 놓여 있는 것이 우리의 현실이다. 한국 사회에서 발생하는 불평등의 핵심은 결국 '수도권 중심주의'다. 이 책은 지속가능한 지역경제와 자생적 자치분권의 인사이트를 제시한다. 현재 우리 사회의 문제를 정면으로 직시하고 진정한 균형발전을 고민하는 이들에게 이 책을 권하고 싶다.

- 김두관, 국회의원(前행정자치부 장관)

우리는 저마다 다른 비중과 의미로 동네에 기대어 살아간다. 그러나 온·오프라인으로 무한 확장된 도시의 선택지 속에서 우리와 가장 밀착된 공간을 공유하는 동네 상점들과 상인들의 운명은 늘 위태롭다. 빅데이터 기반의 알고리즘으로도, 자본력을 앞세운 최저가 시스템으로도 경쟁할 수 없는 동네 가게의 생존 전략은 과연 어디에서 찾아야 할까? 마케터로서 이 지점을 고민하던 저자의 문제의식은 어느새 자영업의 사회적 역할, 주체적인 소비자로서 경제구조를 바꾸는 주민들의 태도가 갖는 가치, 그리고 더 나아가 건강한 삶을 독려하는 동네 환경이라는 도시계획적 영역까지 도달한다. 자본주의에 대한 역발상을 통해 끊임없이 공공 정책의 전형성에 도전해 온 저자의 독보적인 작업량과 디테일에 감탄하다 보면, 일견 투박해 보일지라도 진정성이 담긴 그의 제안에서 변화를 위한 소중한 씨앗을 발견하게 된다.

- 최이명, 도시계획학 박사

동네 장사 10년째, 꼬박꼬박 회원 등록해 주는 동네 주민들 덕분에 행복하게 먹고삽니다. 동네 사람이 아닌 시민은 없다는 말이 참 와닿습니다. 저자의 말처럼, 동네가 잘되는 게 우리 모두가 행복해지는 길이 아닐까요. 이 책이 그 물꼬를 터주리라 믿습니다. 어려운 말 하나 없이도 동네경제를 이해하게 해주는 고마운 책이었습니다. 동네 장사하시는 분들께 일독을 권합니다.

- 신선숙, 행신동 '김선철탁구클럽' 부관장

머리말

우리가 경제를 바꿀 수 있는 이유

체로키 인디언 할아버지가 손자를 무릎에 앉히고 말했다.
"사람의 마음속에는 두 마리 늑대가 살고 있단다.
한 마리는 욕심과 질투가 많으며 남을 의심하면서 자신은 거짓을 말하고
헛된 자존심과 우월감을 갖고 있지.
다른 한 마리는 작은 것도 감사하고 기쁘게 생각하며
진실과 연민과 사랑으로 친구를 대하며 희망을 노래하지.
이 두 마리는 늘 우리 안에서 싸우고 있단다."
손자가 물었다.
"할아버지, 그럼 어느 쪽이 이겨요?"
할아버지가 손자를 지그시 바라보며 답했다.
"네가 먹이를 주는 쪽이 이기지."

먹이를 주는 늑대가 이기듯, 우리의 경제는 우리가 소비하는 대로 움직인다. 우리의 소비에 따라 기업이 성장하거나 사라지고 사회와 산업의 구조가 바뀌고 공공 정책의 방향이 바뀐다. 우리는 소비 권력을 가진 경제주체로서 경제를 바꿀 수 있는 힘을 지니고 있다.

그런데 왜 우리는 경제에 쫓기듯 사는 걸까? 왜 벌어도 벌어도 돈은 부족하고, 정부 정책과 정치인에 따라 우리의 경제가 좌우되는 걸까? 우리 힘으로 경제를 바꿀 수는 없는 걸까? 이 질문의 답을 찾기 위해 책을 쓰기 시작했고, 22년의 마케팅 공부가 밑거름이 되었다.

밀레니엄으로 떠들썩했던 2000년, 마케팅 회사를 창업했다. 경영학을 전공했으나 경험 부족한 풋내기 마케터에 불과했다. 마케팅을 잘하기 위해 내 나름의 훈련을 했다. 처음엔 밥 먹으러 가는 음식점마다 테이블 수와 객단가를 계산해 그 집의 매출을 가늠하는 수준이었다. 어느 날 TV에 소개된 바지락 칼국숫집을 갔는데 맛은 형편없지만 손님은 미어터지는 광경을 봤다. 어느덧 내 마케팅은 장사 잘되는 집과 그렇지 않은 집의 이유를 추론하는 수준으로 올랐다. 10년쯤 마케팅을 하고 나서야 니즈needs가 우리의 행동을 변화시키고 상품을 구매한다는 사실을 깨달았다. [니즈가 우리의 행동을 변화시키는 방법은 3~6장에 걸쳐 설명하고 있다]

마케팅의 힘을 세상의 변화에 활용해 보고 싶었다. '공익마케팅스쿨'을 열고, 사회적 기업과 비영리 단체의 마케팅을 돕기 시작했다. 이상은 높았으나 현실은 녹록지 않았다. 더 나은 세상을 만드는 건 이들의 힘으로만 되는 게 아니었다. 결국 세상을 변화시키는 건 사회와 시민의 참여임을 알았다.

우연한 계기로, 서울시 전통시장 활성화사업 컨설팅을 맡았다. 상인과 고객이 생동하는 현장에서의 2년은 10년의 마케팅 공부를 압축한 것과 같았다. 내가 기획한 캠페인이 상인에게 어떻게 적용되고 고객의 반응은 어떻게 달라지는지 현장에서 즉시 볼 수 있었다. 운도 따라주어 사업 성과도 좋았다. 하루 평균 방문객 수는 8,000명에서 1만 2,000명으로 1.5배 늘었고 매출은 1.3배 늘었다. 그러나 그곳에 사는 주민이 주도한 변화가 아니었기에 일시적인 마케팅 성과에 지나지 않았다.

그즈음 서울시청에 '지역상권활력센터'라는 부서가 생겼다. 기존의 소상공인 정책은 개별 소상공인 지원과 전통시장 활성화로 나뉘어 있었다. 그러다 보니 전통시장에 속하지 않는 동네 슈퍼, 식당, 정육점, 야채가게 등은 한곳에 모여 있지만 개별적으로 지원을 받았다. 지역상권활력센터는 이런 동네가게들을 집합적 상권으로 묶어서 활력을 불어넣는 사업을 담당했다. 전통시장 사업 성과 덕분에 내가 첫 센터장을 맡았고, '서울상인', '생활상권' 사업 등을 추진하며 공공 정책이 어떻게 수립되는지 알게 되었다.

마케터로서 흔치 않게 기업, 비영리, 공공 분야를 모두 경험하며 깨달은 것은 세 가지로 귀결된다. 첫째, 시민은 우리가 주도권을 쥐고 있다는 사실을 대체로 자각하지 못했다. 기업은 상품을, 비영리는 사회와 공동체의 이익을, 공공은 정책과 제도로써 우리의 더 나은 삶을 위한 수단을 제공한다. 우리는 수요자로서 이들에게 요구하고 참여할 권리를 갖고 있다. 그러나 상품이나 정책에 대해 사후 비판은 있을지언정 무엇이 우리에게 더 나은 삶인지, 그래서 무엇이 필요한지 생각하고 요구하는 일은 드물었다.

둘째, 경제의 기본단위는 우리가 사는 동네였다. 소비자로서 시민이 살고 있으며, 생활에 필요한 상품을 판매하는 상인이 있고, 사회복지기관과 공공기관이 서비스를 제공한다. 누구나 슬리퍼 신고 걸어서 이용할 수 있고 하루의 시작과 마무리를 하는 곳이다. 대한민국 5,000만 인구 중 동네에 살지 않는 사람은 없으므로 우리 동네가 행복하면 모든 시민이 행복하다.

마지막으로, 모든 것은 나의 선택이었다. 내 삶을 위해 경제를 바꾸려 하지 않았고, 경제가 이끄는 대로 내 삶을 맡겼다. 동네보다 온라인과 동네 밖에 더 오래 머무르며 가장 보편적이고 평등한 경제 단위인 동네의 가치를 잃어가고 있었다. 우리가 경제를 바꿀 수 있는 이유는 우리의 소비를 우리 스스로 선택할 수 있기 때문이다.

이 책은 나의 선택을 전환하기 위해 지난 시간을 되새기며 썼다. 1부에서는 내가 왜 동네를 떠나게 되었는지 돌아보았고, 2부는 공공의 경제정책이 우리의 삶과 괴리되는 이유를 정리해 보았다. 3부에서는 내가 바라는 경제 구조와 내가 살고 싶은 동네를 그렸다. 4부는 시민과 소비자로서 내가 해야 할 일과 공공과 상인에게 바라는 일을 제시했다.

1년여 동안 책을 쓰며 새로운 꿈이 생겼다. 부동산을 공부해 작은 건물주가 되고 싶다. 지인들을 모아서 그 건물이 있는 골목에 다른 건물도 사게 하려고 한다. 1층 상점에는 오랜 세월을 견뎌온 장인을 입주시키고 동네 청년들에게 창업 공간도 마련해 주고 싶다. 동네 사람을 고용하면 월세를 깎아주고 가게 앞은 항상 꽃과 나무로 가꾸고 싶다. 상인이 그 동네로 이사를 온다면 2층에 집을 저렴하게 제공해서 오랫동안 우리 동네에 머물게 하고 싶다. 옹기종기 모이고 시끌벅적한 골목을 만드는 게 새로운 내 꿈이다. 이 책을 보는 당신이 살고 싶은 곳도 그런 동네이기를 바란다.

2022년 4월

오승훈

Contents

2부 | 경제가 삶을 바꾸지 못한 이유

3부 | 길 위의 작은경제

4부 | 사는 곳의 사는 재미

1부

동네에 살지 않는 동네 사람들

“수레 만드는 이는 사람들이 부귀해지기를 바라고
관을 만드는 이는 사람들이 일찍 죽기를 바란다.
수레 만드는 이는 어질고 관 만드는 이는 악하기 때문이 아니다.
부귀해지지 않으면 수레를 사지 않을 것이고
죽지 않으면 관이 팔리지 않기 때문이며
그것이 그들에게 이익이 되기 때문이다.”

《 한비자 》

01

사는 곳이 사는 곳

골목에 사는 사람들

서울 수유동, 낮은 주택들 사이로 골목을 걷다 보면 작은 놀이터가 나온다. 여기서 놀던 동네 아이들은 넘어지고 다치면 놀이터 맞은편 슈퍼로 달려간다. 슈퍼 주인은 준비해 둔 구급함을 열어 소독을 하고 반창고를 붙인다. 얼마 전엔 머리를 다친 아이가 있었는데 슈퍼 주인이 곧장 119를 불러 큰 화를 면할 수 있었다. 동네 사람들은 외출하면서 배달을 맡길 때 슈퍼에 열쇠를 맡기거나 디지털 도어 록의 비밀번호를 일러준다.

홀로 사는 어르신들은 슈퍼 주인이 배달 오는 걸 반긴다. 물건을 내려주고 집을 살펴 형광등도 갈아주고 침대 커버도 바꿔드린다. 겨울에는 혹시 넘어지실까 집 앞의 눈을 치워드린다. 동네에 금슬 좋았던 노부부가 있었다. 할아버지가 갑자기 암으로 돌아가신 뒤 할머니 홀로 남겨졌다. 매일 오가던 할머니가 며칠 동안 보이지 않아 집을 찾아갔더니 문은 잠겨 있고 우편물이 쌓여 있었다. 경찰을 불러 집에 들어가니, 할머니는 침대에 끼어 며칠 동안 움직이지도 먹지도 못한 채 사경을 헤매고 계셨다. 어떤 할머니는 이틀에 한 번 우유 하나씩을 사러 오신다. 한번에 두어 개씩 사도 되지만 슈퍼 주인 얼굴 한 번 더 보러 오신다고 한다.

요즘은 기저귀와 분유를 대부분 인터넷에서 구매하지만 간혹 깜빡 잊고 주문하지 못할 때가 있다. 이 동네 아기 엄마들은 그럴 때 이 슈퍼를 찾아간다. 슈퍼 주인이 그런 엄마들을 위해 기저귀 하나 정도는 구비해 두기 때문이다. 10여년 전, 형편이 어려운 아기 엄마가 있었다. 슈퍼 주인은 밀린 두유 외상값을 받으러 갔다가 아기 엄마가 막막한 심정으로 울고 있는 걸 보고 빈손으로 돌아섰다. 그날 이후엔 가끔 두유를 공짜로 갖다주기도 했다. 두유를 먹던 아기는 대학생이 되었고, 아기 엄마는 시골에서 뭐든 올라오면 가장 먼저 슈퍼를 다녀간다.

고시원에 사는 40대 노총각은 슈퍼에 소주를 사러 갔다가 잔소리를 들었다. 매일 술을 먹으니 점점 안색이 안 좋아졌다. 어느 날 또 술을 사러 갔더니 슈퍼 주인이 작고 이쁜 술잔을 건네며 끊지 못하겠으면 조금씩 줄이라고 했다. 이 동네 사람들의 개인정보는 슈퍼 주인의 핸드폰에 빼곡히 담겨 있다. '거동 불편한 총각, 배달 필수', 'OO라면만 사가는 학생', '이틀에 한 번 우유 사가는 할머니'. 슈퍼에 들어서면 주인장이 유심히 관찰한다. 누가 어떤 물건을 어떻게 고르는지 본 후에 그 패턴에 따라 진열을 바꾼다. 예전에 한창 장사 잘되던 시절, 슈퍼에서 팔던 채소 때문에 주변의 가게들이 문을 닫았다고 한다. 그 뒤로 이 슈퍼는 신선식품을 팔지 않는다.

가게 주인은 '이웃의 먹고사는 일을 함께하는 게 동네 장사'라고 한다. 그

서울상인 단골 분야에 선정된 '신흥마트' 이해룡 사장

출처: https://youtu.be/N16GtY-eJVg

는 서울시에서 최고의 롤 모델 상인을 찾아 시상하는 '서울상인'의 '단골' 분야에 선정된 '신흥마트'의 이해룡 사장이다. 그는 30년 동안 슈퍼를 하며 전단지 한 장 돌린 적이 없다. 오늘도 그는 가게 앞을 지나는 동네 사람들에게 환한 미소로 안부를 묻는다. "별거 없으신가요?"

요즘은 편의점도 신흥마트가 하는 일들을 한다. 2009년부터 경찰청과 한국편의점산업협회는 협약을 맺고 '아동안전지킴이집'으로서 위급에 처한 아이들을 위한 대비책을 갖추고 있다. 가까운 경찰과 비상 연락 체계를 유지하며, 편의점 직원들을 대상으로 관련 교육도 한다. 서울의 편의점은 2014년부터 '여성안심지킴이집' 서비스도 제공하고 있다. 편의점 택배는 이미 많은 사람들이 이용하고 있으며, 편의점은 국가에서 인정한 '응급 의약품' 취급소이기도 하다.

편의점 계산기에는 '객층키'가 있다. 20대 남, 20대 여, 30대 남, 30대 여 등으로 구분되어 있다. 손님이 계산을 하면 점원이 객층키를 누르고 바코

> 우리가 물건을 사는 곳에 따라 우리의 먹고사는 일이 달라질 수 있다. 이웃의 삶을 함께한다는 마음이 있는 곳에서 사는 것과 데이터와 시스템으로 편의를 제공하는 곳에서 사는 것에 따라 우리의 삶은 달라진다.

드를 찍는다. 본사에서는 이 데이터를 집계해 고객 분석을 하고 적확한 상품과 서비스를 제공한다. 편의점 진열은 쇼핑 과학의 결정체다. 고객이 편의점에 들어설 때부터 구매하고 나갈 때까지의 행동을 분석해 손님 눈에 잘 띄는 곳에 잘 팔릴 만한 상품을 갖다 놓는다.

신흥마트에 없는 것도 있다. '백종원 도시락', '혜자 도시락'은 전 국민이 아는 히트 상품이다. 식재료를 사기 위해 슈퍼, 정육점, 채소 가게를 들르지 않아도 되고, 혼자 사는 사람에겐 가성비 좋은 한 끼가 된다. 통신사와 신용카드사의 포인트로 물건을 싸게 살 수도 있다.

그런데 만약 지금 우리가 살고 있는 동네에 새로운 가게가 들어선다면 신흥마트와 편의점 중 무엇을 선택하겠는가. '서울상인' 사업을 추진할 때, 이해룡 상인을 취재한 20대 작가들은 그 동네로 이사를 가고 싶다고 했다. 우리가 물건을 사는 곳에 따라 우리의 먹고사는 일이 달라질 수 있다. 이웃의 삶을 함께한다는 마음이 있는 곳에서 사는 것과 데이터와 시스템으로 편의를 제공하는 곳에서 사는 것에 따라 우리의 삶은 달라진다.

먹고사는 일의 변천사

집집마다 차도 없고 대중교통도 불편했던 시절, 우리는 먹고사는 일의 대부분을 신흥마트 같은 동네가게에서 해결했다. 채소, 고기, 생선은 물론이고 옷에서 소소한 가전제품까지 동네에서 구매했다. 사는 곳이 모두 동네에 있으니 골목을 걷다 이웃을 만나고, 가게에서 자주 마주치던 사람과 친구가 되기도 했다. 상인이자 이웃인 가게 주인은 동네 인심을 잃지 않기 위해 정직하고 푸근하게 장사를 했다.

1980년대부터 자동차가 급격히 늘어나고 대중교통도 발달하면서 좀더 먼 거리로 쇼핑할 수 있게 되었다. 1992년 우리나라 자동차는 500만 대를 넘었고, 그 이듬해 서울 창동에 우리나라 최초의 대형마트가 문을 열었다. 동네가게에선 널브러져 있던 채소, 과일, 정육, 생선이 이곳에서는 깔끔하고 위생적인 포장지에 담겨 있었다. 부피가 크거나 무거운 화장지, 세제와 같은 생필품은 여러 브랜드와 비교해 저렴하게 살 수 있었다. 대형마트는 어느새 주말의 가족 나들이 코스로 자리를 잡았고, 자동차 트렁크에 싣는 상품이 늘수록 동네를 걷는 일은 줄었다.

사람들이 차를 타고 가서 쇼핑하는 데 익숙해지니 도시 중심가에는 상품별로 세분화된 전문점이 생겨났다. 도시 외곽에는 마트, 패션몰, 영화관, 음식점, 놀이 시설이 복합되어 온 가족이 하루 종일 즐길 수 있는 초대형 엔터테인먼트몰이 생겼다. 자동차는 더욱 늘어나며 골목마다 주차난이 심해졌고, 좁은 길을 다니는 자동차와 오토바이 때문에 걷는 게 불편해졌다. 주말이면 마트 주변에 차가 막혀 주차장을 들어서는 데만 1시간씩 걸린다.

인터넷 쇼핑 시대가 열렸다. 누가 인터넷에서 옷을 사느냐던 시절이 불과 몇 년 전이었는데, 밤에 주문하면 다음 날 새벽에 문 앞으로 신선한 채소가 배달되는 세상이 열렸다. 더 이상 교통 체증을 느낄 필요도 없고 온 가족이 나서지 않아도 된다. 대형마트도 인터넷의 영향을 피할 수 없었다. 몇 년 전 전통시장 활성화를 담당하는 공무원과 유통 전문가, 대형마트 관계자가 모여 회의를 했다. 대형마트 때문에 골목상권이 다 무너진다고 했더니, 대형마트 관계자가 "우리도 인터넷 때문에 다 망하게 생겼다."고 했다는 웃지 못할 해프닝이 있었다.

우리는 이제 신흥마트 같은 동네가게보다 더 저렴하고 쾌적한 환경에서 살 수 있게 되었다. 인터넷 덕분에 무거운 짐을 들지 않아도 되고, 애써 이 가게 저 가게 돌아보지 않아도 된다. 분명 그 시절보다 더 나은 곳에서 사고 있다. 그런데 우리는 왜 더 많이 벌어야 하고 늘 시간이 부족할까. 짐을 들지 않는 손은 누구의 손을 잡고 있을까.

인터넷 덕분에 무거운 짐을 들지 않아도 되고, 애써 이 가게 저 가게 돌아보지 않아도 된다. 분명 그 시절보다 더 나은 곳에서 사고 있다. 그런데 우리는 왜 더 많이 벌어야 하고 늘 시간이 부족할까. 짐을 들지 않는 손은 누구의 손을 잡고 있을까.

어디에서 구매하십니까

2017년 6월, 서울시청 지역상권활력센터장으로 출근하기 전 한 달 정도 여유가 있었다. 매일 동네를 걸으며 생각했다. 어떤 동네경제를 만들어야 할까, 사람들은 어떤 동네에 살고 싶을까, 어떤 가게가 사람들이 사는 곳을 행복하게 할까 끊임없이 스스로에게 물었다.

그 질문에 대한 답이 '생활상권' 사업이다. 사업을 기획하며 1년이 넘게 방대한 조사를 했다. 가장 먼저 서울 시민 1,000명에게 '어디에서 구매하십니까?'를 물었다. 품목별로 선호하는 구매처와 선호 이유, 이용 행태를 분석했다. 대상 품목은 식품, 생필품, 외식 같은 일상적인 품목부터 가전, 가구, 자동차 용품, 교육, 문화 서비스까지 16개로 분류했다. 구매처는 전통시장을 포함한 동네가게, 편의점, SSM(기업형 슈퍼마켓),● 대형마트, 백화점, 온라인 쇼핑, 프랜차이즈를 포함한 전문점으로 나누었다.

이 분류에서 주목한 것은 '관계'와 '마일리지'였다. 동네가게는 자주 방문할수록 상인과 소비자의 관계가 쌓이는 곳이고, 나머지는 자본력과 시스템에 의해 마일리지와 개인정보가 쌓이는 곳이다. 물론 모든 동네가게가 이해룡 상인의 신흥마트처럼 동네 사람들과 어울려 살고 있진 않다. 그러나 편의점과 대형마트, 온라인 쇼핑몰의 사장이 우리의 먹고사는 일을 함께하는 일은 없을 거다.

전 품목 평균을 내보니 동네가게를 선호하는 사람은 10%였다. 편의점, SSM, 대형마트, 프랜차이즈, 백화점 등은 67%, 온라인 쇼핑은 23%였다. 여러 품목 중 식품 구매를 추가로 조사했다. 식품은 생활 소비의 중심이자 가장 일상적으로 구매하는 상품이므로 동네 소비와의 관계를 이끄는 지표로 삼을 수 있다. 나는 이것을 '식탁점유율'이라 불렀다. 동네가게의 식탁점유율이 높다면 동네에 머무는 시간이 많다는 방증이고 그에 따라 동네 친구, 단골 상점 등이 많을 것이라는 일종의 가설이 있었다.[1]

식탁점유율

선호하는 식품 구매처로 동네가게를 꼽은 사람은 25%였다. 대형마트, SSM, 백화점 등이 70%, 온라인은 5%였다. 동네가게를 선택하는 이유는 '집과 가까워서' 직접 보고 살 수 있다는 점이었고, 대형마트와 SSM은 '제품이 다양'하고 '가격이 저렴'해서 선호했다. 대형마트는 주로 자동차를 타고 가서 많은 양을 구매하고, 동네가게는 걸어가서 손에 들 수 있는 만큼

● Super SuperMarket의 약자. 대형마트보다 작고 일반 동네 슈퍼보다 큰 유통 매장. 유통 산업 발전법 상의 규제로 대형마트가 들어설 수 없는 주거지에서 3,000m² 이하의 틈새 크기로 운영한다.

식탁점유율(식품 구매 선호처)

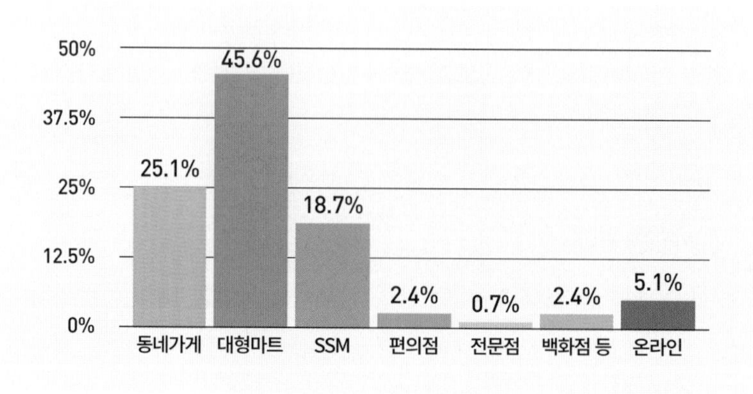

출처: 서울시 생활상권 활성화 관련 시민 소비 생활 실태 조사 결과 보고

구매하는 소비 패턴을 보였다.

최근 온라인 구매가 늘어나면서 식품의 온라인 구매 비중도 클 것으로 예상했으나 실제로는 그렇지 않았다. 식품은 여전히 눈으로 직접 보고 사는 게 익숙한 듯하다. 단, 품질과 가격을 쉽게 비교할 수 있는 공산품류의 식품과 가정간편식의 사용 경험이 증가하면 온라인 구매도 늘 것으로 예상된다. 특히 코로나 사태는 농축수산물, 신선식품, 배달 음식 이용이 급증하는 계기로 작용했다. 향후에도 온라인 구매를 유지 또는 확대할 가능성이 높다.

장보기 패턴을 직업 유형, 자녀 수와 연령대로 나눠보면 동네가게를 가장 많이 이용하는 그룹은 전업주부였다.• 그중에서도 자녀 수가 많을수록 연령이 낮을수록 이용이 활발했다. 직장인에 비해 장보기 시간이 많고, 자녀가 어리다 보니 먹거리에 신경을 많이 썼다. 아이들을 위해 멀리 쇼핑을

최근 4년간 온라인 거래액

구분		2017년	2018년	2019년	2020년
전체 온라인 거래액		94,185,765	113,314,010	136,600,838	159,438,356
식품 온라인 거래액	농축수산물	2,424,587	2,940,514	3,723,049	6,213,105
	음식료품	7,997,022	10,494,433	13,446,731	19,679,385
	음식 서비스	2,732,568	5,262,777	9,735,362	17,333,615

단위: 백만 원. 출처: 국가통계포털

가기도 하고 까다로운 기준으로 구매처를 선택했다. 쇼핑 경험이 많은 만큼 품목별로 세분화된 구매처를 이용했다. '장류는 생협, 간장과 식초는 대형마트, 채소, 달걀, 두부는 동네가게'처럼 상품의 특성과 가격을 매장의 신뢰성과 편리성으로 연관 짓고 세분해 이용했다.

직장 여성의 장보기 패턴은 어느 응답자의 표현대로 "칼퇴 후에 부랴부랴 집에 와서 아이들과 밥 먹고, 자기 전에 침대에서 스마트폰으로 쇼핑해요."로 압축할 수 있다. 대체로 직장에서 틈틈이 온라인 쇼핑몰을 탐색하고, 직장 동료와 친구들끼리 카카오톡과 문자로 최저가 이벤트 정보 등을 교환하기도 했다. 정시에 퇴근해서 동네에 오면 채소 가게가 문을 닫거나 좋은 건 다 팔리고 없다는 불만도 꽤 있었다.

식탁점유율은 '주부의 시간'에 달려 있었다. 장보기에 사용할 수 있는 시간이 많을수록 다양한 구매처를 이용했으며, 그중에 동네가게도 확고한 자

● 살림을 여성이 전담해야 할 책임으로 간주하는 것은 아니며, 설문 조사 시 남성이 살림하는 표본이 작아서 유의미한 결과를 도출할 수 없었음.

리를 차지하고 있었다. 대형마트나 온라인만큼 동네가게에도 분명한 장점이 있다는 의미다. 무엇보다 거리가 가까우니 그때그때 필요한 상품을 눈으로 보고 즉시 구매할 수 있다. 조사 결과를 분석하던 중에 문득 '동네가게는 새벽배송보다 빠르다'라는 카피가 생각날 정도로 큰 장점이었다.

선택이 남긴 것

주부의 시간과 관계없이 대형마트에 차를 가져가면 10만 원어치 정도 사고, 차 없이 걸어가면 1~2만 원 정도의 소량 구매를 했다. 무거운 상품은 대체로 대형마트 배송을 선호했다. 인터넷 쇼핑몰도 대형마트가 운영하는 곳을 선호했고, 신선식품 새벽배송이 가능한 쇼핑몰의 이용이 급격히 늘고 있었다. 대형마트가 운영하는 인터넷 쇼핑몰은 틈틈이 들어가서 싸게 나온 상품을 장바구니에 담아두었다가, 무료 배송 기준 금액에 도달했을 때 주문 버튼을 누른다는 얘기가 많았다.

흥미로운 사실은 과거에 비해 대형마트의 카트 크기가 커졌다는 점이다. 1993년 국내 최초로 대형마트의 문을 연 서울 창동 이마트에서 사용하던 카트는 101L였다. 현재 대부분의 대형마트에서 쓰는 카트 크기는 180L다. 업계에서는 매장에서 취급하는 상품이 늘었고 그에 따라 고객의 구매량이 늘면서 크기를 늘렸다는 의견이 있다. 실제로 1993년 창동 이마트는 4,950m^2 면적에 1~2만 개의 상품을 구비하고 있었고, 최근의 대형마트는 1만m^{2}에 5~6만 개의 상품이 있다. 또 다른 의견으로는 카트의 빈 공간을 채우려는 고객 심리를 자극하는 측면도 있다고 한다.[2]

인터넷 쇼핑몰의 장바구니 기능도 달라졌다. 과거에는 장바구니에 물건을 담아놓아도 며칠이 지나면 목록에서 사라졌다. 짧은 기간 내 구매하지 않으면 처음부터 다시 물건을 찾아야 했다. 최근에는 장바구니에 한번 담으면 한 달이 지나도 그대로 있다. 이 또한 틈틈이 장바구니에 담아두는 주부들의 쇼핑 패턴을 반영한 결과인지, 쇼핑몰 장바구니 기능이 바뀌어서 주부들의 쇼핑 패턴이 달라진 것인지는 알 수 없다. 어떤 이유에서든 대형마트의 식탁점유율이 카트의 크기와 비례해 커졌다는 점은 유의미한 사실이다.

구매처 선택의 기준인 가격과 품질도 되짚어봐야 한다. 대부분의 주부들이 구매 품목별로 더 저렴한 곳을 구분하고 있었다. 동네가게와 대형마트 간에도 비교를 하고, 대형마트와 대형마트, 동네가게와 동네가게 간에도 구분을 했다. 그런데 심층 인터뷰에서 어제 구매한 채소 종류와 가격을 물었더니 대부분의 응답자가 정확한 가격을 기억하지 못했다. '가격이 싸다'라는 구매처 선택 기준이 구매 시점에 여러 구매처를 비교한 객관적 사실이 아니라, 이전의 구매 경험에 의해 저렴하다고 인식된 구매처를 이용하며 '싸게 산다'고 여기는 방증이었다.

'품질이 좋다'는 기준에도 주관적 판단이 작용했다. 채소나 과일의 품질을 구분하는 자신만의 기준이 있었으나, 그 기준이 농산물 산지나 도매시장에서 사용하는 품질 등급 결정 기준과는 차이가 있었다. 소비자가 좋은 품질에 가격이 싸다고 인식하는 상품이, 높은 등급에 낮은 가격의 상품이 아니라 낮은 등급에 낮은 가격의 상품일 수 있다는 의미다. 마케팅에서는 전자를 '저렴하다'고 하고 후자를 '저가격대'라고 한다. 공산품은 저렴한 상품과 저가격대 상품을 쉽게 구분할 수 있으나 채소나 과일은 그렇지 않다. 매장의 인테리어와 분위기, 상품의 포장이나 진열 방법에 따라 저가격대 상품도 좋아 보이게 만들 수 있다. 가격과 품질에 따라 합리적으로 구매처를 선택하려면 끊임없이 확인하고 비교해야만 했다.

동네가게를 주로 이용하는 사람의 특징으로 단골이 많다는 점이 있었다. 심층 인터뷰에서 단골 가게를 찾는 이유를 물었더니 대부분 이렇게 답했다. "사장님이 부지런해서 그 집 채소는 늘 싱싱해요.", "그 집 사장님은 인상이 좋아요. 안 좋은 걸 속여 팔진 않아요.", "우리 애랑 가면 반찬도 이것저것 잘 챙겨주세요." 인터뷰이의 답변 속에 편의점이나 대형마트에서는 보이지 않았던 가게 주인이 자주 등장했다. 그리고 서울 시민 1,000명은 지금 사는 곳에 이런 단골이 3.3개 남았다고 답했다.[3]

냉장고와 가정간편식

몇 년 전 모 언론사 국장님과 선배 한 분을 한 자리에서 만났다. 두 분 다 마른 체형인데 얘기를 나누다 보니 모두 소식小食하는 습관이 있었다. 또 다른 공통점도 있었다. 두 분 다 집에서 요즘 집집마다 있는 양문형 냉장고가 아니라 오래된 소형 냉장고를 사용하고 있었다. 간혹 밤에 출출할 때 냉장고를 열어보면 곧바로 꺼내서 먹을 게 없다 보니 그냥 물 한 잔 마시고 잔다고 했다. 나의 다이어트가 매번 실패하는 이유는 의지박약이 아니라 풍족한 냉장고 때문이라는 걸 알았다. 이분들의 말에 따르면, 냉장고가 커지고 좋아지면서 이웃 간의 정도 떨어졌단다. 냉장고가 작을 때는 먹을거리를 사와도 담을 공간이 부족하니 조금씩 덜어 옆집과 나누었는데, 요즘 냉장고는 크고 성능이 좋아 먹을거리를 잔뜩 사도 신선하게 오래 보관할 수 있으니 굳이 나눌 이유가 없다는 거다. 그럴듯한 궤변이었다.

지금 우리의 냉장고를 열어 무엇이 들어 있는지 확인해 보자. 아마 냉동 만두나 반찬팩 하나쯤은 있을 거다. 사람들이 가장 많이 구매하는 가정간편식이다. 냉장고에서 한두 걸음 반경에 전자레인지나 에어프라이어도 있을 거다. 이제 정육점, 채소 가게, 두부 가게, 슈퍼를 들르지 않아도 되고 씻고 썰고 다듬고 굽지 않아도 된다.

한 가구에서 매월 구매하는 가정간편식은 2018년 7만 8,875원에서 2020년 13만 4,743원으로 두 배 가까이 늘었다.[4]

CJ제일제당, 동원F&B, 풀무원, 대상 청정원 등의 식품 기업은 물론이고 아워홈, 삼성웰스토리 등의 급식 회사, 편의점, 이마트, 홈플러스 등의 유통 기업까지 뛰어들고 있다. 최근에는 대한항공과 진에어도 기내식을 앞세워 가정간편식을 출시했다. 종류도 다양하다. 삼각김밥, 도시락, 떡볶이, 냉동 고기, 냉동 핫도그, 냉동 피자, 죽, 국, 탕, 찌개 등등 식탁에 올라올 법한 어지간한 메뉴는 모두 있다. 단순히 식품 기업에서 만든 메뉴를 넘어 전국의 맛집 브랜드와 메뉴 그대로를 봉지째 담아내고 있다. 관련 기술도 나날이 발전하고 있다. 만두피를 0.7mm까지 얇게 만들어 육즙은 살리고 식감을 좋게 한다. 쉽게 상하는 생선을 상온에서 270일까지 보관 가능하게 만들었고, 잡은 지 24시간이 채 지나지 않은 닭으로 삼계탕을 끓인 후 급속 냉각해 깊은 맛을 살린다.

한 가구에서 매월 13만 원을 가정간편식으로 구매한다는 의미는 그만큼 우리 동네의 정육점, 채소 가게, 슈퍼, 음식점 등의 매출이 줄어든다는 의미다. 물론 동네 슈퍼나 편의점에서도 간편식을 판매하므로 슈퍼의 영향은 작을 수 있다. 그러나 개별 슈퍼가 높은 '구매협상력Buying Power'을 가진 대기업의 대형마트, 편의점과 경쟁해서 이길 확률은 희박하다. 지금은 간편식 구매의 소비자 경험이 초기 단계이므로 오프라인 매장에서 비교하고 선택하지만, 구매 경험이 쌓이면 더 저렴하게 판매하는 온라인 채널로 옮겨갈 것이다. 동네가게나 중소기업들이 간편식 시장에 뛰어드는 것도 쉽지 않다. 앞서 열거한 간편식 생산 기술은 대기업이 수백억씩 쏟아부은 결과다. CJ제일제당의 경우 패키징 연구원만 서른 명 이상이며 연간 10억 원 이상을 투자한다.[5]

가정간편식은 우리 땅의 농축수산물에도 영향을 미칠 것이다. 집에서 조리할 때는 재료 하나하나를 꼼꼼히 따지겠지만 간편식을 고를 땐 뒷면의 원산지 표기란에 국산인지 수입산인지만 확인하는 수준일 테다. 그것조차 시간이 흐르면 아무도 눈치채지 못하게 바뀔 수 있다. 대기업은 효율성을 높여서 수익을 얻는 곳이므로 충분히 예상할 수 있는 시나리오다.

요리의 개념도 변화하고 있다. 과거에는 요리 전문가가 조리 과정 하나하나를 알려주는 TV프로그램이 인기였다. 최근에는 연예인을 방불케 하는 셰프들이 예능 프로그램을 장악했다. 인스타그램에선 사진으로 음식을 먹고, 먹방 유튜버 1, 2위의 구독자는 천만 명이 넘는다. 요리는 '정성'을 들여 먹는 게 아니라 '감성'으로 즐기는 콘텐츠가 되었다.

궤변을 늘어놓던 선배들의 말이 떠오른다. 이 모든 일이 어쩌면 냉장고에서 시작되지 않았을까. 예전에 비해 한집에 사는 식구는 줄었는데 냉장고는 두 배로 커졌다. 그 옆에 김치냉장고도 큼지막하게 자리를 잡고 있다. 냉장고가 커졌으니 대형마트에서 일주일치 먹을거리를 사서 넣어둔다. 냉장고에 든 음식을 셰프가 한 것처럼 맛있게 먹기 위해 오븐과 에어프라이어가 있으면 좋겠다. 먹고 나면 치우는 것도 일이니 식기세척기도 장만하자. 갑자기 부엌이 좁아졌다. 더 큰 집으로 이사를 가고 그에 맞는 TV와 소파, 의류 관리기도 들여놓자. 돈을 더 많이 벌어야겠다. 한 시간이라도 더 일해서 악착같이 모으자. 일하느라 시간이 부족하다. 온라인으로 주문하고, 배송비를 아껴야 하니까 간편식도 몇 개 더 사서 무료 배송 금액을 맞춰야겠다. 주문한 상품이 도착했으니 냉장고에 넣어야겠다. 분명 큰 냉장고를 샀는데 냉동칸이 좁다. 안 먹는 음식과 오래된 재료는 정리해야겠다. 잠깐만… 왜 우리에게 이렇게 큰 냉장고가 필요했지?

먹고사는 일

우리는 무엇인가를 구매하고 사용하지 않으면 살아갈 수 없다. 옷, 화장품, 휴지, 음식, 컴퓨터, 의자, 운동복, 러닝 머신, 자동차, 지하철, 약국, 학원, 세탁소, 놀이공원, 학원 등등. 미국의 개념주의 예술가 바바라 크루거Barbara Kruger는 〈나는 쇼핑한다, 고로 존재한다I shop therefore I am〉라는 작품으로 '소비하는 인간Homo Consumus'을 표현했다.

우리의 삶은 어디에서 무엇을 소비하는지에 따라 달라진다. 그리고 무엇을 어디에서 살 수 있는지는 대체로 우리가 얼마를 버는지에 따라 달라진다. 밥을 먹어야 하는데 지갑에 3,000원이 있다면 가장 저렴하고 배불리 먹을 수 있는 곳을 찾아야 한다. 7,000원이 있으면 맛을 기준으로 메뉴를 고를 수 있고 2만 원이 있으면 음식점의 분위기까지 고려할 수 있다. 그러나 사람의 욕망은 지갑보다 크다. 같은 값이면 더 맛있는 음식을 더 근사한 곳에서 먹고 싶다. SNS에 올라온 사진을 보면 자동차를 타고 떠나고 싶다.

우리의 소비가 우리가 사는 곳을 떠날 때, 소비는 그 자체로 목적이 되고 삶은 소비가 이끄는 대로 흘러가게 된다. 냉장고 하나에 우리의 삶을 넣을 수 없듯이 모든 소비를 동네에서 해결할 수는 없다. 개인의 소비를 사회가 규정하거나 통제해서도 안 되고, 동네가게를 살리기 위해 합리적 소비와 삶의 만족감을 포기할 수도 없다. 그러나 우리 삶에 미치는 동네와 골목의 역할은 간과해 왔다.

상인과 정부에게도 책임이 있다. 상인은 대기업에게 이기지 못할 '싼값' 경쟁에 매몰되었고, 정부는 대형마트와 온라인 탓을 하며 올바른 방향을 제시하지 못했다. 일본도 우리와 똑같은 경험을 했다. 1970년대부터 대형마트의 등장으로 지역 상점가가 위기에 몰렸다. 정부는 대형마트에는 시내 중심가에 입점하지 못하도록 규제하고, 상점가에는 다양한 시설 정비를 통해 대형마트 못지않은 경쟁력을 갖추도록 지원했다. 그러나 대형마트는 규제를 피해 넓은 땅이 있는 교외로 나갔고 방문객들이 쇼핑과 문화, 여가를 동시에 즐길 수 있도록 복합몰을 조성했다. 사람들은 동네를 외면하고 차를 타고 교외로 빠져나갔다.

동네가게를 찾는 사람이 줄어들자 문 닫는 가게가 늘어났고, 업종과 품목의 다양성이 떨어지면서 점점 더 사람들이 찾지 않는 악순환이 일어났다. 지역에 문제가 생겼을 때 나서서 해결하려는 참여자가 줄면서 마을 공동체도 무너져갔다. 일본 정부와 시민사회, 상점가 등은 지역 상점가가 갖는 커뮤니티 기능을 깨닫게 되었다. 그 후 곳곳에서 상인과 주민을 중심으로 지역 상점가를 살리려는 시도가 나타났다.

생활 접점의 역할

시가현 나가하마시의 구로카베黑壁 마을에는 600개의 가게가 있었고, 그중 절반은 100년 넘게 장사해 온 곳이었다. 1970년대부터 침체되기 시작해 열 곳 정도밖에 남지 않은 상점가를 살리기 위해 동네에 사는 상인과 주민이 나서기 시작했다. 장년층이 먼저 나섰다. 빈 가게를 얻어 주민들이 일상적으로 찾는 생선 가게, 채소 가게를 열고 동네 어르신을 직원으로 고용했다. 장사가 되겠나 싶었지만 이웃이 가게를 열고 직원으로 고용되니 동네 사람들이 일부러라도 방문하기 시작했다. 더 많은 주민들이 종잣돈을 모아 빈 가게를 임대해 동네 사람들의 일상에 필요한 업종을 열었다. 어떤 사람은 자신의 전공을 살려 버려진 가게를 미술관과 박물관으로 꾸몄다. 마을 대대로 내려오던 유리 공예의 전통을 잇기 위해 재능 있는 주민을 선발해 유럽으로 기술 유학을 보내기도 했다. 불과 4년 만에 연간 50만 명이 찾는 상점가가 되었고, 타지로 나갔던 젊은이들도 고향으로 돌아와 개성 있는 가게를 열었다.

도쿄도 무사시노시에 있는 기치조지吉祥寺 상점가는 1984년에 상인회를 설립하며 상점가의 목표를 '매력 넘치는 상품 판매'에서 '지역 활성화'로 변경했다. 주민들을 위한 음악제와 연극제를 열고, 경찰서와 함께 노점상과 불법 간판 설치를 단속하며 거리 환경을 정비했다. 주민 대다수를 차지하는 어린이와 청소년 자녀를 둔 가족들을 위해 유흥업소의 호객 활동을 제지하는 '블루캡' 캠페인을 벌이고 주민들과 함께 방범 활동도 했다. 대지진을 겪은 이후 지역 사회와 함께 피난 장소를 확보하고, 3일분의 생활용품과 식자재를 비축하며, 집 잃은 사람들을 위해 임시 숙박 시설을 확보하는 등의 활동을 펼쳤다. 2007년 기준 기치조지 상점가의 매출은 1m^2당 연간 113만 엔(약 1,180만 원)으로, 도쿄의 대표적인 상업지인 롯본기 일대와 비교해도 뒤지지 않았다.[6]

상점가 매출은 동네가게들이 지역 사회에서 주도적인 역할을 할 때 자연스레 따라오는 결과물이었다. 상점이 동네 주민의 구심점이 되고 커뮤니티 기능을 하면서 지역과 상점가는 활기를 띠었다. 2009년, 일본 정부는 이런 사례를 바탕으로 '지역 상점가 활성화법'을 제정하면서 상점가의 역할이 지역 주민의 생활 향상과 교류 촉진에 있음을 명시했다.

동네가게는 우리 생활과 가장 많은 접점을 차지한다. 서울의 경우 자영업 67만 개 중 46만 개가 우리 삶의 가장 가까운 곳에 있다. 이 접점들의 역할에 따라 우리가 사는 곳이 달라질 수 있다. 사는 곳이 사는 곳이란 말처럼, 삶을 '산다'와 물건을 '산다'도 묘하게 닮아 있다. 그래서 이해룡 상인은 먹고사는 일을 함께하는 게 장사라고 했나 보다.

02

식당은 배불리 먹이는 곳

비효율적 배려

나는 4남매 중 늦둥이 막내로 태어났다. 배 속에 내가 생겼을 때 어머니는 아버지와 함께 포항에서 포장마차를 하고 계셨다. 빠듯한 살림에 아이가 또 생겼으니 막막한 심정이었을 거다. 어머니는 몇 번이고 나를 지우러 병원에 갔는데, 그때마다 누군가 뒤에서 잡아끄는 느낌이 들어서 발걸음을 돌리셨다고 한다. 이윽고 아버지는 자기 먹을 밥숟가락은 갖고 태어나는 법이니 낳자고 하셨다. 내가 열 살 때 우리 집은 포항에서 서울로 이사를 하기로 했다. 형과 누나들은 중고등학교를 다니고 있어서 나와 어머니만 먼저 서울로 올라왔다. 처음 자리를 잡은 곳은 경동시장 한약 상가였다. 어머니는 방 하나와 테이블 대여섯 개 있는 조그만 식당을 운영하셨다. 집을 따로 얻을 돈이 없었나 보다. 손님이 모두 빠져나간 밤이 되어서야 식당은 어머니는 사람마다 입맛이 다르니 맛은 어쩔 수 없지만, 내 집에 온 손님을 배불리 먹여 보내는 게 밥집 하는 사람의 마음이라고 하셨다.

우리 집이 되었다.

음식 솜씨가 좋으셨다. 포항의 포장마차도 유명했고 한약 상가에서도 손님이 붐볐다. 그 세대가 대개 그렇듯 어머니도 손이 크셨다. 그릇이 넘치도록 쌓은 고봉밥과 그날그날 만든 반찬을 푸짐하게 내주셨다. 밥을 더 달라는 사람이 있으면 하얀 김이 폴폴 나는 밥솥을 열어 또다시 가득 담아주셨다. 누군가 왜 이리 많이 주냐고 물으면 항상 같은 말씀을 하셨다. 사람마다 입맛이 다르니 맛은 어쩔 수 없지만, 내 집에 온 손님을 배불리 먹여 보내는 게 밥집 하는 사람의 마음이라고 하셨다. 어머니의 장사 철학이었다.

언제부턴가 식당에서 공깃밥을 1,000원씩 받기 시작했다. 그 밥마저도 미리 그릇에 담아놓은 걸 꺼내준다. 어떤 집에서는 물과 추가 반찬이 셀프란다. 음식물 쓰레기를 줄이려는 노력이기도 하지만 시작은 식당 경영의 효율성이다. 직원의 동선을 줄이면 직원 한 명을 더 쓰지 않아도 된다. 밥을 더 달라는 사람이 있으면 밥솥에서 밥을 푸는 동작이 늘어나면서 인건비 효율성이 떨어지고, 손님이 밥을 남기면 재료비를 낭비하게 된다. 공깃밥 1,000원과 반찬 셀프는 효율적 시스템을 중히 여기는 프랜차이즈에서 먼저 시작하고 동네 식당들이 따라 했을 것이다.

우리가 동네 밥집을 떠나 프랜차이즈와 대형마트를 찾기 시작한 이유도 효율성 때문이다. 우리의 어머니가 그랬던 것처럼, 동네 밥집도 우리를 배불리 먹여 보내려는 마음으로 장사를 한다면 그만큼 많은 사람들이 프랜차이즈를 찾진 않았을 테다. 누군가에게는 효율성이 선택의 기준이겠지만, 또 다른 누군가는 집밥이 그리운 법이다. 모든 식당이 효율성을 기준으로 운영하면 소비자의 선택 기준 역시 효율성이 된다. 그러나 100개의 식당 중 99개는 '효율적'으로 운영하고 한 곳만 정성으로 밥을 준다면, 그 한 곳은 효율성이 떨어져서 3개월 안에 망할까?

왜 장사를 하는가

어떤 일이나 행동을 하는 이유를 '목적'이라고 한다. 사업은 목적에 따라 사업 방향, 상품, 고객과의 관계 등이 달라지며 목적이 사업 전반에 영향을 미친다. 장사하는 분들에게 왜 그 사업을 하냐고 물으면 대부분 '돈을 많이 벌기 위해서'라고 한다. 그러면 내 집을 찾은 손님은 돈을 벌기 위한 방법이나 수단이 되어버린다. 장사하는 사람의 생각에 따라 고객의 선택도 달라진다.

부산에서 사회적 기업을 대상으로 강의를 할 때였다. 수강생 중 한 분이 천연 비누 사업을 하고 있었다. 왜 천연 비누 사업을 하는지, 어떻게 그 사업을 시작하게 되었는지 물었다. 자신의 얼굴에 피부 트러블이 심했었다고 한다. 비싼 화장품도 써보고 병원도 다니고 한약도 먹었는데 나아지질 않았다. 우연히 친구가 준 천연 비누를 썼더니 거짓말처럼 좋아졌다. 매번 사서 쓰다가 자신의 손재주가 좋아 재료를 직접 사서 만들기 시작했다. 1만 5,000원에 판매하는 비누를 직접 만들어보니 5,000원밖에 안 들더란다. 당시에 직업이 없던 터라 집에서 만들어 9,000원에 팔면 대박이 날 것 같아서 천연 비누 사업을 시작했다. 그 자리에 계신 다른 한 분도 천연 비누 사업을 하고 있었다. 그분 역시 피부 트러블 때문에 고생하다 천연 비누로 좋아진 분이었다. 그분에게도 왜 사업을 하는지 물었다. 돌아온 답은 '나와 같은 고통을 다른 사람들이 겪지 않게 하기 위해서'였다. 두 천연 비누는 품질, 기능, 가격에 큰 차이가 없다. 당신이라면 어떤 비누를 사겠는가? 똑같은 천연 비누인데 왜 후자에 마음이 끌릴까?

쌀쌀한 밤기운이 느껴지는 10월 어느 날, 지방에서 강의를 마치고 올라오는 길에 고속도로 휴게소를 들렀다. 배도 출출해서 호떡을 하나 주문했다. 가게 주인은 "30초만 기다리시면 따끈따끈하게 데워드리겠습니다."라고 하더라. 그걸 기다릴 내 성질이 아니지만 주인의 말에 30초 동안 군침이 돌았다. 몇 달 후 다시 그 호떡집을 찾았는데 주인이 바뀌어 있었다. 똑같이 호떡을 주문했는데 돌아온 답은 침묵이었다. 아무 말 없이 굽기만 했다. 어느 호떡이 더 맛있었을까? 몸에 밴 친절은 마음에서 나온다.

장사하는 사람의 생각이 자신에게 머무를 때와 고객에게 가 있을 때의 차이다. 생각은 마음에서 오며, 그 생각과 마음이 고객의 마음에 가닿을 때 장사 철학이 있다고 한다. 거창하고 고급스런 단어로 포장된 말이 아니다. 쉽고 단순하지만 마음속 깊이 자리 잡고 있어서 작은 행동과 말 하나에도 자연스레 묻어 나온다. 효율성은 누구나 가질 수 있고 철학은 타고난 사람만 가질 수 있는 게 아니다. 돈을 많이 벌고 싶은 나의 생각이 고객에 대한 생각과 마음을 가로막을 뿐이다.

돈은 입과 발이 없다. 돈이 맛있는 음식을 먹는 것도 아니고, 스스로 지갑을 나와 계산대로 올라가지도 않는다. 돈을 가진 사람의 마음이 움직이면 돈은 그 마음의 지시를 따를 뿐이다. 법구경에 이런 비유가 있다. "녹이 쇠에서 나와 쇠를 잡아먹듯이, 그릇된 생각이 마음에서 나와 그 마음을 잡아먹는다."● 효율성이 나쁘다는 말이 아니라 철학이 먼저 있고 그에 따라 효율성을 갖추어야 한다는 의미다.

동네를 떠나는 이유

내가 대학을 다닐 때, 어머니는 서울시청 인근 서소문에서 크게 식당을 하셨다. 식재료를 사기 위해 일주일에 두 번은 경동시장을 가고 그중 한 번은 마장동 우시장도 가셨다. 나는 어머니를 따라다니며 짐도 나르고 용돈도 받았다. 매번 100만 원이 넘는 장을 보니까 자동차 트렁크는 물론 뒷좌석까지 가득 채워 가게로 실어 날랐다. 그때마다 어머니는 조수석에 앉아 오늘도 싱싱한 재료를 저렴하게 잘 샀다며 좋아하셨다.

나름 경영학과를 다니던 나는 어머니에게 경영의 효율성에 대해 여러 번 말씀드렸다. 식재료는 좋은 공급 업체를 찾아서 엄격하게 품질관리를 하면 되지만 대표자의 시간은 무엇으로도 대체할 수 없다. 그러니 어머니는 이렇게 장을 보러 다닐 게 아니라 좀더 중요한 의사결정에 집중해야 한다고 했다. 그때마다 어머니는 "재료가 좋아야 맛이 좋다."고 하셨다. 어머니는 손님에게 맛있는 음식을 드리기 위해 재료 고르는 일을 남에게 맡길 수 없었다. 그게 식당하는 사람에게 가장 중요한 일이니까 추우나 더우나 매일 앓는 소리를 하면서도 장을 보셨다.

사람들이 동네가게를 떠나는 이유는 다른 곳에 비해 효율성이 낮아서가 아니라, 다른 곳과 똑같이 효율성으로 경쟁했기 때문이다. 대형마트, SSM, 편의점은 모두 대기업이 운영한다. 상품을 대량 구매할 수 있는 자본력을 바탕으로 공급자와 협상해서 낮은 가격으로 매입한다. 인건비를 줄이기 위해 최소한으로 고용하고 많은 일자리를 IT 시스템과 인공지능으로

● 법구경 원문: 惡生於心 還自壞形 如鐵生垢 反食其身. 악이 마음에서 생겨나 스스로 제 몸을 허물어버리는 것은, 마치 쇠에서 녹이 생기어 도리어 그 쇠를 먹는 것과 같다.

효율성은 높고 낮음에 따라 이기는 자와 지는 자가 있다. 내 집에 온 손님을 맛있게 배불리 먹여 보내겠다는 마음에는 승패가 없다. 오직 끌림이 있을 뿐이다.

대체한다. 저렴한 가격 때문에 고객이 늘어나면 공급자와의 협상력이 증가하면서 더 좋은 상품을 더 낮은 가격으로 매입할 수 있다. 이 순환 체계는 효율성을 극대화시키며 동네가게를 압도한다.

경쟁에서 이기려면 경쟁의 룰을 바꾸라는 격언이 있다. 효율성을 이기는 방법은 효율성이 가질 수 없는 다른 선택 기준을 제시하는 것이다. IT 시스템이 대체 중인 사람이란 존재는 우리가 사는 동네엔 가게마다 있다. 대형마트와 온라인에선 100개의 상품을 사더라도 말 한마디 없이 나올 수 있지만, 동네가게는 한마디라도 해야 한다. 대기업의 사장은 우리의 삶과 무관하지만, 동네가게 주인은 이웃 한 사람 한 사람의 마음을 배려할 수 있다. 가게 주인이 동네 사람을 위해 한 장 한 장 쌓아올린 비효율적 배려를 우리는 관계라고 부른다.

효율성은 높고 낮음에 따라 이기는 자와 지는 자가 있다. 내 집에 온 손님을 맛있게 배불리 먹여 보내겠다는 마음에는 승패가 없다. 오직 끌림이 있을 뿐이다. 사람들이 동네를 떠난 이유는 동네가게들이 효율성이 낮아서가 아니라 이런 끌림을 잃어버렸기 때문이다. 장사하는 사람의 마음이 동네에 없는데, 동네 사람의 마음인들 떠나지 않을까.

잘 아는 곳, 잘되는 곳

회사 사람들과 점심 메뉴를 고를 때면 간혹 이런 얘기를 나눈다. "이 동네에 생선구이집 하나 있으면 잘될 거 같지 않아요?" 사람들이 많이 찾을 듯한 메뉴인데 그 동네에 없다는 걸 잘 알고 있어서 하는 말이다. 불과 10여년 전만 해도 장사하려는 사람은 자신이 잘 아는 곳에서 해당 업종이 적절한지 먼저 가늠했다. 자신이 살거나 자주 가는 동네에서 창업을 하든가, 잘 몰랐던 동네라도 장사를 시작하며 그 동네로 이사를 하는 경우가 많았다. 최근엔 흐름이 바뀌어서 뜨는 업종을 먼저 알아보고 그 업종이 잘될 만한 지역을 찾는다. 장사하는 동네로 이사를 가는 것보다, 살고 있는 집에서 출퇴근이 편리한지를 고려한다.

이런 흐름의 배경에는 세 가지 요인이 있다. 첫째, 온라인으로 얻을 수 있는 정보가 풍부해졌다. 예전에 한 선배는 만둣집 하나를 인수하기 위해 바로 앞 편의점에서 일주일을 죽치고 살았다. 지나는 사람과 가게로 들어가는 손님 수를 세고, 시간대와 연령대까지 관찰했다. 영업이 끝나면 쓰레기봉투를 뒤져서 찢어진 신용카드 매출 전표를 모두 모으고 밤새도록 퍼즐을 맞춘 후 실제 매출을 가늠했다. 그 지독한 사람도 요즘엔 카페에 앉아 노트북으로 모든 정보를 검색한다. '서울시 우리마을가게 상권 분석 서비스https://golmok.seoul.go.kr'만 해도 시간대별 연령대별 유동인구, 상존 인구와 거주 인구, 업종 분포, 특정 가게의 점포 이력, 매출 분석, 배후지 분석 등이 모두 공개되어 있다.

둘째, 다양한 '~리단길'이 '먹스타그램'을 타고 널리 퍼지며 잘될 곳을 알려준다. ~리단길의 원조인 경리단길은 2010년쯤 뜨기 시작해 2015년에 절정기를 맞았다. 대중교통도 불편하고 주차장도 없는 이 길에서 사진 한 장 찍어줘야 트렌디한 사람이었다. 어떤 곳이 떠서 누구나 가는 곳이 되면, 트렌드세터들은 또 다른 핫플레이스를 발굴했다. 망리단길, 가로수길, 샤

로수길, 송리단길 등이 생겨났다. 어떤 곳은 뜨기 위해 일부러 '~리단길'을 붙여 홍보를 했다. 감각 있는 사업가는 뜨기 전의 그곳을 찾아 창업을 하고, 어떤 이는 비싼 임대료를 주면서도 입성을 했다.

셋째, 중장년 창업자에게는 프랜차이즈가 큰 영향을 미쳤다. 퇴직 후 안정적인 창업으로 외식업 프랜차이즈만한 게 없다. 재료 공급, 마케팅, 영업관리, 직원 교육 등을 체계화된 시스템으로 제공한다. 창업 희망자는 평소 관심 있었거나 최근 뜨는 메뉴와 브랜드를 탐색한 후 프랜차이즈 본사와 가맹점 상담을 한다. 가맹 희망자가 적절한 입지를 제안하면 본사는 최적의 입지, 즉 장사가 잘될 만한 곳을 추천해준다. 대기업이 운영하는 프랜차이즈는 이런 입지 분석에 고도의 노하우를 갖고 있어서 지역 추천에 그치지 않고 구체적인 점포 위치까지 분석해 준다.

무엇에 관심을 두는가

'잘 아는 곳'에서 장사를 하려는 것과 '잘되는 곳'에서 하려는 것에 따라 장사하는 사람의 관심사가 달라진다. '어떤 것에 마음이 끌려 주의를 기울인다'는 뜻의 관심이란 단어의 한자를 얼핏 생각해 보면 볼 '관觀'에 마음 '심心'을 쓸 것 같지만 관계할 '관關'을 쓴다. 관심의 참뜻은 관계하는 마음이다. 잘 아는 곳에서의 장사는 가게가 있는 동네에 더 관심을 갖게 하고, 잘되는 곳에서의 장사는 매출과 효율성에 집중하게 한다. 그에 따라 장사하는 방법도 달라지기 마련이다.

장사하는 사람이 가장 잘 아는 곳은 자신이 살고 있는 동네다. 한 동네에 오래 살수록 네이버, 인스타그램, 상권 정보는 모르는 그 지역의 삶을 알게 된다. 신혼부부가 많다는 것을 아는 게 아니라 왜 신혼부부가 이곳에 오래 머무르는지, 시대에 뒤처진 낡은 식당이 많다는 사실 말고 왜 그 가게가 유독 인심을 얻고 있는지를 잘 알고 있다. 고깃집을 할지언정 혼자 오는 사람을 반겨주고, 고기가 아니라 된장찌개를 시켜도 싫은 내색을 하지 않는다. 늦은 시간에도 가게를 지키는 이유는 그 시간에 퇴근하는 맞벌이 부부를 위해서다.

매출에만 관심 있는 사람은 표면에 드러난 것만 보게 된다. 누구나 알 수 있는 정보는 누구든 따라 할 수 있는 똑같은 장사를 만든다. 오후에 장 보러 나오는 사람들에게 채소를 팔아서 충분한 수익을 남기면 굳이 퇴근하는 부부를 기다리지 않아도 된다. 1인 가구가 많다면 1인석 전용 자리를 마련하고 1인분도 가능한 메뉴를 만든다. 그러나 혼자 밥 먹는 사람도 남들과 똑같은 대접을 받고 싶다. 매출에만 관심을 두면 숫자 너머에 있는 사람의 마음까지 돌볼 여력이 없다.

구별은 차별을 만들고, 관심은 관계를 만든다. 관계란 주인과 손님의 경계가 없는 것이며, 손님과 손님의 차별이 없는 것이다. 생활상권 사업을 기획하다 알게 된 서울 강서구의 한 과일 가게는 장사를 하다가 그 동네로 이사 온 지 10여년이 되었다. 대형마트와 SSM, 온라인의 풍파에도 굳건히 자리를 지킬 수 있었던 비결은 이웃이었다. 보통의 과일 가게처럼 평소에는 도매시장에서 물건을 떼 오는데, 제철 과일 시즌에 한 번씩 아저씨가 지방의 농가에서 직접 싸게 가져올 때가 있다. 아주머니는 동네 친구들에게 가장 먼저 이 소식을 전한다. 단톡방에 사진을 올리고 사과에 꿀이 들었다며 놀러 오라고 한다. 몇 시간 후면 동네 사람들이 모여 과일을 깎아 먹고 수다를 떨다가 과일 하나씩 들고 집으로 간다. 어떤 이는 한 봉지를, 어떤 이는 한 상자를 들고 간다. 식구가 많든 적든 가게를 찾는 이는 모두 단골이고 이웃이다.

문제의 본질은 잘 아는 곳과 잘되는 곳이 아니라, 그로부터 생겨나는 장사하는 사람의 관심이다. 무엇에 관심을 두는지에 따라 장사의 방법과 성패가 좌우된다.

잘 아는 가게의 가치

단골의 가치를 너무 감성적으로만 주장하는 것 같아서 마케팅과 재무적으로 중요성을 증명해 보겠다. 조금 어렵고 딱딱한 얘기지만 편안하게 읽어 주길 바란다.

많은 기업들 특히 소매 업체들은 매출을 경영 목표로 삼는다. 그러나 2015년에 이미 월마트를 제치고 세계 최대 소매 업체로 등극한 아마존amazon.com은 매출이 아니라 '고객평생가치Customer Lifetime Value'를 경영 목표로 삼는다. 고객평생가치란 고객이 평생 동안 기업에 기여하는 재무적 가치를 말한다. 쉽게 말해, 고객 1인당 평균 얼마의 이익을 기업에게 주는지 따져 보는 개념이다.

예를 들면, 김철수라는 고객이 로컬 카페에서 3,000원을 주고 매일 한 잔의 커피를 마신다. 3,000원에서 재료비, 임대료, 인건비, 광고비 등의 비용을 빼면 1,000원이 남는다. 김철수는 이 동네에 1년을 살고 이사를 간다. 로컬 카페에서 김철수의 고객평생가치는 1,000원 x 365일 = 36만 5,000원이 된다. 고객평생가치는 김철수가 단골일수록 올라가고, 어쩌다 들르는 고객일수록 낮아진다. 이건 개념 이해를 위해 단순하게 예를 든 것이고, 실제 고객평생가치를 구하는 간략한 공식은 아래와 같다.

$$\left(\frac{\text{고객 1인당 연간 평균 매출} - \text{고객 1인당 연간 평균 비용}}{\text{전년도 고객 유지 비율} + \text{이자율 또는 할인율}}\right) - \text{신규고객 유치비용} = \text{고객평생가치}$$

이 공식이 의미하는 바를 살펴보자. 첫째, 우측의 신규고객 유치비용이 낮을수록 고객평생가치는 올라간다. 새로운 고객을 유치하려고 전단지를 돌리는 것보다 단골 고객에게 덤 하나를 얹어주는 게 더 낫다는 의미다. 산업에 따라 다르지만 일반적으로 신규고객 유치비용은 기존고객 유지 비용의 6~7배라고 한다.

둘째, 분모에 있는 고객 유지 비율이 높을수록, 즉 단골이 많이 유지될수록 고객평생가치는 올라간다. 이 공식에서 가장 중요한 수치가 고객 유지 비율이다. 아래 [예시 1, 2]는 다른 값을 고정하고 고객 유지 비율이 오를 때와 고객 1인당 매출이 오를 때를 비교한 사례다. [예시 1]은 고객 유지 비율이 10% 오를 때 고객평생가치가 1,250원에서 1,833원으로 상승한다. [예시 2]에서는 그만큼의 고객평생가치를 상승시키려면 고객 1인당 매출을 23% 올려야 한다는 걸 알 수 있다. 게다가 재료비, 인건비 등 고객 1인당 비용은 그대로 두고 매출만 올려야 한다. 단골을 10% 늘리는 게 쉬울까, 추가 비용 없이 매출 23% 올리는 게 쉬울까. 전자는 마음을 얻는 법이고 후자는 마진을 얻는 법이다. 어떤 가게가 더 오래 장사할 수 있을까.

[예시 1] 고객 유지 비율의 상승

$$\left(\frac{1{,}000\text{원} - 300\text{원}}{1 - 70\% + 10\%}\right) - 500\text{원} = 1{,}250\text{원} \qquad \left(\frac{1{,}000\text{원} - 300\text{원}}{1 - 80\% + 10\%}\right) - 500\text{원} = 1{,}833\text{원}$$

[예시 2] 고객 1인당 매출의 상승

$$\left(\frac{1{,}000원 - 300원}{1 - 70\% + 10\%}\right) - 500원 = 1{,}250원 \qquad \left(\frac{1{,}233원 - 300원}{1 - 70\% + 10\%}\right) - 500원 = 1{,}833원$$

많은 기업과 상점이 매출을 목표로 삼는다. 매출을 올리는 방법은 다양하지만 대체로 매출을 올리기 위한 비용도 비례해서 상승한다. 대대적인 광고를 하고 경쟁적으로 할인을 하며 매출을 올린다. 그러나 고객평생가치 관점에서는 비용을 최소화하며 단골을 유지함으로써 효율성이 극대화된 경영이 가능하다. 그토록 바라던 매출이 실제로는 허상일 수 있으며, 진정한 효율성은 단골에서 기인한다는 점을 알 수 있다.

여기서 고객평생가치는 단골이 많이 유지된 결과로서의 경영 성과에 대한 개념이지, 단골을 만들어가는 과정의 방법론은 아니다. 단골을 어떻게 정의할지에 따라 또다시 경쟁의 양상이 달라진다. 효율성을 극대화해 줄 고객으로 보면 아마존 같은 대기업과 싸워야 하고, 관계하는 마음으로 보면 대기업이 가질 수 없는 강점을 갖게 된다.

편의점과 동네 빵집

중학교 생활기록부에 기록된 나의 장래 희망은 사업가였다. 사업하시는 부모님의 영향을 많이 받았겠지만, 원래 공부도 못했었고 대학은 가고 싶지 않았다. 하루라도 빨리 사업을 하고 싶었지만 어머니의 '독려'에 일단 입학만 하자고 생각했다. 대학에 들어가자마자 무슨 장사를 할지 찾아다녔다.

우연히 일본 사람들이 라멘으로 한 끼를 채운다는 말을 들었다. 우리가 먹는 라면과 달리 육수를 내고 고기도 얹어서 푸짐하게 나온다고 한다.

라멘 기술을 배워 장사를 하기로 마음먹었다. 늘 그렇듯 아버지는 나를 응원해 주셨다. 우리나라에선 딱히 배울 곳이 없어서 일본 라멘 프랜차이즈를 알아봤다. 30년 넘은 라멘 프랜차이즈가 있길래 한국인도 배울 수 있는지 물어봤다. 가능하다는 답변이 왔지만 조건이 있었다. 창업자가 직접 와서 1개월 동안 배워야 하고, 마지막 테스트에서 합격하지 않으면 가맹점을 내줄 수 없다고 했다. 교육 연수비를 더 받으려는 꼼수인 줄 알았는데 추가 비용은 안 받겠다고 했다. 그즈음 아버지의 말기 암 판정으로 창업을 하진 못했지만, 그들이 어떻게 30년 넘게 장수할 수 있었는지 깨달았다.

보통의 프랜차이즈는 브랜드 파워와 효율적이고 체계적인 시스템으로 가맹점주를 모집한다. 좋은 재료를 사기 위해 새벽 시장에 가지 않아도 되고 주방에 들어가지 않아도 된다는 이점을 어필한다. 이런 편리함과 일자리 부족 현상이 맞물려, 국내 프랜차이즈 가맹점은 2012년 17만 개에서 2019년 25만 개로 늘었다.[7] 게다가 프랜차이즈 사업주의 연령대가 비프랜차이즈의 연령대보다 낮은 현상은 여러모로 생각해 볼 점이 많다.[8]

동네 어디에나 있는 편의점은 프랜차이즈의 전형이다. 본사가 잘 팔릴 만한 상품을 기획해서 공급해 주고, 효과적인 진열 방법과 적정 가격도 책정해 주니 사장은 고민할 게 없다. 전문적인 교육을 받지 않아도 누구나 카운터를 지킬 수 있으며, CCTV와 포스POS 시스템 덕분에 사장이 가게를 지키지 않아도 걱정 없다. 가게를 지키는 사람이 사장이건 아르바이트생이건 고객을 응대하는 데 필요한 세 마디만 하면 된다. “어서 오세요”, “얼마입니다”, “안녕히 가세요”. 국내 도소매업 프랜차이즈 가맹점 5만 6,000개 중

프랜차이즈 사업체 대표자의 연령 비율

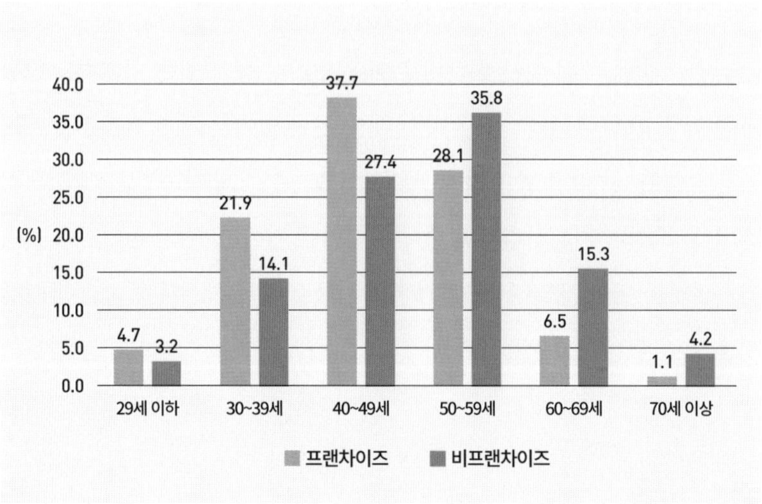

출처: 통계개발원

에 4만1,000개가 편의점이다.[9] 편의점이 늘어나며 옹기종기 있던 동네 슈퍼가 사라진 건 굳이 숫자를 얘기하지 않아도 누구나 아는 사실이다.

동네 빵집도 동네 슈퍼와 유사한 상황에 처해 있지만 조금 다른 양상을 보인다. 대기업 프랜차이즈인 파리바게뜨와 뚜레쥬르의 틈바구니에서 보통의 빵집들은 모두 사라졌지만, 동네에 한두 개쯤은 개성 있는 빵집이 새로 생겨나거나 자리를 지키고 있다. 유명한 빵집을 찾아다니며 빵 맛을 보고 SNS에 올리는 '빵지 순례'는 인근의 골목과 상점가에도 긍정적인 영향을 미친다.

프랜차이즈의 시스템이 대체할 수 없는 영역과 시스템이 매력적이지 않은 시장이 있다. 동네 슈퍼의 영업 방식은 시스템으로 대체할 수 있으며, 오히려 대기업의 체계적인 시스템이 시장을 장악할 수 있는 경쟁력으로 작용한다. 동네 슈퍼가 취급하는 상품의 대부분은 대기업 생산 제품이며, 나머지도 슈퍼에서 생산해서 판매하는 제품이 아니다. 대기업이 편의점 프랜차이즈를 장악할 수밖에 없는 구조다. 건재한 동네 빵집의 대부분은 사장이 파티셰로 일을 하며 직접 빵을 굽는다.● 파티셰의 고유한 경험과 강점이 담겨 있어서 어느 집은 바게트와 식빵이 맛있고 어느 집은 크루아상이 유명하다. 집집마다 다른 분위기와 맛은 프랜차이즈의 '표준 입맛'이 대체할 수 없는 영역이며 동네 빵집만의 매력이다.

동네 슈퍼는 직접 생산한 제품이 없으니 태생적으로 동네 빵집과 다르다고 할 수 있겠다. 그러나 프랜차이즈는 시스템이 운영하고 슈퍼와 빵집은 사람이 운영한다. 취급하는 상품에 가게 주인의 생각을 담을 수 없을지라도 상점의 경영 방식은 얼마든지 담아낼 수 있다. 책 앞머리에 소개한 신흥마트 이해룡 사장도 보통의 동네 슈퍼처럼 대기업 제품을 주로 취급하지만, 자신만의 고집과 소신으로 이웃과 먹고사는 일을 함께하며 지금의 가게를 일구어냈다.

내가 사는 곳의 가치

우리가 사는 동네에 프랜차이즈가 많다는 건 그만큼 개성 없는 동네라는 의미다. 지하철역에 내려 집으로 가는 길에, 어딜 가나 있는 편의점과 어디에서나 똑같은 맛의 음식점들만 즐비하다면 내가 사는 곳이 각별하게 여겨질까. 지금 사는 동네에서 내가 좋아하는 장소를 떠올려보자. 공원일 수도

● 파티셰라고 하는 patissier(빠띠시에)는 프랑스에서 남자 제과사를 일컫는다. 제빵사는 boulanger(블랑제)라고 하는데, 우리나라에선 구분 없이 흔히 파티셰라고 한다. 참고로 제빵과 제과의 차이는 모호한데, 제빵은 발효가 된 것이고 제과는 그렇지 않은 것이라고 한다.

손님의 눈에는 보이지 않지만 반드시 통영 멸치를 써야 국물이 시원하다는 잔치국숫집, 혼자 사는 어르신을 위해 택배를 받아주는 동네 슈퍼면 충분하다. 이들의 소소한 마음과 고집이 우리가 사는 곳을 행복하고 각별하게 만든다.

있고 카페일 수도 있으며 평범한 골목길일 수도 있다. 그런 곳이 많을수록 내가 사는 동네에 애정이 생기고, 적을수록 동네에 무관심해진다. 그런데 방금 떠올린 그곳 중에 어딜 가나 똑같은 곳이 많을까, 다른 곳에서는 볼 수 없는 곳이 많을까.

인스타그램에 올릴 법한 인테리어가 아니어도 되고 5성급 호텔 셰프 출신이 아니어도 된다. 손님의 눈에는 보이지 않지만 반드시 통영 멸치를 써야 국물이 시원하다는 잔치국숫집, 좋은 기름을 써야 튀김 색깔이 곱다는 돈가스집, 혼자 사는 어르신을 위해 택배를 받아주는 동네 슈퍼면 충분하다. 이들의 소소한 마음과 고집이 우리가 사는 곳을 행복하고 각별하게 만든다.

도시 계획 사상가 제인 제이콥스Jane Jacobs는 "도시의 생명력은 다양성"이라고 했다. 주거지와 상업지가 복합적으로 어우러지고 오래된 가게와 새로운 가게가 조화로울 때 사람들이 더 많이 걷고 더 자주 마주친다. 사람과 공간이 유기적으로 연결되면 다양한 사람들이 모여 창의성과 역동성이 생기고 도시를 활력 있는 공간으로 만든다. 반면에 주거 단지와 상업 단지가 블록으로 구분되고, 네모반듯한 건물과 시스템으로 규격화된 상점들은 문화적 다양성을 낮추고 우리의 삶을 단조롭게 만든다.

모든 프랜차이즈가 우리가 사는 곳을 단조롭게 만드는 것은 아니다. 30년을 이어 온 일본 라멘 프랜차이즈처럼 소신과 고집을 가맹점에 담아낼 수 있다면 그도 행복하다. 그러나 최근의 프랜차이즈는 너무 빠른 유행을 주도한다. 특히 외식업의 흐름은 3년 주기로 바뀐다고 한다. 유명 프랜차이즈 본사는 여러 개의 외식업 브랜드를 갖고 있다. 유행이 바뀌면 가맹점주들이 그에 맞는 브랜드를 찾기 때문이다. 몇 년 만에 떠나고 다시 새로운 가게가 들어온다고 우리에게 다양성이 생기는 건 아니다. 오히려 그때마다 임대료를 부추기는 구실이 생길 뿐이다.

한비자 비내편에 이런 구절이 있다. "한 사람은 수레를 만들고 다른 사람은 관을 만든다. 수레 만드는 이는 사람들이 부귀해지기를 바라고, 관을 만드는 이는 사람들이 일찍 죽기를 바란다. 수레 만드는 이는 어질고, 관 만드는 이는 악하기 때문이 아니다. 부귀해지지 않으면 수레를 사지 않을 것이고, 죽지 않으면 관이 팔리지 않기 때문이며, 그것이 그들에게 이익이 되기 때문이다."

신흥마트 이해룡 상인을 비롯해 대형마트, 편의점, 동네 빵집, 건물주 모두 자신의 이익을 위해 살아간다. 누구를 탓할 일도 아니고 옳고 그름의 일도 아니다. 우리의 선택이 다양성을 잃어가고 있는 것이 안타까울 뿐이다. 각자의 삶에 주어진 역할에 자신의 정체성을 담아내는 게 다양성이며 도시의 생명력이다.

효율적이고 합리적이라 여겼던 우리의 선택은 결국 자본과 시스템에 귀속되고 획일화된 문화와 세상을 만들고 있다. 그게 진정 우리가 바라던 삶이었던가. 우리가 아꼈던 시간은 더 많은 노동에 쓰이고, 무거운 짐을 들지 않는 손에는 스마트폰이 남겨졌다. 동네만 이용하자는 것도, 동네를 더 많이 이용하자는 것도 아니다. 지금 내가 사는 곳에서 좀 더 행복하게 사는 방법을 찾아보자. 우리의 선택이 조금씩 바뀐다면 내가 사는 동네는 우리의 삶에 가장 가까운 안식처가 될 수 있다.

03

동네를 떠난 이유

더 나은 것과 다른 것

본디 경제란 인간의 생활에 필요한 것들을 생산하고 분배하며 소비하는 모든 활동이나 그를 통해 이루어지는 사회적 관계를 뜻한다.● 즉 생산과 소비에 한정하지 않고 사회적 관계까지를 포함한다.

국가 경제의 지표로 사용되는 GDP나 국제수지, 경제성장률 같은 어려운 용어보다 나 같은 서민들이 체감하는 경제는 '동네 안, 동네 밖' 둘로 나뉜다. 동네경제는 우리의 안식처인 집으로부터 걸어서 이용할 수 있는 범위에 해당하며 주민, 상인, 지역의 다양한 모임, 문화시설, 복지시설, 동네

● 표준국어대사전의 원문은 '인간의 생활에 필요한 재화나 용역을 생산, 분배, 소비하는 모든 활동. 또는 그것을 통하여 이루어지는 사회적 관계'로 정의하고 있다.

병원 등이 복합적인 관계를 이루고 있다. 동네 밖 경제는 도보 외의 교통수단으로 이용하는 범위이며 백화점, 대형마트, 온라인, ~리단길, 복합 쇼핑몰, 각종 전문점, 대형 병원 등이 관련되어 있다. 동네경제는 소비자인 주민을 중심으로 각 주체들 간에 영향을 주고받는 사회적 관계에 놓여 있다. 동네 밖 경제는 각 주체들이 독자적으로 존재하거나 경쟁 관계에 놓여 있으며 주민과는 거래 관계를 이룬다.

그렇다면 편의점은 동네 안 경제일까, 동네 밖 경제일까? 편의점 사장님과 우리가 어떻게 경제를 정의할지에 따라 달라진다. 필요에 의한 소비까지로 한정할지, 소비를 통한 사회적 관계까지 포함할지에 따라 동네 안과 밖 경계도 달라지고 우리의 동네 생활도 달라진다.

소비자를 포함해 경제활동에 참여하는 모든 주체가 정의하는 경제의 범위에 따라 우리의 삶의 질이 달라진다. 어떤 이는 더 나은 거래 관계에 집중할 수도 있고, 누군가는 거래 관계를 넘어 사회적 관계를 선택할 수도 있다. 이것 역시, 옳고 그름의 일이 아니며 각자의 사업과 삶의 지향점에 따른 선택이다. 더 나은 선택을 할 수도 있고 다른 선택을 할 수도 있다.

갈등과 선택

동네경제가 동네 밖 경제와의 경쟁에서 무너진 이유는 많은 사람들이 더 나은 선택을 했기 때문이다. 보통은 경쟁을 적과 싸워서 이겨야 하는 상황으로 본다. 마케팅에서 경쟁은 고객의 갈등을 해결하는 과정이다. 길을 지나다 목이 말라서 가까운 편의점에 갔다. 시원한 사이다를 마시려 했으나 갈증에 좋다는 헛개수가 보인다. 사이다는 목을 넘어가는 청량감이 좋지만 살이 찔 것 같고, 헛개수를 마시자니 청량감이 떨어진다. 어제 마신 술 때문에 목이 마른 거니까 결국 헛개수를 선택한다. 사이다와 헛개수는 상대의 제품을 무너뜨리기 위해서가 아니라, 고객의 문제를 해결하기 위해 제품을 기획하고 제안했다. 고객은 자신이 고민하는 문제를 잘 해결해 줄 것 같은 제안이 무엇인지 갈등하다 하나를 선택한다. 그 결과로 경쟁 제품 중 하나가 승리한다.

이런 경쟁에서 이기는 법, 즉 고객의 머릿속에서 일어나는 갈등을 해결하는 방법을 마케팅에서 여러 가지로 제시하고 있으나 핵심 원리는 두 가지로 정리된다. 더 낫거나 다르거나 둘 중 하나다. 점심시간이 되어 동료들과 밥을 먹으러 간다. 뭘 먹을까 고민 끝에 짜장면을 먹기로 하고 회사 앞 중국집 복승장으로 걸어간다. 이때 복승장의 경쟁자인 승리장 사장님이 우리에게 뭐라고 제안을 해야 우리의 발길이 승리장으로 돌아설까?

보통의 경우 "우리 집이 더 맛있다, 더 싸다, 군만두를 서비스로 주겠다."고 한다. 이 말을 들은 우리는 선택을 바꿀까? 밥 사 먹을 돈이 빠듯한 상황이 아니라면 쉽게 바꾸지 않는다. 왜냐하면 승리장 사장님이 '우리가 더 낫다'라고 제안했으나 우리는 이미 짜장면은 복승장이 더 낫다는 결론을 내려서 그쪽으로 향했기 때문이다. 그러니까 "우리가 더 나아요."라는 말은 "당신의 생각은 틀렸어요. 우리 집이 더 나아요."라고 말하는 것과 같다.

그럼 승리장 사장님이 뭐라고 제안해야 했을까. 짜장면과 짬뽕이 가장 맛있을 때는 내가 짜장면을 먹고 있는데 앞 사람이 짬뽕을 먹고 있을 때다. 승리장 사장님은 "오늘은 얼큰한 짬뽕을 드시면 어때요?"라고 제안했어야 했다. 아무런 갈등 없이 짜장면을 먹으러 가는 우리의 머릿속에 갈등이 생기도록, 더 나은 대안이 아니라 다른 선택지가 있음을 보여줬어야 했다.

미국의 외벽 유리창 청소 업체인 '래리의 창문 청소 서비스Larry's Window

스파이더맨의 유리창 청소

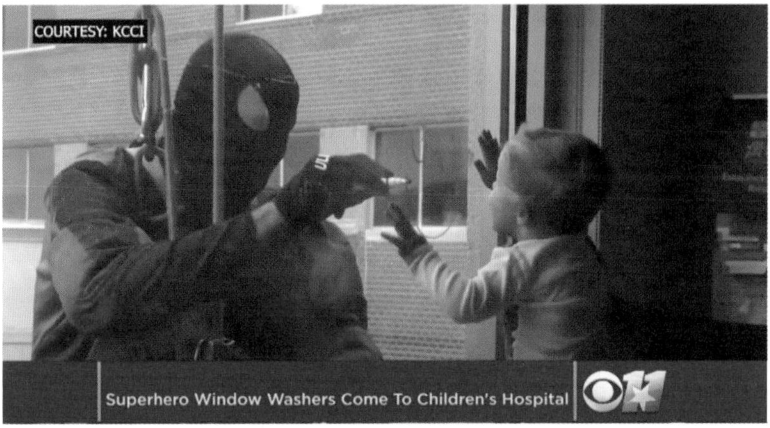

출처: CBS DFW, youtu.be/GBVa48_8s00

Cleaning service'는 어린이 병원을 청소할 때면 청소원의 복장을 바꾼다. 스파이더맨, 배트맨, 캡틴 아메리카 등 아이들이 좋아하는 복장을 하고 외벽 유리를 닦는다. 오랫동안 입원 중인 아이들을 위한 배려다. 만약 당신이 어린이 병원장이라면 더 잘 닦고 더 저렴한 업체를 선택할까, 여타의 경쟁자와 다른 가치를 제공하는 이 업체를 선택할까.

동일한 고객의 문제를 두고 가격이나 성능 등에서 더 나은 해결책을 제시하는 방법이 있고, 기존의 대안들과 다른 해결책을 제시하는 방법이 있다. 후자의 마케팅 전략을 '차별화Differentiation'라고 한다. 가격과 성능에서 우위를 차지하기 위해서는 대규모 자본력과 고도의 기술력이 필요하다. 고객에게 경쟁자보다 더 나은 선택을 제시할 수 없다면 경쟁자와 차별화된 대안을 제시해야 한다.

서로 다르기에 공존한다

카페를 무척 자주 이용하는 후배가 있다. 이 친구는 자신에게 필요한 상황에 따라 카페를 선택한다. 공부할 때는 스타벅스를 가고, 심심하거나 쓸쓸할 땐 동네 카페를 간다. 스타벅스는 커피 한 잔 시켜놓고 오랫동안 눈치 안 보며 공부할 수 있어서 좋고, 동네 카페는 주인장 형이 자기를 알아보고 안부를 물어주는 게 좋단다.

서로 다름이 있기에 공존할 수 있다. 스타벅스가 동네가게처럼 안부를 물어주거나, 동네 카페도 스타벅스처럼 눈치 안 보고 오래 이용할 수 있다면 둘 중 더 나은 곳만 남고 우리의 다양성은 사라진다. 우리가 사는 곳의 다양성도 이와 같다. 모든 상점과 마트에서 가격과 성능만을 내세우거나, 모두 다정한 관계만을 중시하면 우리의 삶은 어느 한쪽으로 치우치기 마련이다. 이것이 있기에 저것이 있고, 저것이 있기에 이것이 있다. 여기는 저렴하고 저기는 따스할 때, 우리는 다양한 선택을 할 수 있고 더 풍요로운 삶을 살 수 있다.

동네 밖 경제가 우리에게 더 나은 선택을 제안했을 때, 동네경제는 우리에게 그와 다른 선택을 제안했어야 했다. 그들이 절대 따라 할 수 없는, 동네 안에서만 할 수 있는 일들로 우리의 생활을 제시했어야 했다. 그러나 동네경제는 동네 밖 경제와 똑같은 방향으로 경쟁을 했다. 우리의 선택은 아무 갈등 없이 더 나은 제안을 하는 곳으로 향할 수밖에 없다. 그로 인해 우리가 사는 곳의 다양성은 사라지고 동네 사람들은 동네를 떠나기 시작했다.

상인뿐 아니라 소비자의 변화도 필요하다. 소비자에게는 소비 권력이 있다. 기업 대표의 악행에 대항해 불매운동을 하기도 하고, 착한 가게는 손님들이 몰려가서 '돈쭐'을 내주기도 한다. 그러나 불매운동으로 사라진 기업이 드물고 돈쭐 내주기는 일시적이다. 우리의 소비 권력을 제대로 쓰기 위해서는 먼저 새롭게 경제를 정의해야 한다. 거래 관계에 머물 것인가 사회적 관계를 요구할 것인가에 따라 우리의 경제가 달라지며 우리가 사는 곳의 다양성도 결정된다.

상충관계의 효용성

동네경제와 동네 밖 경제를 나누는 기준으로 '걸어서 이용하는 범위'를 제시했다. 길을 걷다 보면 사람과 상점을 마주치게 된다. 특히 동네 안의 한정된 공간에서는 더 많이 걸을수록 더 자주 마주치게 되어 서로 익숙해지고 익숙함이 쌓여 사회적 관계를 이룬다. 똑같은 길을 자동차로 이동하면 마주침이 사라지며 주차장에서 주차장으로 이어지는 거래 관계에 머물게 된다.

대부분의 상점가와 전통시장도 사람들이 많이 다니는 길을 따라 상점들이 모여들며 생겨났다. 좋은 상점들이 들어서면 다시 더 많은 사람들이 모이고 그 길을 중심으로 활력 있는 동네가 만들어진다. 길이 살면 상점이 살고 커뮤니티가 촉진되지만, 길이 죽으면 모든 게 죽는다.

2015년, 서울시 사업으로 내가 맡았던 신창시장도 길을 따라 만들어진 곳이었다. 버스 정류장에서 주택가로 들어가는 골목을 따라 한쪽은 신창시장, 건너편 길은 창동시장이었다. 처음 서울시의 사업 제안을 받고 신창시장에 들어섰을 때 '음습하다'는 단어가 떠올랐다. 그런 단어가 있는지도 몰랐는데 나중에 사전을 찾아보니 '그늘지고 축축하다'는 의미였다. 그 길을

오후 시간의 신창시장 전경

▶ 검은 천막 때문에 밤처럼 어둡다.

오가는 동네 사람들의 기분이 어떨지 묻지 않아도 알 수 있었다.

사람은 어두운 길보다 밝은 길을 걷고 싶다. 길을 따라 만들어진 시장에는 두 개의 조도照度가 있다. 하나는 자연 채광이나 조명에 의한 물리적 조도이고, 다른 하나는 길을 지키는 상인의 표정이다. 신창시장은 두 개 모두 어두웠다. 비가 오면 손님들이 불편하다는 이유로 아케이드 지붕을 씌우고, 그 아래에는 햇빛이 지나치게 들어와 상품을 상하게 한다는 이유로 검은 천막을 쳤다. 어둑어둑하며 걷고 싶지 않은 길이 되니 장사가 안 되고, 상인들의 표정도 어두워지는 악순환이 일어났다.

잠시 냉정하게 따져보자. 최근 10년 동안 연평균 강수일은 109.3일이다.[10] 표면적으로는 3, 4일에 한 번 비나 눈이 온다는 건데, 이 통계는 강수량 0.1mm 이상인 날을 모두 집계한 숫자다. 쇼핑을 하지 않는 밤에 온 비도 포함하고, 오후 장보기 시간에 빗방울 조금 떨어진 날도 포함한 수치다.

지금 이 글을 읽으며 최근 한 달 동안 비가 와서 다니기 불편했던 날을 꼽아 보면 며칠이나 될까. 게다가 109일 때문에 나머지 256일 동안 동네 사람들이 어두컴컴한 길을 걷게 해야 할까. 비는 아케이드 지붕을 씌운 표면적인 이유에 불과하다. 대형마트와 유사한 환경을 갖추면 대형마트와의 경쟁에서 이길 수 있다고 믿었기 때문이다.

경쟁에서 차별화는 서로 다름을 온전히 지니고 있을 때 완성되며, 이를 마케팅에서 상충관계相衡關係, trade off relationship라고 한다. 각자의 고유한 강점을 지니고 있으되, 경쟁자의 강점까지 취하려면 자신의 강점을 버려야만 가능한 관계를 일컫는다. 상충관계를 버리고 경쟁자와 같은 방향으로 강점을 가져간다는 건, 고객 입장에서 둘 중 더 나은 쪽을 선택하게 만드는 꼴이다. 대부분의 전통시장처럼 신창시장도 대형마트와의 상충관계를 잃어버렸기에 고객은 줄어들고 길은 점점 어두워졌다.

시장에서만 느끼는 재미

컨설턴트로 참여했던 나와 현장의 사업팀은 대형마트와 신창시장 간에 상충관계가 만들어질 수 있는 방향을 찾았다. 둘의 다른 점 중에서도 마트가 절대 가질 수 없는 건 '대화'였다. 마트는 100개의 상품을 사면서 말 한마디도 하지 않고 나올 수 있지만, 시장은 단 하나를 사더라도 대화를 주고받아야 한다. 시장에선 고객이 "사과 하나 주세요." 했을 때 상인이 "아침에 꼭 하나씩 챙겨드세요."라고 할 수 있지만, 마트에서는 가격과 결제 방법만 주고받는다.

상인과 손님의 대화를 통해 신창시장에서만 느낄 수 있는 재미를 만들고 싶었다. 대화를 만들기 위해서는 접촉을 늘려야 하고, 접촉을 늘리기 위해서는 자연스러운 매개가 필요했다. 그래서 만든 사업이 '군것질데이'였다. 시장의 가게들이 500원, 1,000원으로 사 먹을 수 있는 군것질 메뉴를 내놓아서, 길을 지나는 사람들에게 이것저것 집어먹는 재미를 주기로 했다.

상인들에게 처음 제안했을 때는 거부 반응이 만만치 않았다. 재료비가 비싸서 500원, 1,000원짜리는 만들 수 없다고 했다. "시장 살리겠다는 놈이 물가도 모른다."며 거센 항의도 있었다. 나와 사업팀은 끝까지 그 가격을 고수했고 참여 의사를 밝힌 상점에만 집중했다. 1,000원을 고집한 이유는 1,500원, 2,000원으로 양이 늘어나면 고객은 하나만 먹어도 배부를 수 있고 그만큼 다양한 군것질 메뉴를 즐기는 재미가 줄어들기 때문이다. 군것질데이의 목적은 돈을 더 벌자는 게 아니라, 무심히 지나는 사람들에게 재밌는 길을 만들어주는 것이었다.

1회차 군것질데이에는 13개 상점이 참여했다. 메뉴도 식혜, 도토리묵처럼 상점에 있던 음식을 소분해서 판매하는 수준이었다. 일요일 하루 총 900개, 상점당 69개가 팔렸다. 상점당 매출로 보면 6만 9,000원이다. 2회차에는 참여 상점이 18개로 늘었고 상점당 110개가 팔렸다. 매출로 따지면 11만 원 정도다. 당초에는 2회차만 계획했으나 고객과 상인들의 반응이 좋아서 4회차까지 연장했다. 시장에서 먹거리를 파는 상점은 대부분 참여했고, 심지어 신발 가게 사장님은 따님 두 분을 대동해서 파전을 내놓기도 했다. 이듬해 2년차 사업에서는 군것질데이의 체계를 세밀하게 다듬어 총 12회를 진행했다. 여러 개의 메뉴를 담을 수 있는 트레이도 제공하고, 메뉴도 진화를 거듭해 천 원 탕수육, 천 원 닭강정, 천 원 과일 등으로 다양해졌다. 회당 평균 22개의 상점이 참여했고, 상점당 74개를 판매해 7만 4,000원의 매출을 올렸다.

2015년 군것질데이

2016년 군것질데이

2주마다 군것질데이를 하다 보니 회를 거듭할수록 상인들의 피로도가 늘었다. 부부가 운영하는 닭집에서는 "남는 것도 없는데 군것질데이를 하는 날은 남편이 앓아눕는다."며 불만을 터뜨렸다. 그럼에도 행사 당일은 상인들끼리 잔치하는 분위기였다. 서마다 시장 통로에 나와 탕수육을 만들고 떡볶이를 담으며 자기들끼리 대화와 농담을 주고받았다. 나는 그 분위기를 이해할 수 없었다. 거듭되는 행사에 피곤해 죽겠다며 볼멘소리를 하면서도 뭐가 그리도 좋을까 싶었다. 게다가 매출로 보면 7만 원이다. 크다면 큰 금액이지만, 잔치를 벌일 정도는 아니었다. 나중에 어느 상인이 하는 말을 듣고서야 깨달았다.

"하루에 7만 원이 아니라 70명의 새로운 손님이 온 거야."

그들에겐 돈도 중요했지만 정말 오랜만에 장사하는 맛이 느껴졌던 거다. 그들의 표정과 시장의 조도는 더할 나위 없이 밝아졌다. 효과는 평일에도 이어졌다. 상인들의 목소리엔 자신감이 생겼고 행동은 적극적이었다. 떡집은 새로운 상품으로 빼빼로 떡을 개발하고, 천 원 탕수육을 내놓았던 정육점은 유명한 중국집을 찾아가 탕수육 소스를 사 오기도 했다.

시장은 시장답게

군것질데이를 하는 일요일이면 시장은 온 동네 사람들이 모여 떠드는 목소리로 시끌벅적했다. 아이들까지 네 식구가 각자 입맛에 맞는 메뉴를 골라 와서 단돈 1만 원으로 점심을 먹었고 데이트하러 나오는 젊은 연인들도 많았다. 평소 시장에 아무 관심 없던 중고등학생들도 친구들과 놀러 나왔다. 심지어 누군가 올린 SNS를 보고 멀리서 찾아오는 사람들도 있었다.

2년 동안의 신창시장 사업 결과 1일 평균 방문객은 8,000명에서 1만 2,000명으로 1.5배 늘었고, 상인들은 매출이 1.3배 늘었다고 답했다. 군것질데이 하나만으로 이런 성과가 있었던 건 아니지만 상인들은 가장 효과적인 사업으로 군것질데이를 꼽았다.

흥미로운 사실은 우리 사업팀이 행사 홍보에 많은 예산을 쓰지 않았던 점이다. 대표적으로 전단지 만들 때 전문적인 디자인 업체에 맡기지 않고 직원 중 한 명이 깔끔하게 잘 만든 걸 사무실 프린터로 출력해서 배포했다. 누군가의 눈에는 촌스러울 수 있다. 그러나 그건 촌스러운 게 아니라 시장다운 거다. 시장 전단지를 백화점 브로셔처럼 만드는 게 촌스러운 거다. 놀이공원 패션으로, 반바지와 잘 다려진 양복 중 무엇이 촌스러운 건가.

군것질데이의 성공 요인에는 상충관계가 있었다. 대형마트가 이와 같은 행사를 하려면 지금보다 더 많은 직원이 필요하다. 장사하는 맛을 느낀 상인처럼, 진심으로 즐거워하는 직원들로 꾸려야 할 거다. 게다가 그 직원들이 천 원 탕수육을 내놓으려면 상당한 수익을 포기해야 한다. 무엇보다 그토록 깔끔하고 웅장한 매장에서 군것질데이처럼 시끌벅적하고 촌스러운 행사를 해야 할 거다.

신창시장에서 군것질데이에 참여했던 20여 명의 상인은 비정규직이 아니라 10년, 20년씩 장사를 해온 정규직 사장님들이다. 그들은 천 원짜리 닭강정과 탕수육을 내놓으며 조금씩 손해를 나누었다. 체계적인 근무 수칙이 없는 그들은, 때때로 사람들이 지나는 길 한복판에서 자기들끼리 웃고 떠든다. 무엇보다 깔끔한 유니폼도 없이 동네 아저씨처럼 퉁명스럽고 촌스럽게 말을 건넨다. 시장은 시장답고 마트는 마트다운 게 상충관계이며, 이것이 우리의 삶을 더 다양하고 풍부하게 해준다.

부족하다고 여기는 것

남아프리카공화국 케이프타운의 빈민촌에서 해마다 수천 명의 아이들이 장티푸스, 설사, 폐렴, 콜레라 등의 감염병으로 사망하고 있었다. 방치된 쓰레기와 오염된 물로 환경은 열악했고 아이들은 간단한 위생 교육도 받지 못했다. 대부분의 감염병은 손만 잘 씻어도 예방 효과가 있지만 아이들의 행동을 바꾸는 일은 쉽지 않았다.

이 문제를 해결하기 위해 글로벌 광고 대행사인 'Y&R'과 남아공 비영리 단체 블리키스도르프포호프Blikkiesdorp4hope는 'Hope Soap희망의 비누'라는 특별한 비누를 만들었다. 투명 비누 안에 아이들이 좋아하는 장난감을 넣어 아이들 스스로 손을 씻도록 유도했다. 장난감을 갖고 싶은 아이들은 이전보다 손을 더 자주 씻었고 감염병 발생률은 70%가 줄었다.

이 비누는 세계 최고 권위의 광고제인 '칸 국제광고제'와 '뉴욕 페스티벌' 두 곳에서 상을 받았다. 아이들을 살린 비누가 광고제에서 상을 받은 이유는 그들의 행동을 변화시킨 원리가 마케팅에 있기 때문이다. 흔히 마케팅

Hope Soap

은 멋진 광고를 만드는 일이나 판매를 촉진하는 수단으로 생각한다. 마케팅은 사람의 행동을 변화시키는 데 초점이 맞추어진 효과적인 도구다. 광고와 홍보는 행동 변화를 촉진하기 위한 마케팅의 세부 개념 중 하나이며, 판매와 매출은 행동의 변화로 얻은 결과물일 뿐이다. 누군가는 증정품으로 하나 살 걸 두 개 사게 되고, 누군가는 장난감으로 아이들의 생명을 살린다.

만약 아프리카의 아이들을 살린 저 비누를 우리나라의 아이들에게 주어도 똑같은 행동의 변화가 일어날까? 약간의 변화는 있어도 저 아이들만큼은 아닐 것이다. 비누 안에서 장난감이 보일 때 아프리카의 아이들은 자신의 결핍을 느끼고, 우리나라의 아이들은 그렇지 못하다. 이미 더 좋은 장난감이나 스마트폰이 있기 때문이다. 마케팅에서는 이를 니즈needs라고 하며

'결핍이 지각된 상태'로 정의한다. 결핍 그 자체가 아니라 결핍이 지각된 상태를 말한다.

아프리카의 아이들에게는 장난감이 결핍되어 있었으나 그것이 지각되지 않은 상태였다. 투명 비누 안에서 장난감이 보이자 자신에게 결핍되었다는 걸 지각하게 되고, 그렇게 지각된 결핍을 채우기 위해 손 씻는 행동을 시작했다. 오스트리아의 정신 의학자이자 심리학자인 알프레드 아들러Alfred Adler는 책 《미움받을 용기》에서 이렇게 말했다.

"우리의 인생은 우리가 무엇을 부족하다고 여기는지에 따라 달라진다."

강점과 약점

왜 동네경제는 동네 밖 경제와 차별화를 유지하지 못했을까. 전략에 대한 지식이나 이해가 부족해서일까. 그럼 전략적 사고가 뛰어난 사람이 동네가게를 하면 성공할까. 상대적으로 유리할 수 있지만 체계적인 전략이 모두를 성공으로 이끄는 것은 아니다. 동네경제에 부족했던 것은 전략적 지식이 아니라 부족하다고 여기는 그 자체였다.

신창시장에서 군것질데이를 하기 이전의 상인들처럼, 자신의 내재된 강점을 살리지 못하고 대형마트와 온라인이 내세우는 강점이 우리에겐 부족하다고 여겼다. 대형마트가 최저 가격 경쟁을 하니까 우리는 가격 경쟁력이 부족하다 생각했고, 사람들이 차를 타고 대형마트를 가니까 우리에겐 주차장이 부족하다 여겼고, 비가 오는 날에는 대형마트 같은 지붕이 없음을 인지했다.

약점을 보완하다 보면 자신의 강점이 약해지는 경우가 많다. 강점을 유지하고 강화하는 데 써야 할 에너지를 약점에 사용하기 때문이다. 운동을 잘하는 사람이 자신의 약점인 영어를 보완하려면 운동 시간을 줄여서 영어 단어를 외워야 한다. 그러나 약점을 보완하는 최선의 방법은 강점을 더 돋보이게 해서 약점을 사소한 것으로 보이게 하는 것이다. 운동을 잘하는 사람은 더 멋진 근육을 만들어서 영어 좀 못하는 것쯤이야 별거 아니게 만들면 된다. 영화 〈아저씨〉에 나온 원빈의 근육과 나의 뱃살을 비교하며 놀렸던 누군가에게 나는 "마케팅은 내가 더 잘해."라고 말했다.

경쟁의 관점에서는 더더욱 약점 보완에 집착할 필요가 없다. 사람들이 어떤 상품을 구매하는 것은 그 상품을 구매해야 할 분명한 이유가 있기 때문이지, 구매하지 않아야 할 이유가 없기 때문이 아니다. 커피를 선택할 때 '이 커피는 단점이 없어'라는 생각으로 구매하는 게 아니라, '이 커피는 맛있어'라고 판단하기 때문에 구매한다. 장소나 공간도 마찬가지다. 대형마트를 가는 이유는 그곳에 단점이 없기 때문이 아니라 그곳이 주는 매력이 있기 때문이며, 동네가게나 전통시장에 가지 않는 이유는 그곳에 단점이 많아서가 아니라 그곳만의 매력이 없기 때문이다. 동네 밖 경제의 강점을 동네경제가 모두 보완할지라도 결국 동네경제를 이용해야 할 이유가 없다면 그곳을 선택하지 않는다.

사람은 자신이 행동해야 할 이유가 생기면, 행동하지 않아야 할 이유를 최소화하기 위해 합리화를 한다. 에어프라이어로 먹는 치킨이 배달보다 맛있다고 생각해 구매하기로 결심하면, 공간이 좁은 문제는 부엌의 배치를 바꾸면 되고 돈이 부족하면 무이자 할부로 부담을 덜면 된다고 생각한다. 지혜로운 나의 조카가 어느 날 내게 말했다.

"삼촌, 세상에서 제일 이쁜 꽃이 뭔지 알아? 자기합리화야."

약점을 보완하는 일이 혹시 자기합리화는 아닌지 냉정하게 따져봐야 한다. 아케이드 지붕만 있으면 비 오는 날에 손님이 더 많이 올 것 같고, 주차장이 있으면 차를 타고 손님이 올 듯하다. 상인들의 이런 요구가 있을 때 나는 되묻는다.

"정말 주차장이 생기면 장사가 잘될까요? 사장님의 돈이라면 주차장에 투자하시겠어요?"

[5장 '공공 정책의 선택'에서 주차장의 진실이 밝혀진다.]

효과성과 효율성

효과적으로 또는 효율적으로 일을 한다는 말이 있다. 효과성과 효율성은 차이가 매우 크지만 혼용해서 쓸 때가 많다. 효과성은 어떤 목적을 달성하기 위해 핵심적으로 다루어야 할 요소를 찾아서 그 일을 하는 방식이고, 효율성은 투입되는 자원과 노력에 비해 최대한의 결과물이 나오도록 일을 하는 방식이다. 현대 경영학의 아버지로 불리는 피터 드러커Peter Drucker는 효과성을 "Do the right thing."이라 하고 효율성은 "Do things right."이라 했다. 올바른 일right thing을 하는 것과 일을 올바르게things right 해내는 것의 차이다.

앞서 소개한 Hope Soap를 예로 들어보자. 효과성은 아이들이 스스로 손을 씻게 하려는 목적을 달성하기 위해 가장 중요한 일을 하는 것이고, 효율성은 주어진 상황이나 자원 속에서 더 많은 아이들의 손을 씻게 하는 방법을 행하는 것이다. 효과적으로 일을 하면 당초의 목적을 달성할 확률이 높아지지만, 효율적으로 일을 하면 자원이나 에너지는 아낄 수 있으나 당초의 목적과 다른 일을 할 수 있다. Hope Soap라는 효과적인 대안을 찾으려는 노력이 있었기에 아이들의 손 씻기를 즐겁게 할 장난감 비누를 만들 수 있었고 당초의 목적대로 감염 발생률을 대폭 낮출 수 있었다.

효과적인 동네가게

효과적으로 일하기 위해서는 먼저 일의 목적을 정의하고 그에 따라 핵심적인 요소를 찾아야 한다. '왜 이 동네에서 장사를 하는가'에 대한 답이 동네가게의 목적이자 존재 이유다. 동네가게가 돈을 많이 벌기 위해 존재한다면 동네가 아니라 뜨는 상권에 가는 게 더 효과적이지 않을까. 그것조차 장담할 수 없는 현실이긴 하지만 그래도 작은 동네보다는 나을 수 있다.

우리가 사는 곳에서 필요했던 가게는 동네 사람들과 삶을 함께 하는 곳이었다. 아이들도 안심하고 먹을 수 있는 동네 맛집, 계절을 알려주는 제철 반찬 가게와 과일 가게, 아픈 마음을 들어주는 약국, 늦은 시간까지 불을 켜고 밤길을 지켜주는 슈퍼, 아이들의 등하굣길을 지켜주는 문구점이 필요했다. 그러나 많은 동네가게들이 대형마트와 온라인의 파도를 타고 효율성에 휩쓸렸다. 동네가게의 존재 이유보다 중요한 건 발길을 돌린 고객을 찾아올 효율적인 방법이었다. 그들보다 더 좋은 물건을 더 싸게 판매하면 될 줄 알았다. 그걸 놓쳐서는 안 되겠지만, 그것만으로 해결될 일은 아니었다.

1장에서 소개한 이해룡 상인은 신흥마트를 효과적으로 운영했기에 대형마트와 온라인의 공세에도 굳건히 자리를 지킬 수 있었다. 만약 그가 효율성만 고려했다면, 즉 동네 사람들을 돌보는 수고를 줄이고 수익성에 집중했다면 동네 사람들은 그를 외면하고 대형마트로 갔을 것이다. 신흥마트가 그 자리를 지킬 수 있었던 비결은 이해룡 상인의 인심이 아니라 그가 소신 있게 지켜낸 동네가게의 존재 이유였다. 동네 사람들의 고민을 헤아리는 마음이 신흥마트의 존재 이유이며, 그 방법으로써 아이들을 위해 구급함을 상비하고 홀로 사는 어르신을 돌보고 택배를 받아주었던 것이다.

동네경제가 상충관계를 상실한 이유는 동네경제의 존재 이유를 잊은 채 고객을 데려올 효율적인 수단과 방법에 치중했기 때문이다. '동네경제가 살기 위해 무엇을 해야 할까'가 아니라 '사람들의 삶에 왜 동네경제가 필요한가'를 먼저 생각하고 지켜냈어야 했다.

동네경제가 자신의 약점을 보완해 가며 동네 밖 경제와의 상충관계를 상실한 이유는 동네경제의 존재 이유를 잊은 채 고객을 데려올 효율적인 수단과 방법에 치중했기 때문이다. '동네경제가 살기 위해 무엇을 해야 할까'가 아니라 '사람들의 삶에 왜 동네경제가 필요한가'를 먼저 생각하고 지켜냈어야 했다. 목적이 분명하다면 목적을 이룰 방법은 자연스레 생겨나기 마련이다.

효과적인 소비

'소비하는 인간'으로서, 소비로부터 우리의 삶을 지켜내는 일은 우리가 사는 이유에 따라 좌우된다. 그 이유가 무엇이든 이유에 따라 삶의 지향점이 정해진다. 그리고 지향점에 가기 위해 필요한 것을 구매하고 사용하는 것이 소비여야 한다. 행복의 정의는 모두 다를지라도 우리 모두는 삶이 행복하기를 바라며, 그 행복을 이루고 지키기 위해 일을 해서 돈을 벌고 필요한 것을 구매한다. 그런데 목적을 잊은 채 효율적인 소비만을 지향하다 보면 어느새 소비가 우리 삶의 목적이 된다. 좋은 사람들과 맛있는 시간을 보내려고 일을 했는데 더 맛있고 좋은 음식점을 찾다 보니 그곳을 가기 위해 더 많은 시간 일을 하게 되고 정작 그들과 함께할 시간은 부족해지는 모순에 빠진다.

인천 검암에서 공동 주거를 하며 마을 공동체 활동을 하는 '우리동네 사람들우동사'이라는 곳이 있다. 한 주택에 여러 가구가 모여 살면서 주거비를 줄이고, 생활에 필요한 물건들을 함께 사용해 생활비를 줄인다. 보통의 주거 공유Share House는 청년들의 주거 비용 부담을 덜어주는 데 그치지만 우동사는 직장과 일까지 공유한다. 공동으로 창업을 해서 서로에게 알맞은 시간만큼 노동시간을 조절한다. 우동사의 목적은 자신이 원하는 삶을 사는 데 있다. 주거와 생활 비용을 줄이면 그만큼 일하는 시간을 줄일 수 있고, 나머지 시간을 자신이 원하는 곳에 사용할 수 있다. 우동사 사람들은 생활비를 위한 적정 노동을 하고, 그 밖의 시간에 일과 관련 없는 배움, 여행, 마을 활동 등을 하며 살고 있다.

미니멀리즘으로 살아야 한다는 말이 아니다. 우리 삶의 지향점에 따라 소비라는 수단을 알맞게 사용할 수 있어야 하며, 거대한 자본력의 기업들이 우리의 소비를 이끌어가서는 안 된다는 의미다. 삶의 목적과 지향점에 따라 소비를 결정하는 효과적인 소비를 할지, 가성비만을 고려하는 효율적인 소비를 할지는 자본력이 이끌어낸 결과가 아니라 우리가 선택한 결과여야 한다.

고기나 생선을 먹지 않고 채식을 하는 사람이 많아졌다. 어떤 사람에게는 생명을 존중하기 위한 선택이고 어떤 사람에게는 자신의 건강을 위한 선택이다. 어떤 이유든 그들은 삶의 지향점을 그렇게 삼은 것이다. 그들이 소수였을 때는 함께 갈 음식점이 없었다. 그들이 목소리를 내고 채식하는 사람들이 많아지자 채식 전문점도 점차 늘어나고 있다. 1인 가구가 증가하자 그에 맞는 전자 제품부터 주택까지 늘어났고, 친환경에 대한 인식이 높아지니까 그에 맞는 상품과 서비스가 크게 증가하고 있다.

소비자에게는 소비 권력이 있다. 소비자의 수요가 많아지면 공급자가 많아지고, 소비자의 요구 수준이 높아지면 공급의 질이 향상된다. 우리가 지향하는 삶에 따라 소비 권력을 이용해 우리가 원하는 경제구조를 만들 수 있다. 다만 우리가 소비의 목적을 잃어버리지 않았을 때 그것이 가능하며, 이익만을 추구하는 자본력과 기업에 현혹되지 않아야 가능하다. 그들은 우리에게 합리적인 소비자가 되라고 한다. 그러나 그 합리성이 진정 우리의 삶을 합리적으로 만들어주는지, 그저 효율적인 소비를 위한 것만은 아닌지 냉정하게 바라볼 수 있어야 한다. 우리 삶의 주도성은 우리가 사는 이유와 지향점에 따라 달라진다.

04

코로나가 알려준 희망

비대면에 대한 착각

코로나 이후 우리는 비대면이라는 어색한 개념 앞에 놓였다. 언론이나 전문가들은 비대면이 이전에는 전혀 없었던 개념인 것처럼 앞으로 새로운 세상이 열릴 것이라 말한다. 비대면이란 단어와 개념만 새로 생겼을 뿐 우리의 일상에는 이미 비대면이 늘어나고 있었다.

코로나 시국에서 비대면은 크게 두 가지로 나타났다. 첫째는 기존 비대면 서비스의 확장이다. 스마트폰 앱이나 홈페이지를 이용한 상담이나 접수, 터치스크린에서 주문하고 결제하는 키오스크 시스템, 직원 없이 운영되는 무인점포 등은 이미 상당 부분 진전되고 있었으나 코로나로 인해 급격히 확장되었다. 둘째는 대면 서비스의 비대면 대체 현상이다. 학교, 기업, 공공 기관 등에서 행하던 교육, 연수, 회의가 대표적인 사례다. 이것 역시 대입 수험생들의 인터넷 강의나 기업의 화상 회의 등이 이미 있었으나 대부분의 사람들이 체감하지 못하고 있었을 뿐이다.

비대면은 사람과 사람이 마주 앉아 침 튀며 말을 하지 말라는 의미이지 소통을 단절하라는 것이 아니다. 소통과 관계의 단절은 사회적 존재인 인간에게 가장 큰 고통이다. 오죽하면 범죄자에게 감옥에 넣어 사회와 격리시키는 형벌을 주겠는가. 하지 말라면 더 하고 싶은 게 사람이다. 코로나 1차 대유행이 진정되고 사회적 거리두기 단계가 완화되자 '보복 소비'라는 봇물이 터지며 사람들이 거리로 나왔다. 그만큼 비대면 상황이 답답했고 대면이 주는 연결감이 절실했던 것이다.

교감이 중요한 서비스나 상품은 사회적 거리두기 이후에는 다시 대면 상황으로 돌아올 확률이 높다. 방역 지침에 따라 거의 모든 복지관이 문을 닫았지만 일부 노인 복지관은 프로그램을 진행하고 있었다. 관계자에게 그 이유를 물으니 어르신들이 갈 곳이 없어지면서 우울증이 급격하게 늘어 필수적인 프로그램만 소규모로 운영한다고 했다. 회의나 교육도 마찬가지다. 정보 전달에 집중된 회의나 입시 교육 등은 온라인이 적절한 수단일 수 있지만, 참여자들의 열띤 토론과 창의적 발상이 요구되는 회의와 교육에는 온라인이 제 기능을 발휘하지 못하고 있다. 미국의 사회 심리학자 레이 버드위스텔Ray Birdwhistell은 의사소통에 있어 비언어적 요소가 65%, 언어적 요소가 35%를 차지한다고 했다. 최근에 화상 강의를 몇 번 해보니 나도 모르게 "이해되세요?"라는 말을 반복적으로 하고 있었다.

비대면의 알고리즘

우리가 경계해야 할 것은 비대면 뒤에 숨은 디지털 시스템의 세력 확장이다. 맥도날드로 대변되는 패스트푸드는 완벽한 시스템의 산물이다. 손님이 주문하면 일정 시간 안에 햄버거가 나올 수 있도록 가장 효율적인 주방 동선과 조리 기구를 배치한다. 조리원 한 명은 패티만 굽고 다른 한 명은 빵을 굽는 식으로 조리를 분업화한다. 접시나 식기류를 제공하지 않고 종이 포장만 사용하여 설거지 등에 소요되는 인건비를 줄인다. 최근에는 주문받는 직원의 인건비를 줄이기 위해 키오스크를 이용한 주문 시스템까지 확대하고 있다.

'배달의 민족'은 본사가 위치한 서울 방이동에서 '메리고 키친'과 함께 로봇으로 운영되는 음식점을 운영 중이다. 테이블에 앉으면 로봇이 물을 내오고, 배달의 민족 앱으로 주문을 하면 수프부터 메인 요리까지 로봇이 서빙을 한다. 배달의 민족은 이곳을 발판 삼아 '서빙로봇 딜리' 렌털 서비스를 운영하고 있으며, 다른 로봇 업체들도 배달 로봇, 서빙 로봇을 출시하며 양산 체제를 준비 중이다.

편의점 업계도 인공지능 기술을 활용한 무인점포를 확장하고 있다. 고객이 매장에 들어온 순간부터 상품을 고르고 결제해서 매장을 나설 때까지의 모든 동작과 동선을 카메라로 포착하고 데이터로 수집한다. 상품이 진열된 매대 아래에는 상품 무게를 감지하는 센서가 있어서 음료수를 조금 마시고 다시 내려놓으면 그 차이까지 인지한다. 미리 신용카드를 등록해 놓는 무인 매장에서는 계산대를 거치지 않고 물건을 들고 매장을 나서면 자동으로 결제가 된다. 소비자는 단지 무인점포를 이용할 뿐인데 기업은 점포에 들어온 고객이 어디로 걸어가서 무엇을 주시하고 어떻게 구매하는지 분석해서 점포 운영 전략에 반영한다. 우리가 동의한 적 없지만 우리의 일거수일투족이 우리의 구매 행동을 제안하고 변화시키는 데 이용된다.

우리가 체감하지 못했을 뿐, 은행권은 이미 오래전부터 차곡차곡 비대면 시스템을 확장해 왔다. 십여 년 전만 해도 은행 창구에서 송금을 하거나 돈을 찾는 게 일반적이었다. 은행원이 제공하던 기본적인 서비스들을 ATM현금 자동 입출금기이 대체하면서 창구의 수와 면적은 줄어들고 ATM과 인터넷뱅킹은 늘어났다. 더 낮은 수수료로 이용하라며 광고를 했지만 실상은 단순 반복되는 서비스는 사람보다 기계와 컴퓨터로 하는 게 더 효율적이었기 때문이다. 반면 대출이나 펀드처럼 돈 많은 사람들을 위한 상품은 여전히 대면 서비스를 선호한다. 시중은행의 지점을 방문해서 10년 전과 비교해 보라. 창구는 줄고 VIP 접객실은 넓어졌다.

비대면의 가면을 쓴 '노동의 종말'은 알고리즘 덕분에 가능하다. 알고리즘은 수학 공식과 같다. 어떤 데이터를 입력하면 원하는 데이터가 출력되는 규칙을 뜻한다. 유튜브에서 경제 관련 영상을 보면 그다음 유튜브에 접속했을 때 경제와 관련된 영상이 많이 노출된다. 넷플릭스는 '당신이 좋아할 만한 영화'라고 추천해 주고, 온라인 서점은 '이 책을 읽은 사람의 70%가 이 책도 좋아한다'며 다른 책을 추천한다. 사용자가 입력한 데이터가 많을수록 더 정교한 출력물이 나온다. 우리가 입력한 데이터뿐 아니라 노출되는 정보만으로도 가능하다. 앞서 소개한 서빙 로봇, 무인점포, 인터넷뱅킹 등은 모두 우리가 은연중에 노출시킨 행동 패턴을 분석해서 최적화된 서비스를 제공한다. 좋은 말로 하면 최적화이고 다른 말로 데이터의 노예가 될 수도 있다. 과거의 자본이 돈을 기반으로 증식했다면 이제는 데이터가 곧 자본이다. 더 많은 데이터를 획득할수록 더 많은 사람들의 행동을 예측하고 유도할 수 있다. 수집할 수 있는 데이터의 양이 매우 적은 동네경제는, 알고리즘 시스템으로는 그들과 경쟁할 수 없다는 게 비대면의 가려진 진실이다.

교감의 반격

비대면 사회, 아니 알고리즘 사회에서 동네경제는 넋 놓고 당할 수밖에 없을까? 3장에서 언급한 것처럼 강점과 약점은 경쟁 상황에서 상충관계가 될 수 있다. 상대의 강점이 우리의 약점이 되기도 하지만 우리의 강점이 상대의 약점이 되기도 한다. 알고리즘은 자본력이 가진 강점이지만 알고리즘의 특성상 비정형화된 패턴을 대체하기는 어렵다. 예를 들어, 강사가 교육을 하는 동안 일정한 단어를 썼을 때 수강생들이 일정한 반응을 보인다면 알고리즘이 대체할 수 있다. 그러나 강의가 진행되는 동안의 분위기는 그야말로 그때그때 다르며, 좋은 강의에서는 미묘한 분위기가 흐름을 타며 교감을 만들어낸다. 누군가 고루하다 여기는 교감은 알고리즘은 흉내조차 낼 수 없는 대표적인 약점이다.

미국 오리건주에 움프쿠아Umpqua라는 이상한 은행이 있다. 움프쿠아는 다른 은행들과 정반대의 길을 걷는다. 다른 곳이 대면 창구를 줄일 때 이곳은 오히려 아늑하고 쾌적한 매장을 꾸몄다. 보통의 은행들은 등받이도 없는 의자에서 고객을 대기시키지만 이곳은 카페나 호텔 로비처럼 푹신한 가죽 소파에 앉아 대형 벽걸이 TV를 볼 수 있도록 했다. TV를 보며 무료 커피를 마음껏 마실 수 있다. 당연히 자판기 커피가 아니라 향이 그윽한 원두커피다. 다른 은행들이 ATM과 인터넷뱅킹으로 손님을 보낼 때 움프쿠아는 요가, 뜨개질, 인형극, 공연을 하며 동네 사람들을 모은다.

움프쿠아는 '슬로우 뱅킹slow banking 전략'으로 운영된다. 고객이 은행에 오래 머물수록 더 많은 상품과 서비스를 이용한다는 게 핵심 콘셉트다. 그

움프쿠아 은행

출처: umpquabank.com

들은 은행업이 아니라 소매업을 한다고 생각한다. 그래서 지점이란 뜻의 'branch'를 쓰지 않고 상점을 뜻하는 'store'를 쓴다. 오리건주에서 특화된 와인 산업을 육성하기 위해 특별 지원 상품을 출시하고, 신규 통장 개설 고객에게 지역 인디밴드의 음악이 담긴 CD를 나눠준다. 직원들을 호텔로 보내 서비스 교육을 받게 하거나, 호텔과 스타벅스 같은 곳에서 근무한 경력 직원을 채용해 최상의 서비스를 제공하도록 한다. 이런 노력 덕분에 움프쿠아는 이웃과 함께 어울리는 지역 사회의 허브가 되었고, 일반적인 은행 지점보다 130~200% 높은 판매액을 기록하고 있다.

움프쿠아는 코로나 이후에 생긴 은행도 아니고 비대면 사회에서 이런 전략을 추진한 것도 아니다. 그러나 비대면 사회 뒤에 숨겨진 알고리즘 시스템과의 경쟁에서 동네경제가 취해야 할 전략을 알려주고 있다. 곰곰이 생

곰곰이 생각해 보면 비대면 사회라는 말 자체가 과장이고 모순이다. 수천 년 동안 만들어진 대면 사회 집단이 어떻게 단숨에 비대면으로 전환될 수 있겠는가. 코로나가 우리에게 일깨워준 것은 공포와 단절이 아니라 교감과 연결의 소중함이다.

각해 보면 비대면 사회라는 말 자체가 과장이고 모순이다. 수천 년 동안 만들어진 대면 사회 집단이 어떻게 단숨에 비대면으로 전환될 수 있겠는가. 가면 뒤에 숨은 호도와 왜곡에 휩쓸리기보다 움프쿠아처럼 오히려 자신의 철학을 꿋꿋이 지켜내야 한다. 코로나 상황에서 움프쿠아도 직격탄을 맞고 있을 것이다. 그러나 이 시기가 지나면 지역 사회와 이웃들은 움프쿠아로 되돌아올 것이다. 코로나가 우리에게 일깨워준 것은 공포와 단절이 아니라 교감과 연결의 소중함이니까.

온라인에 대한 오해

비대면과 온라인은 긴밀하게 연관되어 언급된다. 비대면 현상이 사회적 관계와 거래 관계에 두루 나타난다면 온라인 확산은 거래 관계에 집중되어 나타난다. 코로나 이후 온라인 거래에서 주목할 현상은 50대 이상의 이용이 늘어난 점이다. 그들은 오프라인 쇼핑을 선호하는 세대였으나 온라인의 편리함을 체감하여 코로나 이후에도 온라인 쇼핑을 계속 이용할 가능성이 높다.

또 하나 주목할 현상은 온라인 거래 중 PC보다 스마트폰을 이용한 쇼핑이 더 크게 증가했다는 점이다. 코로나가 발생한 2020년 3월부터 2020년 12월까지 전체 온라인 거래액은 전년 동기 대비 16% 증가했다. 이중 인터넷 쇼핑은 3% 증가한 반면, 모바일 쇼핑은 24% 증가했다.[11] PC는 큰 화면에서 상품 정보를 상세히 볼 수 있지만 모바일 쇼핑은 화면이 작아 그만큼 집중이 어렵다. 그럼에도 불구하고 모바일 쇼핑이 늘어나는 이유는 첫째, 스마트폰으로 정보를 탐색하는 데 익숙해졌고 둘째, 이미 구매했던 상품을 재구매하거나 구매 경험이 풍부한 품목에 대한 선별력이 좋아졌으며 셋째, 친구나 지인이 문자로 보내준 링크를 곧바로 확인할 수 있다는 점을 들 수 있다.

온라인 거래의 증가는 동네경제에 위협이 아닐 수 없다. 동네가게가 온라인 상점을 열고 판매를 시작하는 건 어려운 일이 아니다. 하지만 오프라인에서 얼굴을 마주하는 장사 기법과 온라인 쇼핑의 판매 방법은 전혀 다르다. 쇼핑몰만 개설한다고 판매를 할 수 있는 것도 아니다. 공산품은 그나마 박스에 포장만 잘하면 되지만 채소, 생선, 과일 같은 신선식품은 포장에도 많은 기술과 비용이 들어간다.

이런 난관을 뚫고 온라인에 진입하더라도 거대한 벽이 가로막는다. 흔히 생각하기에 온라인에서는 대기업과 작은 가게가 동등한 경쟁을 할 것 같지만 실상은 많이 다르다. 온라인 쇼핑몰은 모든 카테고리 상품군을 취급하는 종합몰과 특정 카테고리 상품군만 취급하는 전문몰로 나뉜다. 2020년 국내 온라인 거래액은 159조 원이며 이중 종합몰이 68%, 전문몰이 32%를 차지한다.[12] 업체별로 보면 국내 1위 네이버쇼핑은 27조 원, 2위 쿠팡은 22조 원, 3위 이베이코리아지마켓, 옥션는 19조 원이었다.[13] 단 세 곳의 쇼핑몰이 전체의 43%를 차지한다. 물론 이런 종합몰에 작은 가게나 기업이 입점해서 영업할 수도 있지만 각종 수수료와 광고비 등을 지불하면서 수익률은 떨어진다. 게다가 소비자는 사실상 종합몰의 브랜드를 이용하는 것이지 입점한 브랜드를 이용하는 게 아니며, 마일리지 등의 고객 혜택이 종합몰에 귀속되어 있어서 작은 가게들이 종합몰에서 확보한 고객을 발판으로 독립하기는 어렵다.

소비자 구매 의사결정 과정

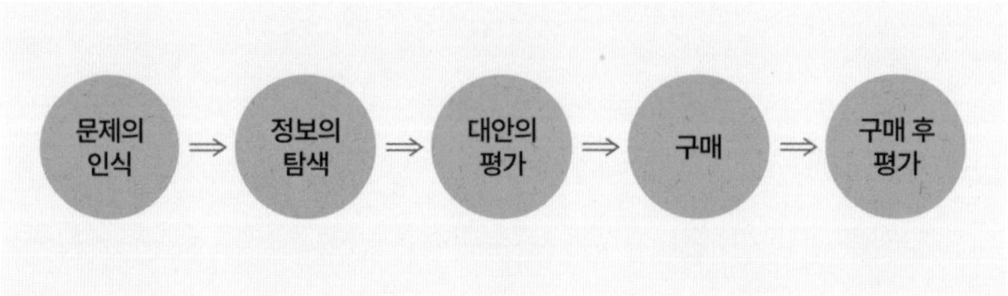

소비자 구매 의사결정 과정

그래도 온라인 시대가 되었으니 우리 모두 쇼핑몰을 열어야 할까. 온라인 쇼핑이란 단어에는 함정이 하나 있다. 온라인이 곧 온라인 구매를 뜻하지 않는데 모두가 온라인 쇼핑몰에만 집중하고 있다. 어떤 소비자도 아무 생각 없이 가만있다가 갑자기 특정 쇼핑몰에 들어가 구매 버튼을 누르진 않는다. 소비자가 구매를 결정하기까지는 여러 단계의 의사결정 과정을 거친다. 마케팅에서는 이를 '소비자 구매 의사결정 과정'이라 하며 온라인 쇼핑에만 매몰되면 안 되는 이유가 여기에 숨어 있다.

첫 단계로 소비자는 광고나 홍보 또는 다른 사람들이 사용하는 제품을 보면서 자극을 받거나, 생활이나 업무에서 불편을 느껴 문제를 인식한다. 이때의 문제가 3장에서 언급한 니즈이며 '결핍이 지각된 상태'를 일컫는다. 니즈를 인식한 소비자는 결핍을 메우기 위해 정보를 탐색한다. 이전의 경험을 되돌아보기도 하고, 지인이나 전문가의 도움을 받기도 하며, 인터넷 검색을 하기도 한다. 탐색을 마친 소비자는 여러 대안 중에서 자신의 니즈에 가장 적합한 대안을 선택해서 구매하고, 구매 후의 만족 또는 불만족 평가를 통해 재구매를 하거나 주변에 소문을 내기도 한다.

온라인 시대에 동네경제가 주목해야 할 지점은 구매 단계가 아니라 문제 인식과 정보 탐색 단계다. 앞단의 길목을 놓치면 구매 단계를 차지할 수 없다. 소비자가 느끼는 문제를 새롭게 정의하고, 정보 탐색 과정에서 동네경제가 가진 장점을 살린다면, 굳이 온라인 쇼핑몰을 열지 않아도 될 수 있다.

니즈의 재정의

요리를 예로 들어 구매 의사결정 과정을 보자. 길동이는 철수와 요리에 관한 얘기를 나누다가 요즘 요리 잘하는 남자가 인기라는 걸 알았다. 자신은 요리를 전혀 할 줄 모르니 이제부터라도 배워야겠다고 마음먹었다. 길동이는 요리책을 살까 요리 학원을 다녀볼까 알아본다. 요리 좀 한다는 동수에게 물어보니 유튜브로 모든 걸 배웠단다. 길동이는 고민 끝에 시간과 비용의 제약을 받지 않는 유튜브에서 배우기로 결심했다.

만약 우리가 요리 학원 원장이었다면 우리는 유튜브와의 경쟁에서 패한 게 된다. 그 이유는 요리 학원을 요리를 가르치는 곳으로 정의했기 때문이다. 길동이의 니즈, 즉 결핍을 지각했던 부분은 음식 조리법이 아니라 자신의 매력이었다. 그러나 요리책, 요리 학원, 유튜브 모두 요리를 가르치는 곳으로 정의하고 있으니 그중에서 가장 효율성이 높은 유튜브를 선택했다. 요리 학원이 경쟁에서 승리하려면 '요섹남 클래스'를 열었어야 했다. 조리법은 기본이고 칼과 도마로 리듬 타는 법을 알려주고, 멋진 요리 기구와 패션도 함께 제안한다면 길동이는 시간과 돈을 들여서라도 우리 학원을 선택했을 것이다.

소비자의 니즈를 새롭게 정의하면 상품도 달라지고 우리가 하는 일도 달라지며 온라인 쇼핑몰과의 경쟁에서 유리한 구조를 만들 수 있다. 고객은 사과를 구매하는 게 아니라 몸에 좋은 과일을 구매한다. 우리가 하는 일을 사과 파는 일로 정의할 것인지, 사람들의 건강을 챙기는 일로 정의할 것인지에 따라 우리의 경쟁력이 달라진다.

미국의 레시피 구독 서비스 업체인 플레이트 조이Plate Joy는 자신들을 '가정 영양사'라고 정의했다. 이들은 구독자 개인의 생활 패턴에 맞는 식단과 조리법, 장보기 목록을 유료로 제공한다. '오늘 뭐 먹지?'를 고민하는 사람에겐 냉장고에 들어 있는 재료로 즉석에서 만들 수 있는 요리를 제안해 주기도 한다. 동네가게들이 힘을 모아 동네 사람들의 니즈를 새롭게 정의하고 이런 서비스를 제공하는 것도 온라인 시대에 맞서는 전략이 될 수 있다.

정보 탐색과 소통

생활상권 사업 기획을 위해, 동네가게 중에서 오랫동안 자리를 지킨 성공 사례 100곳을 찾아서 스터디를 했다. 이들의 성공 요인 중 하나는 SNS로 동네 사람들과 활발하게 소통한다는 점이었다. 어느 초밥집 사장님은 인스타그램을 하면서 동네 젊은 친구들과 허물없이 지내고 있었다. 손님이 가게를 찾아오면 인스타그램 친구를 맺은 후 그들의 일상생활에 친구처럼 댓글을 달았다. 유독 혼자 오는 손님이 많은 가게였는데 혼자 와도 부담 없었던 이유가 평소에 사장님이랑 친구처럼 대화를 주고받았기 때문이었다.

온라인 시대에 온라인 쇼핑몰보다 더 중요한 게 온라인 소통이다. 온라인 소통은 가게에 머무르지 않는 시간에도 유대감과 친근감을 만들어준다. 우리는 정보를 아는 사람보다 얼굴을 아는 사람을 더 신뢰하는 경향이 있다. 고도의 전문 지식이 필요한 상황이 아니라면 더더욱 그렇다.

온라인 시대라고 해서 반드시 온라인 쇼핑몰을 열고 온라인으로 주문을 받아야 한다고 생각하는 건 오산이다. 모바일 쇼핑이 갖는 특징 중 하나로 링크의 간편성을 꼽았다. 아무리 정보를 열심히 탐색했어도 친구가 보내준 카톡 링크 한 번으로 구매처를 바꾼다. 소비자 구매 의사결정 과정 중 구매 단계에만 매몰되면 그만큼 경쟁에서 쉽게 밀려날 수밖에 없다. 우리 생활에서 온라인 구매에 사용하는 시간보다 온라인 소통에 사용하는 시간이 훨씬 더 많다. 우리가 만드는 온라인 쇼핑몰보다 소비자들과 카카오톡, 인스타그램, 페이스북, 유튜브, 블로그로 소통할 수 있는 확률이 훨씬 크다는 의미다.

코로나 이후에 모두가 온라인 쇼핑에 뛰어든다 해도 동네가게는 동네가게답게 자리를 지켜야 한다. 문제 인식과 정보 탐색 과정을 놓친 채 구매 단계에서 고객을 잡겠다는 건, 금광에 금 캐러 온 사람에게 순금을 싸게 팔겠다는 것과 같다. 우리가 해야 할 일은 금광 입구에서 질긴 청바지나 곡괭이로 그들의 문제를 해결해 주고 함께 금맥을 찾는 말벗이 되는 일이다.

동네경제의 가능성

코로나 사태 초기부터 재택근무를 실시했던 어느 대기업의 임원분에게 흥미로운 얘기를 들었다. 재택근무를 해보니 두 가지 사실을 알게 되었다고 한다. 하나는 '이렇게 많은 사무실이 필요 없다'는 걸 배웠고 또 하나는 '이렇게 많은 사람이 필요 없다'는 걸 배웠다고 한다. 코로나 사태가 끝나면 대규모 감원이 있을 듯한 예감이 들어 씁쓸했다.

코로나는 우리가 집에 머무는 시간을 늘렸다. 재택근무와 사회적 거리

2019년 쇼핑 트렌드 10대 키워드 (옥션)

키워드	내용	대표 상품
홈코노미	집에서 즐기는 휴식, 문화, 레저 등	운동 기구, 홈카페, 홈뷰티 등
홈밀	효율성, 편의성, 건강을 생각하는 식문화	가정간편식, 샐러드 등
케어푸드	실버 세대의 건강식	연화식, 성인용 분유 등
하비슈머	퇴근 후 즐기는 취미 활동	드로잉, 악기 용품 등
에코 패키징	환경을 생각하는 소비	종이 빨대, 에코백 등
콘텐츠 크리에이터	1인 영상 제작자를 위한 용품	짐벌, 액션캠 등
업사이클링 패션	소재부터 제조까지 의식 있는 패션	옷, 가방, 신발 등
뉴트로	밀레니얼 세대의 복고풍 트렌드	힙색, 수동 카메라, 게임기 등
젠더리스	남녀 구분 없는 트렌드	뷰티, 패션 등
스탠딩워크	업무 효율성을 위해 서서 일하는 인식	높낮이 조절 데스크 등

두기처럼 제도적인 환경도 작용을 했고, 감염을 우려해 우리 스스로 외출을 자제한 측면도 있었다. 집에 머무는 시간이 늘어나면서 자연스레 집에서 하는 활동과 소비도 늘어났다. 이런 현상을 두고 Home과 Economy를 합성해 홈코노미Homeconomy라고 한다. 그런데 사실 홈코노미는 코로나 신조어가 아니고 2019년부터 있었던 말이다. 옥션이 2019년 쇼핑 트렌드 10대 키워드를 발표하며 처음 언급했다. 이때 언급된 키워드는 홈코노미, 하비슈머hobby + consumer, 콘텐츠 크리에이터, 젠더리스genderless, 뉴트로newtro, 홈밀home meal, 케어푸드care food, 스탠딩워크standing work, 에코 패키징eco packaging, 업사이클링 패션이다.[14]

이 중에서 집과 직접 연결된 키워드는 홈코노미와 홈밀이다. 그리고 홈코노미에 직간접적인 영향을 미치는 키워드로 케어푸드, 하비슈머, 에코 패키징이 포함될 수 있다. 어르신을 위한 가정건강식, 집에서 즐기는 취미, 동네가게들의 친환경 포장 등이 그 예시이다.

2019년 연말, KB국민카드는 트렌드 리포트를 통해 홈코노미를 집중 분석했다. 이 보고서에 따르면 집에서 보내는 시간이 작년보다 늘었다고 답한 사람35.9%이 줄었다고 답한 사람22.2%보다 많았다. 여유 시간을 집에서 보내는 이유로 49.5%는 '집에서 보내는 것이 진정한 휴식이라 생각'하고 32.4%는 '내가 원하는 활동을 편하게 할 수 있어서', 30.7%는 '밖이 아닌 집에서 즐길 수 있는 활동이 많아서'라고 답했다.[15]

사람들이 집에서 시간을 보낼 수 있는 배경의 가장 큰 요인은 유튜브와 넷플릭스로 대변되는 온라인 영상 콘텐츠다. 한때 공중파 방송이 케이블 방송 때문에 시청률이 안 나온다는 말이 있었는데, 이제는 유튜브 때문에 모든 방송 채널의 시청률이 안 나온다는 말이 있을 정도다. 넷플릭스에서는 단편 영화보다 시리즈물이 인기인데 한번 보기 시작하면 기본적으로 2~3일은 '폐인'이 된다고 한다. 이런 콘텐츠 덕분에 집에 있는 시간이 늘어나니까 집에서 즐길 수 있는 러닝 머신, 정수기, 공기 청정기, 안마 의자, 커피 머신 등의 가전 렌털도 증가했다.

집에 머무는 시간이 늘어나는 동시에 집 주변에서의 소비도 늘어났다. 이를 두고 홈어라운드Home Around 소비라고 한다. 이것 역시 코로나 때문에 더 증가하긴 했으나 코로나 이전부터 있었던 현상이다. 2017년, 빅데이터 연구소가 발표한 보고서에 따르면 집 근처 500m 이내의 카드 취급액은 꾸준히 증가하고, 집 근처 1~3km 이내는 감소하는 경향을 보인다.

코로나 이후 집에서 보내는 시간이 많아지긴 했으나, 그 이전에 이미 인구 변화로 집 주변 소비가 늘어나고 있었다. 신한카드 보고서는 홈어라

홈어라운드 소비 증가

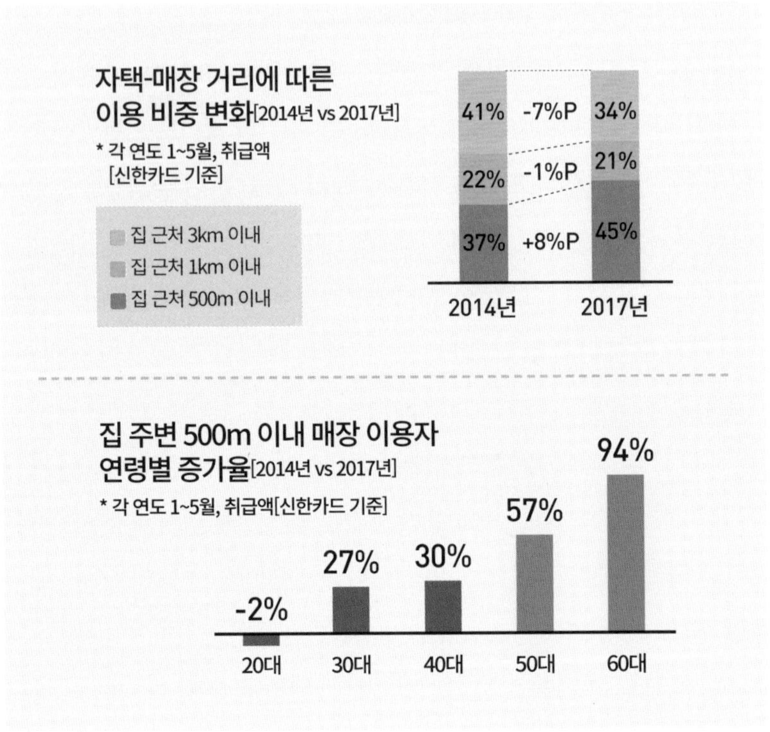

출처: 신한카드블로그, shinhancardblog.com/630

운드 소비의 증가 요인으로 가구 소형화와 인구 고령화를 꼽고 있다. 식구가 적어서 많이 살 필요가 없으니 가까운 곳에서 소량으로 구매하고, 물건을 나르기에도 가까운 곳이 편하기 때문이다. 그러니까 코로나 이후에 모든 사람이 모든 소비를 온라인에서 할 것처럼 말하는 것은 지나친 일반화이다.

귀소본능

전통시장 관련 정책을 담당하는 공무원이나 전통시장에서 일하는 사람들이 걱정하는 게 있다. 상인도 나이가 많고 시장을 찾는 사람도 나이가 많으니 10년, 20년 후에 시장은 사라질 거라고 한다. 젊은 사람들이 시장을 찾지 않으니 걱정할 만도 하다. 일본도 똑같은 걱정을 20~30년 전에 했었다. 동네마다 수십 년씩 자리를 지킨 상점들을 이어받으려는 젊은이가 줄고, 젊은 사람들은 차를 타고 대형마트나 화려한 쇼핑몰을 다녔다. 그런데 이상하게도 걱정이 되던 곳 중에 아직도 유지되고 있는 곳이 많다. 물론 전반적인 환경 변화를 이기지 못해 사라진 곳도 많지만 여전히 장사를 하고 있는 상점가도 많다는 뜻이다.

그 이유는 바로 고령화에 있다. 20~30대는 유행에 민감하며 에너지가 넘치고 활동 반경도 넓기 때문에 원거리 쇼핑을 했다. 그런데 그들도 나이가 들어 활동량이나 에너지가 감소하면서 집 근처 상점을 이용하는 게 더 편해진 것이다. 더불어 중년의 외로움도 한몫하지 않았을까 짐작한다. 중년 부모의 젊은 자녀들은 집이나 동네보다 직장 근처의 도시 중심가나 번화가에서 많은 시간을 보낸다. 반면에 부모 세대는 퇴근 후 곧장 집으로 가는 일이 많고 멀리 사는 친구를 자주 만나지도 않을 거다. 그러니 동네에 머무는 시간이 많아지고 단골 상점이나 이웃과의 교류가 자연스레 많아진다.

마치 귀소본능을 보는 듯하다. 유년 시절의 소비는 부모와의 관계 속에서 이루어진다. 금액이 적은 소비는 부모가 주는 용돈으로 하고, 큰 금액은 부모와 상의를 해서 한다. 돈을 버는 나이가 되면 자신의 니즈와 선택 기준으로 효율적인 소비를 하고, 다시 나이가 들면서 사회적 관계 속에서 소비를 하게 된다. 그 이유가 무엇이든 동네경제의 역할에 대해 다시 생각해야 할 부분임은 틀림없다.

동네경제의 담장

홈코노미와 홈어라운드 소비 증가의 흐름에도 불구하고 동네경제가 어려운 이유는 무엇일까.

무엇보다 홈코노미의 주요 구매 채널이 온라인이라는 점을 간과할 수 없다. 젊은 1~2인 가구가 많고, 집에 머무는 핵심 요인이 온라인 콘텐츠이다 보니 상품의 구매도 온라인으로 이어진다. 봉지를 뜯고 끓이기만 하면 되는 가정간편식이나 앱으로 배달 음식을 시켜 먹는 편이 집 밖을 나가서 돌아다니며 사는 것보다 편하다. 최근엔 건강에 좋은 간편식도 많이 나오고 품질이나 맛이 검증된 신선식품을 새벽에 배송해 주니 집에 있어도 계속 집에 있고 싶어진다. 렌털 커피 머신으로 라떼 한 잔을 내리고, 렌털 안마의자에 앉아 넷플릭스를 보는 게 휴식이고 행복이다.

집 밖을 나가봐야 그들에겐 불편한 점이 많다. 여전히 많은 음식점이 혼밥을 하기엔 불편하고 눈치도 보인다. 여러 생필품이나 편의품은 동네 슈퍼보다 편의점에 더 잘 갖춰져 있다. 게다가 동네 슈퍼보다 편의점이 훨씬 거리도 가깝다. 간혹 반려동물과 함께 나가서 뭘 하려고 해도 반겨주는 가게가 거의 없다.

반면에 중년 이상의 소비자가 집 주변에서 그때그때 필요한 생필품이나 신선한 먹을거리를 구매함으로써 동네경제가 유지된다는 사실을 알 수 있다. 1장 '사는 곳이 사는 곳'에서 소개한 동네가게 이용 패턴과 일치하는 결과다. 그러나 홈어라운드 소비가 늘어나는 이유는 소비자 1인당 구매량이 늘어난 게 아니라, 중년 이상의 소비자 인구가 늘어나서 생기는 현상임을 간과하지 말아야 한다. 다시 말해 동네가게의 매력이 늘어나서 더 많은 소비자가 찾는 게 아닐 수 있다는 의미다.

담장을 사이에 두고 홈코노미와 홈어라운드가 있다. 담장 안에서는 위기가, 밖에서는 기회가 오고 있다. 담장 안의 사람들에게 바깥 구경을 시켜주는 것도, 담장 밖의 사람들이 더 오래 머무르게 하는 것도, 온전히 코로나 사태로 위기에 처한 동네경제가 해야 할 일이다.

당신은 우리의 고객이 아닙니다

장사도 마케팅도 처음과 끝에 고객이 있다. 상품을 판매한다고 말하지만 고객이 구매하지 않으면 판매는 완성될 수 없다. 누가 우리의 상품을 구매하는 고객인지, 그 사람이 왜 우리의 상품을 구매하는지 모른다면 우리가 무엇을 해야 할지 알 수 없다. 동네경제 앞에 놓인 위기와 기회의 담장을 넘기 위해 가장 먼저 알아야 하는 건 고객이다.

사람이 아니라 니즈다

고객이 어떤 상품을 구매할 때는 상품 그 자체가 아니라 그 상품을 사용했을 때 얻을 수 있는 혜택이나 가치를 구매한다. 에어컨을 예로 들면, 고객이 구매하는 건 수천 개의 부품으로 조립된 전자 제품이 아니라 시원한 공기다. 그것이 전자 제품이든 종이 제품이든 고객에게 필요한 건 시원한 공기다. 이때의 시원한 공기를 마케팅에서 '고객가치'라고 한다. 왜 상품 가치가 아니라 고객가치라고 부르냐 하면, 고객에게 가치가 있어야 고객이 그 상품을 구매하기 때문이다.

고객가치는 어디에서 생겨나고 어떻게 알 수 있을까. 고객에게 시원한 공기가 필요한 이유는 집이나 사무실의 공기가 덥기 때문이다. 새로 이사한 집에서 첫 여름을 맞이해 보니 생각보다 덥다는 걸 알게 되었다. 이렇게 '무엇이 부족하거나 없다고 지각한 상태'를 니즈라고 한다. 시원한 공기라는 고객가치는 더운 실내 공기라는 니즈에서 생겨난다.

좀 더 쉽게 비유하자면 니즈는 '텅 빈 옷장'과 같다. 아침 일찍 일어나 출근하기 위해 샤워를 하고 옷장 문을 열었다. 오늘 낮에 중요한 회의가 있어 정장을 입자니 날씨가 너무 덥고, 시원하게 입자니 비즈니스 매너에 어긋날 것 같다. 이때 '입을 옷이 없다'는 생각이 든다. 정말 옷장 안에 옷이 한 벌도 없을까, 아니면 우리의 머릿속에 있는 옷장에 옷이 없을까.

머릿속에는 다양한 상황에 따른 옷장이 있다. 그 옷장이 비어 있는 걸 알아차린 상태를 니즈라고 한다. 실제 옷장에는 100벌이 있어도 머릿속 옷장이 비어 있다면 우리는 그 빈 옷장을 채우기 위해 옷을 사러 간다. 그래서 니즈를 '결핍'이라 하지 않고 '결핍이 지각된 상태'라고 한다. 사람은 자신의 결핍이 지각되면 그 결핍을 채우고 싶어진다. 상품을 구매하는 건 고객으로서의 사람이 아니라 고객이 가진 니즈다. 30대 중반의 남성이 정장을 구매하는 게 아니라 그의 머릿속에 있는 텅 빈 옷장이 정장을 구매한다.

일상의 가치

동네경제의 고객은 동네에 거주하고 있는 사람 그 자체가 아니라 그들이 가진 니즈다. 그들의 삶에 부족하다고 여기는 것, 바로 그것이 우리의 고객이다. 그러므로 우리가 알아야 할 첫째는 동네 사람들의 나이와 성별, 가족 구성 등이 아니라 그들의 삶과 생활이다. 이웃과 함께 살다 보면 그들이 무엇을 부족하다고 여기는지 누구보다 잘 알 수 있다. 그래서 신흥마트의 이해룡 사장은 '이웃의 먹고사는 일을 함께하는 게 장사'라고 했다.

동네가게의 역할은 동네 사람들의 부족함을 메워서 일상을 가치롭게 하는 일이다. 매일 먹는 밥상을 살피고, 매일 쓰는 생활용품을 살피고, 매일 입는 옷과 양말을 살피고, 매일 지나는 길을 살피고, 동네 아이들의 매일을 살피는 게 동네가게가 할 일이다.

동네가게의 역할은 동네 사람들의 부족함을 메워서 일상을 가치롭게 하는 일이다. 매일 먹는 밥상을 살피고, 매일 쓰는 생활용품을 살피고, 매일 입는 옷과 양말을 살피고, 매일 지나는 길을 살피고, 동네 아이들의 매일을 살피는 게 동네가게가 할 일이다. 가게들마다 각자의 역할을 충실히 해내면, 동네 사람들이 걷는 골목이 즐거워진다. 골목이 즐거워지면 더 많이 걷게 되고, 더 많이 걸으면 더 자주 동네가게를 이용하게 된다. 이렇게 친근하고 믿을 수 있는 관계가 쌓여 단골이 된다.

코로나 초기에 대부분의 동네가게가 어려움을 겪었으나 생협 매장은 오히려 평상시보다 매출이 늘었다고 한다. 유기농이나 친환경 상품을 주로 취급하다 보니 평소보다 더 건강을 챙기는 사람이 많아져서 그럴 것이라 짐작했다. 그런데 생협 관계자분께 여쭤보니 그것도 있지만 다른 이유가 더 크다고 한다. 내부적으로 조사를 해보니 생협 조합원들은 자신에게 의심 증상이 있으면 스스로 자제를 할 것이라 믿고, 생협 매장도 평소보다 더 철저하게 대비를 한다는 믿음이 있기 때문이라고 했다.

코로나 이후 신뢰는 소비자의 중요한 선택 기준 중 하나가 될 것이다. 몇 개의 증거와 근거로 생기는 신뢰는 그 근거가 사라지면 함께 사라진다. 흔히 '신뢰를 쌓는다'라고 말하는 것처럼 단골이란 하루아침에 생기는 게 아니다. 인내는 참을 수 없을 때 참는 것이며, 신뢰는 믿을 수 없을 때 믿는 것이다. 동네 사람들의 일상을 매일 살피고 채우는 일에는 인내가 필요하며 그런 인내가 쌓여야 신뢰 있는 관계가 된다.

포기와 집중

선택과 집중이라는 격언의 요체는 선택이 아니라 포기에 있다. 선택을 아무리 잘하더라도 대안 중에서 탁월한 하나가 있는 상황이 아니라면 하나를 선택한 후에 오롯이 집중하는 일이 생각처럼 되지 않는다. A와 B의 대안 중 A를 선택했을 때 기대했던 만큼 또는 그 이상으로 마음에 들지 않는다면 선택하지 않았던 B를 떠올리게 된다. 그래서 A에 자신이 없어지고 집중하지 못한다. 선택하지 않은 B를 과감히 포기해야만 A에 집중할 수 있고 성과가 나온다.

무엇인가를 포기하기 위해서는 명확한 기준이 필요하다. 서울에서 부산을 가는데 내비게이션이 호남고속도로를 가리킨다면 내비 따위에 흔들리지 않을 수 있다. 그 이유는 부산이라는 목적지가 명확하기 때문이다. 목적지가 부산이 아니라 '남쪽'이었다면 내비게이션의 말대로 호남고속도로로 향했을 거다. 그리고 5시간 후 남쪽 어딘가에서 "나는 누구인가, 왜 여기 있는가."라며 자괴감에 빠질 것이다.

동네 사람들의 일상을 가치롭게 하는 것 외에는 모두 포기해야 우리가 사는 곳의 경제가 우리 모두의 삶을 풍요롭게 할 수 있다. 이웃의 매일매일을 살피는 것 외에는 그 어떤 것도 우리가 가려는 방향을 흐트릴 수 없다. 우리의 약점을 보완해야 한다는 생각을 포기해야 누구도 흉내 내지 못하는 우리만의 강점을 더 크게 키울 수 있다. 효율적으로 장사하는 법을 포기해야 동네 사람들을 위해 비효율적인 배려를 할 수 있다. 일상의 가치보다 효율성을 중시하는 고객을 포기해야 우리가 사는 곳에 믿음의 단골이 남는다. 아무리 굳은 결심을 하더라도 매일매일 유혹이 있을 것이다. 그 유혹을 버려야 온전히 이웃의 삶에 집중할 수 있다.

작곡가겸 당대 최고의 뮤지션이었던 고 길옥윤 님께서 일본의 어느 청년 색소폰 연주자에게 이런 조언을 했다고 한다.

"단지 악보를 쫓아가는 사람은 좋은 연주를 할 수 없어요. 듣는 사람의 마음에 닿을 수 있어야 합니다. 매일 당신의 온 마음을 담아서 한 곡씩만 외우세요. 3년이면 1,000곡이 넘지요. 그게 진정한 프로입니다. 다른 것도 마찬가지입니다. 나는 인생은 얇은 종이를 한 장 두 장 쌓는 일이라고 생각합니다. 그렇게 쌓아올린 높이는 아무도 흉내 낼 수 없지요. 각자 쌓아 올린 인생이라는 산의 모습은 다르겠지만 그 산의 높이가 인생의 진정한 가치입니다."

이 교훈을 평생의 스승으로 삼았던 청년은 이후 '주켄 공업'을 창업해 초정밀 부품 제조 분야에서 세계 최고의 기술력을 가진 중소기업으로 만들었다.[16]

2부

경제가 삶을 바꾸지 못한 이유

"모든 일에는 통제 가능한 것과 통제 불가능한 것
두 가지 변수가 있다.
사람들은 통제 불가능한 변수들을 통제하려 하지만
그것은 내 뜻대로 될 수 있는 일이 아니다.
그러나 내가 통제할 수 있는 것들에 집중하다 보면
통제 불가능한 변수들이 내게 유리한 방향으로 흐를 때가 있다.
그 흐름을 우리는 기회라고 부른다."

05

공공 정책의 선택

문제 중심과 해결 중심

슈퍼를 갔는데 사과가 맛있게 생겨서 냉큼 집어왔다. 그런데 생각보다 맛이 없어서 고민에 빠졌다. 똑같은 실수를 반복하지 않기 위해 '맛없는 사과 걸러내는 법'을 알아야 할까, '맛있는 사과 잘 고르는 법'을 알아야 할까. 전자는 '문제 중심의 관점'이고, 후자는 '해결 중심의 관점'이다.

우리는 문제를 인지했을 때 문제의 근원이나 원인에 집중한다. 원인을 규명해서 제거하면 문제가 해결된다고 생각하지만, 원인이 사라진다고 해서 우리가 기대했던 결과를 얻을 수 있는 건 아니다. 때로는 문제의 원인이 통제할 수 없는 범위에 있는 경우도 있다. 과일 가게 사장님이 사과를 만지지 못하게 한다든지, 우리 회사의 문제를 일으키는 주범이 회사 오너의 아들이면 원인을 알았다고 한들 마땅한 해결책이 없다. 현대 사회의 문제는 여러 원인이 복합적으로 작용하는 경우가 많다. 핵심 원인을 규명하기 힘들 수도 있고, 복합적인 원인을 모두 제거하기 어려운 경우도 있다.

해결 중심 관점에서는 문제가 해결된 미래의 모습에 집중한다. 기대하는 변화의 결과가 무엇인지 명확하게 정의하고, 그 변화를 이루기 위해 해야 할 일들을 찾아서 계획을 세운다. 맛없는 사과 거르는 법을 아는 것도 도움이 되겠지만 궁극적으로 원하는 것을 얻으려면 맛있는 사과 고르는 법을 알아야 한다. 문제의 원인을 찾아가는 과정은 너무나 험난하지만 미래의 변화를 생각하는 일은 긍정적인 에너지를 쓴다. 다만 근본 원인이 제거되지 않았기 때문에 설사 문제가 해결되더라도 다시 문제 상황에 처할 수 있다.

문제 중심이든 해결 중심이든 어느 한쪽에 치우치기보다는 두 관점을 균형 있게 유지해야 한다. 문제의 원인만 파고들면 정작 기대했던 바가 이루어지지 않을 수 있고, 기대하는 방향에만 집중하면 근본적인 해결책이 되지 않을 수 있다. 그래서 많은 기업이 전략을 수립할 때 원인을 먼저 규명한 후 목표를 세우고 목표 달성을 위한 실행 계획을 수립한다.

마케팅이 사람의 행동을 변화시키는 원리도 이와 같다. 문제 중심 관점에서 고객의 니즈를 정의한 후에 니즈를 충족시킬 수 있는 고객가치를 해결 중심 관점에서 제안한다. 다이어트 상품을 예로 들면, 먼저 비만의 원인을 알려주어 왜 체중 조절이 잘 안 되는지를 깨닫게 한다. 그런 후에 자사의 제품을 사용해서 일어날 변화의 모습을 가시적으로 보여준다. 대부분의 광고는 이런 메커니즘을 사용한다.

여기서 포인트는 당사자들이 처한 문제점을 간접적으로 깨닫게 한다는 점이다. "당신은 뚱뚱해요."라고 하지 않고, "사람들이 뚱뚱한 이유는 이것 때문이에요."라거나 "당신도 이렇게 멋진 몸을 가질 수 있어요."라고 한다. 대부분의 사람은 상대가 단점을 콕 집어서 말하면 수긍은커녕 반발심만 생긴다. 그러나 사람들이 바랄 만한 상을 제시해서 현재 자신의 상태와 간극을 느끼게 하면 그 간극을 메우기 위해 스스로 행동을 하게 된다.

공공 정책의 의사결정 방식

중앙 정부나 지자체의 경제정책은 대체로 문제에 집중한다. 중소기업의 기술력이 낮으니 R&D를 지원하고, 스타트업은 자본이 부족하니 자금을 지원하고, 전통시장의 물리적 환경이 열악하니 시설 현대화를 지원한다. 중앙 정부와 지자체에서 이 방식으로 쏟아부은 예산이 수백조 원이 넘지만 여전히 작은 기업들은 어렵다.

경제를 포함해 대부분의 공공 정책이 문제 중심인 이유는 조직 문화 전반이 문제 중심이기 때문이다. 부정 행위나 유착을 방지하기 위해 순환 보직을 하고, 언론이나 의회의 지적과 비판을 받지 않기 위해 문제가 생기지 않는 방향으로 일을 추진한다. 나도 '어쩌다 공무원'● 으로 일하기 전에는 이를 고질적인 병폐라고 생각했지만 막상 일을 해보니 그럴 수밖에 없는 이유도 있음을 알게 되었다.

대표적인 문제 중심의 사례로 제로페이가 있다. 소상공인에게 신용카드 수수료는 1%만 되어도 부담이 된다. 1만 원을 결제했을 때 신용카드사에 납부하는 수수료는 100원이지만, 1억 원의 매출이 발생하면 100만 원이

● 전문 지식이나 전문 기술 등이 요구되는 업무를 담당하기 위해 선발한 임기제 공무원을 흔히 '어쩌다 공무원' 또는 '어공'이라고 한다. 반대로 정규직 공무원은 '늘 공무원'이란 의미로 '늘공'이라 한다.

된다. 연 매출 1억 원인 상점이 어떤 가게인가 하면 보통의 주택가 골목에 테이블 네다섯 개 정도 있는 국숫집이라 생각하면 된다. 이런 가게는 인건비를 줄이려고 부부나 모녀처럼 가족들이 운영하는 형태가 많다. 제로페이는 이들의 신용카드 수수료 부담을 줄이기 위해 시작되었다.

문제의 현상과 원인을 파악하는 것까지는 좋았으나, 그 다음 스텝부터 꼬이기 시작했다. 문제를 해결하기 위해서는 문제와 관련된 이해관계자 모두가 공감할 수 있는 미래의 변화상과 목표를 수립해야 한다. 그러나 제로페이 정책은 소상공인의 문제에만 집중했다.

공공은 문제 해결을 위한 정책을 수립할 때 가장 먼저 그 문제로 어려움을 겪는 당사자들의 의견을 듣는다. 보통은 당사자들로 구성된 협회를 찾는다. 일반적으로 협회는 회원들의 이익을 위해 모인 단체이지 자신들에게 처한 문제와 해결책을 연구하는 단체가 아니다. 이렇게 만난 협회가 공공에게 주로 피력하는 건 문제의 원인이나 해결책이 아니라 당사자들이 처한 애로 사항이다.

협회 관계자가 아니라 일반 당사자 중 대표성을 가진 누군가의 의견을 들을 수도 있지만 두 가지 이유에서 되도록 지양한다. 첫째, 업계의 일부 사람만 유리한 정책이 수립됨으로써 공정성과 형평성의 시비가 있을 수 있다. 둘째, 문제 해결의 열쇠를 가진 사람이 있다면 그 사람의 의견을 듣겠지만 그게 누구인지 모르고 무엇이 진짜 열쇠인지 판단하기도 힘들다. 이런 점들은 동전의 양면과 같다. 시민의 세금을 공정하고 형평성 있게 사용하려는 노력이기도 하지만 문제의 본질보다는 표면에 드러난 일들에 매몰될 수도 있다.

제로페이의 결정적 실수는 해결 중심 관점에서 미래의 변화된 모습을 상상하지 않았다는 점이다. 제로페이는 QR코드로 자신의 통장 계좌에 있는 현금을 소상공인의 계좌로 이체하는 방식이다. 신용카드와 전혀 다른 현금 결제 수단이었지만 신용카드와 비교하며 소상공인의 수수료에 지나치게 집중했다. 다이어트 광고처럼 소비자가 제로페이를 사용할 때의 이점이나 변화된 모습을 제안했어야 했다. 이것은 단순히 소비자 의견을 듣지 않아서 생긴 문제가 아니다. 만약 소비자의 의견을 듣더라도 문제 중심의 관점을 유지했다면 "왜 신용카드를 선호하나요?"라거나 "왜 현금 결제는 하지 않나요?"라고 물었을 것이다.

1997년 IMF 이후, 정부는 내수 활성화와 세금 투명화를 위해 신용카드 사용을 장려했다. 모든 신용카드 회사들은 시장을 장악하기 위해 마케팅에 올인했고, 대한민국에서 가장 유명한 광고 중 하나인 "여러분, 부자 되세요."가 탄생했다. "부자 되세요."라는 말을 들은 사람은 곧바로 '그래, 부자가 돼야지.'라고 생각하지 않는다. 짧은 순간이지만 자신이 부자가 아니라는 걸 인지한 후에 '이제 부자가 돼야지'라는 생각을 한다. 즉, 자신의 결핍을 느끼게 하여 스스로 그 결핍을 메우고 싶도록 만들었다.

대한민국에서 부자 신드롬을 일으켰던 이 광고를 참고해 본다면 제로페이 초기 홍보 메시지였던 "소상공인 수수료 제로, 제로페이"보다 "현명한 부자는 현금을 쓴다"거나 "현금 없는 지갑, 스마트한 결제앱"이 낫지 않았을까. 소상공인과 소비자 모두 바랄 만한 상은 손님이 현금으로 폼 나게 밥값 내는 모습일 테니까.

연간 400만 명 이상이 다녀간 서울시 '밤도깨비 야시장' 사업은 제로페이와 달리 해결 중심의 관점을 지향했다. 2016년 즈음에 청년 창업으로 인기를 끌었던 푸드트럭은 소자본으로 시작할 수 있지만 영업 장소가 제한적이었다. 지하철역 입구 주변은 최적의 입지이지만 대부분 도로교통법상 주정차 금지 구역이고 유동인구가 많은 상점가 골목은 주변 상인들이 영업에 지장을 준다며 반대했다. 서울시는 이런 푸드트럭을 돕기 위해 '밤도깨비 야시장'을 열었다.

당시 곽종빈 소상공인지원 과장과 이창현 팀장은 푸드트럭의 제한된 영업 장소에 매몰되지 않고 오히려 푸드트럭이 있어서 주변이 함께 빛나는 곳을 찾았다. 대표적인 곳이 한강시민공원이다. 시민들이 즐겨 찾는 곳이지만 딱히 즐길 만한 먹거리나 프로그램이 없었다. 여의도 한강공원은 수십 가지 메뉴의 푸드트럭과 핸드 메이드 제품을 판매하고 해외 예술가와 공연도 유치했다. 반포 한강공원은 낭만과 예술을 콘셉트로 클래식, 재즈, 인디 밴드 공연을 펼쳤다. 내가 만난 공무원 중에 가장 소통을 중요시하는 두 분은 푸드트럭 대표, 수공예품 판매자, 지역 주민, 야시장 방문객 등의 의견을 듣고 반영해 모두가 바랄 만한 상을 조화롭게 담았다. '밤도깨비 야시장'은 2018년 서울시 정책 브랜드 평가 1위, 시민이 선정한 '내 삶을 바꾼 서울시 10대 뉴스'에 선정되었다.

만약 보통의 공공 정책처럼 푸드트럭 창업의 문제에만 집중했다면 법을 개정하거나 주변 상인들을 설득하는 데 집중했을 것이다. 상인들도 푸드트럭이 들어왔을 때의 문제점만 생각했다. 푸드트럭을 활용해 젊은 사람들을 골목으로 데려올 방안을 고민하는 게 현명한 선택 아니었을까. 맛없는 사과를 선택하지 않는다고 맛있는 사과를 먹을 수 있는 것은 아니다.

하고 싶은 일과 잘하는 일

'하고 싶은 일'과 '잘하는 일' 사이에서 갈등을 한다. '하고 싶은 일'을 해야 한다는 사람은 자신이 좋아하는 일은 싫증나지 않고 오래 할 수 있으니 결국 잘하게 된다고 한다. 반대로 '잘하는 일'을 해야 한다는 입장은 아무리 하고 싶은 일일지라도 잘하지 못하면 결국 포기하게 되니 잘하는 일을 하면서 사회에서 인정받는 게 더 성공 가능성이 높다고 한다.

두 가지 중 뭐든 해도 된다. 다만 세상에 필요한 일이어야 한다. 인형 만들기를 좋아해서 그 일을 하고 싶어도 세상 사람들에게 그 인형이 필요하지 않다면 결국 혼자서 인형을 만들고 있을 것이다. 인형 만드는 최고의 기술이 있어도 그 인형이 필요한 사람이 없다면 역시 혼자서 만들고 있게 된다. 그러나 인형 만드는 일에 취미가 없거나 인형 만드는 일을 잘하지 못해도 내가 만든 인형이 누군가에게 필요하다면 계속 인형을 만들게 된다. 계속 만들다 보면 잘하게 되고, 나의 인형이 사람들에게 유용하게 쓰이는 걸 보면 결국 그 일을 좋아하게 된다.

예전에 사회적 경제의 마케팅 컨설팅을 하며 자주 접했던 분야가 예술과 업사이클링이었다. 청년 예술가의 자립을 위해 전시회나 판매 경로를 연다든지, 버려지는 플라스틱 등을 재활용해서 새로운 제품을 만드는 사회적 기업들이다. 둘 다 세상에 필요한 일이다. 그러나 그 필요성이 기업을 하는 자신에게만 머물러 있고 소비자나 대중에게 가닿지 않는다면 그 사업은 점차 어려워진다.

공공의 경제정책도 유사한 양상을 띤다. 정책 대상자에게 필요한 일을 시민들에게 필요한 일이라고 여긴다. 중소기업에서 기술 개발이 어려우면

손으로 보는 졸업 앨범

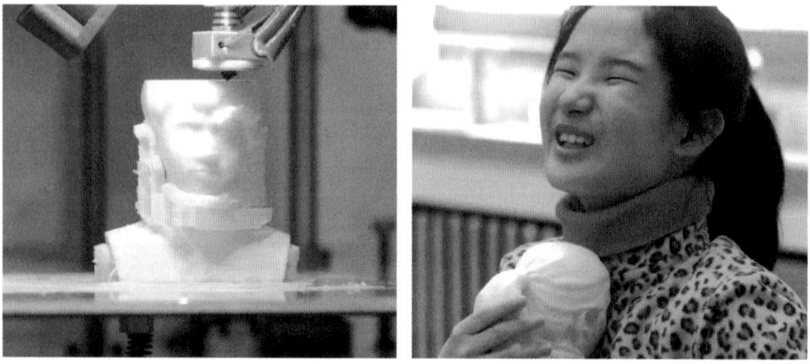

출처: 유튜브 '3D TEK', youtu.be/htZwl42mgiU

R&D를 지원하고 소상공인의 영업이 어려우면 판매를 지원한다. 중소기업의 기술이 좋아지는 일이 누구에게 필요한 일이며, 소상공인의 장사 잘되는 일은 누구에게 필요한 일인가.

순환의 열쇠

시각 장애를 가진 아이들은 졸업 앨범이 없다. 친구들의 모습을 사진으로 찍어서 보관한들 무슨 필요가 있겠는가. 3D 프린팅 업체인 '3D TEK'는 국립서울맹학교의 졸업생들에게 특별한 졸업 앨범을 선물했다. 친구들의 얼굴을 스캔해서 3D 프린터로 흉상을 만들고 이름을 점자로 새겨 넣었다. 눈이 보이지 않아도 손으로 만져서 친구들의 얼굴을 추억하게 만든 '손으로 보는 졸업 앨범'이었다. 기술은 그 자체가 목적이 아니라 우리의 더 나은 삶을 위한 수단으로 쓰여야 함을 잘 보여주는 사례다.

소비자에게 필요한 건 쓰임새이지 기술이 아니다. 스마트폰에는 수백 개의 특허 기술이 들어있지만 우리는 스마트폰을 살 때 카메라에 색상 동기화 기능이 있는지 듀얼 컨트롤 칩이 들어 있는지를 묻지 않는다. 우리에게 필요한 건 멋진 사진이다. 멋진 사진을 찍기 위해 기술이 필요한 것이지, 기술 발전을 위해 멋진 사진이 필요한 게 아니다. 백종원 대표의 프랜차이즈가 인기를 끄는 건 음식 만드는 기술이 좋아서가 아니라 사람들의 입맛과 주머니 사정에 맞는 음식을 만들기 때문이다. 심지어 백종원 대표의 레시피는 요리 전문가들에게 비판의 대상이 되기도 한다.

경제는 공급자와 수요자의 상호 작용으로 돌아간다. 공급자는 수요자의 니즈에 맞는 상품을 제공하고, 수요자는 그에 맞는 가격을 지불하여 공급자가 다시 제품과 서비스를 생산할 수 있도록 한다. 이런 순환이 지속되게 하는 열쇠는 수요자에게 있다. 공급자의 경영이 어려운 건 근본적으로 수요자의 니즈에 맞는 상품을 내놓지 못하기 때문이다. 그러나 공공의 경제 정책은 대부분 공급자의 니즈에 초점을 맞춘다.

주민의 삶이 나아지나요?

동네가게가 어렵다면 동네가게의 수요자인 주민의 삶을 먼저 살펴야 한다. 주민들은 어떤 생활을 하고 있는지, 동네에선 무엇을 하며 동네 밖에선 무엇을 하는지를 살펴야 한다. 주민들의 그런 삶에서 동네가게는 왜 필요한지, 어떤 역할을 해야 하는지를 찾아야 한다.

> 동네가게가 어렵다면 동네가게의 수요자인 주민의 삶을 먼저 살펴야 한다. 주민들의 삶에서 동네가게는 왜 필요한지, 어떤 역할을 해야 하는지를 찾아야 한다.

생활상권 사업을 준비하며 가장 먼저 조사했던 것도 '서울 시민 소비 패턴'이었고 그중에서도 '식탁점유율'이었다. 당시 주변 사람들은 소상공인 지원의 당위성을 위한 조사라고 생각했지만 나는 주민의 삶 속에서 동네가게의 역할과 사업의 필요성을 찾고자 했다. 주민들이 무엇을 부족하다고 여기는지, 채워지지 않은 니즈는 무엇인지를 알아야 동네가게가 할 일이 무엇인지를 알 수 있기 때문이다.

생활상권 사업에 선정된 지역의 상인들에게도 동일한 방향의 기준을 제시했다. 보통의 소상공인 지원사업이 상인들에게 필요한 일을 했다면 생활상권은 주민들에게 필요한 일을 한다고 했다. 우리의 지원 기준은 단 하나 '주민의 삶이 나아지는가?'였다. 상인들은 간판이 낡아서 교체가 필요하다고 했지만 간판을 바꾸는 게 주민의 삶에 도움이 되지 않는다면 생활상권 사업에서 지원하지 않았다. 음식점 메뉴판을 교체할 때의 기준도 눈에 잘 띄고 이쁜 디자인이 아니었다. 먼저 그 음식점이 믿을 만한 재료로 만드는지 조리법은 투명하게 공개할 수 있는지를 검증한 후에 주민들이 안심하고 먹어도 된다는 메시지를 주기 위해 메뉴판을 교체했다. 생활상권 사업은 상인이 아니라 주민을 위한 사업이었다. 동네가게가 주민에게 더 나은 삶을 제공할 때 동네가게의 삶도 보장된다.

무엇이 옳은 일인가

공공은 시민의 삶을 좌우할 수 있는 정책을 결정하고 막대한 예산을 집행하는 곳이다. 정책이 미치는 영향의 범위가 넓고 이해관계자도 많아 다양한 각도에서 점검하고 보완해야 실효성을 높이고 공공의 리더십을 확보할 수 있다. 그래서 정책을 수립할 때 관련 분야별 민간 전문가 자문회의를 수차례 개최해서 의견을 반영한다. 정책의 실행 과정에서 지속적으로 필요한 경우라면 이런 전문가들로 구성된 위원회나 자문 그룹을 만들어 정기적 또는 비정기적 회의를 개최한다.

행정의 부족한 전문성을 보완하기 위한 합리적 방식이지만 문제는 운영에 있다. 예를 들어, 지역경제 대책 수립을 위한 자문위원회를 구성하면 마케팅, 디자인, 상인 역량, 조직 경영, 세무 회계 등의 직간접적인 분야별로 전문가를 초빙한다. 각 분야별로 의견을 내면 행정은 이를 받아서 종합적으로 정리한다. 이때 종합적인 의견이란 A 의견, B 의견, C 의견을 잘 버무려서 하나의 방향이나 계획을 수립하는 게 아니라 각각의 의견을 병렬로 나열하는 형태다. 요리에 비유하면 여러 재료를 조합해 얼큰한 김치찌개를 만드는 게 아니라 돼지고기, 김치, 양파, 고춧가루를 일정하게 넣고 국물을 만드는 식이다.

이런 현상은 몇 가지 배경에서 발생한다. 첫째, 대체로 행정의 자문회의 개최 목적은 올바른 방향을 수립하기 위함이 아니라 좋은 아이디어를 얻기 위해서다. 둘째, 회의를 주최하는 행정에게 명확한 방향이 있으면 개별적인 아이디어도 유용할 수 있지만 대체로 그 방향성을 갖기 힘들다. 셋째, 방향성을 갖기 힘든 이유는 공무원은 행정의 전문가이지 해당 분야의 전문가가 아니기 때문이다. 넷째, 간혹 행정이 분명한 방향성을 갖는 경우가 있으나 이때는 최고 결정권자의 정치적 방향이나 고위 간부의 개인적 경험에 의한 방향일 가능성이 높다. 결국 행정의 전문성 보완은 올바른 방향이나 장기적인 계획을 수립하기 위함이 아니라 단편적인 아이디어나 당장의 해결책을 구하기 위한 경우가 많다.

정책 방향의 명확성

공공이 추진하는 지역경제 관련 사업은 현장에 바탕을 두고 있다. 사업의 심사를 거쳐 선정된 지역에서는 공공이 제시한 방향과 현장의 특성을 고려해 지역별로 사업을 추진한다. 사업 담당 공무원 한두 명이 많은 현장을 모두 관리할 수 없으니 이때도 관련 분야별 전문가를 활용해 현장의 사업을 지원한다.

그러나 현장의 사업 실행 주체와 외부 전문가의 의견이 엇갈려서 충돌할 때가 많다. 현장의 주체는 외부 전문가의 조언이 현장의 실정과 괴리된다는 이유로 의견을 수용하지 않는다. 반대로 외부 전문가들은 현장에서 일하는 사람들의 전문성이 부족해서 사업 효과성이 낮아지는 걸 우려한다. 이럴 때 대체로 행정은 외부 전문가의 손을 들게 되고 갈등은 심화된다.

양측 의견은 모두 맞는 얘기다. 다만 갈등을 해결하는 방법이 없을 뿐이다. 보통의 갈등 해결 방법은 토론과 합의로 귀결된다. 양측이 서로의 입장을 이해하고 의견이 일치하도록 대화를 나누라는 뜻이다. 안타깝게도 대한민국 국민은 토론하는 방법을 배운 적이 없다. 초등학교부터 대학교까지 선생님은 질문하고 학생은 정답을 맞히는 게 전부였다. 그렇게 배웠으니 직장과 사회에서 토론을 하면 자신의 주장을 설득하는 데 주력하며 대결 구도가 생긴다. 토론은 누가 옳은지를 결정하는 게 아니라 무엇이 옳은지를 결정하는 일이다.

갈등을 일으키는 주범은 명확하지 않은 사업 방향성이다. 모호한 방향성은 무엇이 옳은 일인지 결정할 수 없게 만들고 참여자는 각자의 입장에서 방향을 해석하고 의견을 좁히지 못한다.

몇 년 전에 마을공동체 사업의 선정 심의를 간 적이 있다. 그중 한 마을에서 오신 분들은 10억 원에 이르는 사업예산보다 진심으로 행복한 마을을 만들고 싶다는 의견을 피력했다. 심의위원 대부분이 그 마을을 으뜸으로 꼽아 사업에 선정되었다. 1년쯤 지난 어느 날, 우연히 심의에 오셨던 마을 분을 만나 차 한 잔을 마셨다. 카페에 앉자마자 그분이 하신 말씀은 "왜 우리 마을을 뽑았느냐."는 원망이었다.

사업이 선정된 직후부터 갈등은 시작되었다. 마을 사람들 모두 행복한 마을을 원했으나 행복의 정의는 달랐다. 어떤 사람은 마을 입구를 이쁘게 가꿔서 오가는 사람들을 행복하게 하자고 했고, 어떤 사람은 이웃 간의 소통이 마을을 행복하게 한다며 매일 밥 먹는 모임을 만들자고 했다. 또 다른 사람은 행복의 원천은 경제적 풍요이므로 마을 사업을 해서 돈을 벌자고 했다. 1년 만에 마을 사람들은 여러 갈래로 나뉘게 되었고 오가는 길에 마주치면 인사도 하지 않게 되었다.

사업의 방향은 사업을 추진하는 모든 과정과 활동의 기준이 된다. 무엇을 해야 하는지, 무엇을 하지 않아야 하는지를 결정하는 기준이 사업의 방향성이다. 기준이 모호할수록 갈등은 자주 발생하고 합의에 이르기도 힘들다. '명확하다'는 서로의 이해가 다르지 않음을 뜻한다. 지금 당신의 머릿속에 사과를 떠올려보라. 빨간 사과인가, 파란 사과인가? 사과보다는 빨간 사과가 명확하며 파란 사과와 갈등을 일으키지 않는다.

리더십과 매니지먼트

정책의 방향을 결정하는 일은 시민의 삶에 무엇이 옳은지를 결정하는 일이다. 때로는 시민들이 미처 깨닫지 못했지만 선제적으로 필요한 일도 있고, 반대로 시민들이 처한 상황의 타개를 위해 필요한 일도 있다. 이런 점에서 공공의 정책은 두 가지 기능을 지니고 있다.

첫째는 공익적 메시지 기능이다. 일부의 이익이 아니라 공동체를 위해 나아갈 방향을 제시한다. 예를 들어, '2023년부터 서울시 공영 주차장의 전기차 이용 무료'를 발표하면, 전기차 이용률이 폭발적으로 증가하지는 않아도 대기 오염과 전기차에 대한 메시지가 전달된다. 둘째는 정책 자체의 효과성이다. 전기차 구입 시 보조금을 지원하면 전기차 구매가 늘고, 자동차 업체는 보조금 지원 상한선에 맞추기 위해 가격을 낮춘다.

두 가지 기능 모두 더 나은 시민의 삶을 위해 필요한 일이다. 다만 행정에게 부족한 전문성을 위해 외부 자원과의 연대가 필요하다. 시민들에게 무엇이 올바른 방향인지를 결정하는 일도, 정책이 효과적으로 발휘되기 위해 계획을 수립할 때도 각 분야의 경험과 전문성이 결합될 때 가능하다.

하버드대 공공리더십센터 자문위원회 의장 워렌 베니스Warren Bennis는 "리더십은 올바른 일을 하는 것이고, 매니지먼트는 일을 올바르게 하는 것"이라고 했다. 행정이 외부 전문가와 연대하는 일은 올바른 일을 하기 위함이기도 하고, 전문성을 보완해서 일을 올바르게 하기 위함일 수도 있다. 다만 정책의 명확한 방향은 없이 단편적인 수단으로만 활용되어서는 리더십도, 관리도 할 수 없다.

100억은 누구를 위해 쓰일까

골목상권이라고 하면 대개는 전통시장을 떠올린다. 정치인들도 선거 때만 되면 골목상권 살리겠다며 기자들과 전통시장으로 달려간다. 동행한 기자들 앞에서 떡볶이 하나 집어 먹고 상인들과 '서민적인' 대화를 나눈다. 대한민국의 자영업을 대변하는 듯한 전통시장은 실제로 자영업에서 큰 비중을 차지할까.

우리나라의 자영업자는 약 540만으로 추정한다. 이중 3.7%를 차지하는 20만이 전통시장에 있다. 그러나 전통시장을 살리기 위해 투입되는 예산은 전체 소상공인 예산의 40% 이상을 차지한다. 중소벤처기업부의 소상공인 예산은 대부분 '소상공인시장진흥기금'에서 지출되는데, 2016년 예산 4,647억 원 중 45%에 해당하는 2,100억 원이 전통시장에 쓰였다.● 서울시도 매년 유사한 비율로 전통시장에 예산을 쓴다.

전통시장 활성화를 위해 무엇을 해야 하느냐 물으면 많이 나오는 답변 중 하나가 주차장이다. 마트나 백화점은 차를 타고 가기 편한데 시장은 주차장이 없어서 불편하니까 사람들이 안 오는 거라고 한다. 서울의 전통시장에 차량 30대를 수용하는 주차장 하나 지으려면 대략 100억 원이 든다. 주차장을 지을 땅이 없어서 시장 주변에 있는 주택이나 건물을 매입해서 헐고 주차장을 만들어야 한다. 그렇다면 100억 원으로 기대할 수 있는 전통시장의 매출 효과는 얼마나 될까?

2019년 기준, 전국의 전통시장 일평균 매출은 5,749만 원이고 일평균 방문객은 5,413명이다.[17] 따라서 방문 고객 1인당 구매 금액은 1만 621원이 된다. 1인당 체류 시간을 30분으로 가정하면, 아침 9시부터 저녁 7시까지 10시간 동안의 총 주차는 600대다. 그러므로 주차장으로 발생할 수 있

● 2016년 소상공인진흥기금은 총 2조 197억 원인데, 이중 융자사업 1조 5,550억 원을 제외한 보조 사업 예산이 4,647억 원이다.

는 매출은 하루 637만 원, 연간 23억 2,000만 원이다. 게다가 이 금액은 순이익이 아니라 매출이다.

서울의 전통시장 211개 중 63%, 전국의 1,437개 중 80%가 주차장을 갖추고 있다. 주차장을 비롯한 아케이드 지붕, 고객 센터 등의 시설 현대화 사업에 2007년부터 2016년까지 총 2조 3,000억 원의 예산이 쓰였지만, 전통시장의 매출액은 연평균 3.4%씩 감소하고 있다.[18]

100억 원을 다르게 쓰면 어떨까. 100억은 시장 주변의 형편이 어려운 가정 100곳에 매일 시장의 식재료 1만 5,000원어치를 사서 18년 동안 나눠줄 수 있는 금액이다. 3장에서 소개한 신창시장 군것질데이의 연간 12회 예산이 4,400만 원이니까 227년 동안 할 수 있는 돈이며, 군것질 메뉴를 매일 1,000명에게 무료로 나눠줘도 27년이 걸린다. 거듭 말하지만, 100억 원은 시장 한 곳의 주차장 건립 비용이다.

주차장은 어떻게 만들어질까

전통시장은 상점주들로 이루어진 '상인회'가 잘 갖춰진 곳이다. 공공의 예산은 반드시 법률에 의거해서 집행을 해야 하는데, 전통시장 관련 법률에는 전통시장의 요건 중 하나로 상인회 구성을 명시하고 있다. 그러니까 전통시장이 공공의 예산을 지원 받으려면 상인회를 구성해서 자치 단체에 등록 또는 인정을 받아야만 한다.

상인회는 상점주들이 납부한 상인 회비로 운영되는데 보통 상인 회비는 월 5,000원에서 2만 원 정도이며 시장 전체 상점의 70~90% 정도가 납부한다. 서울의 경우 매월 걷히는 상인 회비는 100만 원에서 200만 원 정도다. 상인 회비만으로 고객 유치 행사는커녕 상인회 사무실을 유지하기도 힘들다. 그래서 상인회장은 정부와 지자체의 전통시장 지원사업을 유치하기 위해 안간힘을 쓴다.

그럼 상인회장은 어떻게 선출될까. 당연히 시장 경영이나 마케팅 능력이 탁월한 사람으로 선출될 것 같지만 실상은 다르다. 이웃 상인들과 원만한 관계를 유지하는 사람, 오래 장사를 했거나 평판이 좋은 사람이 뽑힌다. 그래서 상인회장이 되면 시장 상인의 대표로서 지역 정치인과 긴밀한 관계가 형성된다. 구의원, 시의원, 국회의원도 이들과 원만하게 지내서 나쁠 게 없다. 전통시장은 상인들이 집중되어 있고 동네 주민들도 자주 다녀가는 곳이라서 지역 내 평판을 좌우할 수 있는 요지다.

주차장처럼 눈에 보이는 큰 시설물은 상인회장과 지역 정치인들이 평판을 높이기 매우 좋은 사업이다. 정부나 지자체에서 주차장, 아케이드, 고객센터 등의 시설 사업에 대한 공모가 뜨면 상인회장은 지원서를 제출하고 지역 정치인에게 도움을 요청하거나 상의를 한다. 이렇게 사업이 선정되면 주차장은 상인회장과 지역 정치인의 눈에 보이는 업적으로 남는다. 서울에서 이렇게 만든 주차장을 가보면 하루 종일 텅 비어 있거나 주변 상인들의 차만 있는 걸 어렵지 않게 확인할 수 있다.

기울어진 예산

공공 예산의 형평성 문제는 전통시장에만 국한되지 않는다. 중앙 정부나 지자체는 필요에 따라 민간 사업자에게 용역을 주거나 물품 등을 구매하는데 이걸 '공공 조달'이라고 한다. 서울시와 25개 자치구의 연평균 조달 금액은 9조 원에 이른다. 이중 1조 3,000억 원 정도는 2,000만 원 이하의 소액거래다. 사무용품, 다과, 커피, 현수막 등의 물품 구매부터 소규모 시설 수

> 서울의 1,000만 인구, 대한민국의 5,000만 인구 중 동네 사람 아닌 사람은 없다. 우리 모두는 동네에 살고 있다. 동네 사람이 낸 세금이 다시 동네를 위해 쓰이는 게, 세금을 내는 우리 모두를 위해 바람직한 일이다.

리까지 여기에 해당한다. 계약금액 2,000만 원 이하는 업무 담당자가 임의로 업체를 지정해 거래할 수 있는 수의계약 범위에 해당한다.● 자격 제한이 까다롭지 않거나 거래 장벽이 낮아서 소상공인도 충분히 납품할 수 있는 공공 조달 분야다. 그러나 1조 3,000억 중 소상공인으로부터 조달한 금액은 연간 3,000억 원 수준이었다. 나머지 1조 원은 상위 실적 10%의 기업이 50~80%를 차지하고 있었다.

소액 조달이라도 엄격한 품질관리와 공정성을 지켜야 하며 상위 실적의 기업들이 부정행위를 한 것도 아니다. 그러나 공공의 예산은 더욱 균형 있게 사용되어야 하며 작은 기업도 충분히 도전할 수 있는 열린 시장이어야 한다. 나와 이승진 주무관은 이 문제를 해결하기 위해 2018년 8월에 시장님께 최초 보고를 드리고 2년 동안 준비한 끝에 '공공마켓'을 오픈할 수 있었다. 시청 내부의 반대 여론도 있었으나 코로나 사태와 맞물리며 당초 목적인 공공 예산의 형평성이 아니라 소상공인 지원 대책으로 발표되었다.

공공마켓은 서울 소재 모든 공공 기관과 지역 소상공인이 거래할 수 있는 온라인 마켓이다. 서울시청과 25개 자치구청은 물론이고, 여기에서 투자 또는 출연한 기관과 예산을 지원받는 기관 등이 수요자로 참여하고, 서울 소재 모든 소상공인이 공급자로 참여할 수 있다. 공공마켓에서는 소상

● 수의계약은 최대 2,000만 원 이하에서 지자체가 자율적으로 정하게 되어 있다. 단, 장애인 기업, 여성 기업, 취약계층 30% 이상 고용 사회적기업은 최대 5,000만 원까지 수의계약이 가능하며, 중증 장애인 기업 생산품은 상한 금액이 없다.

공공마켓 검색 화면

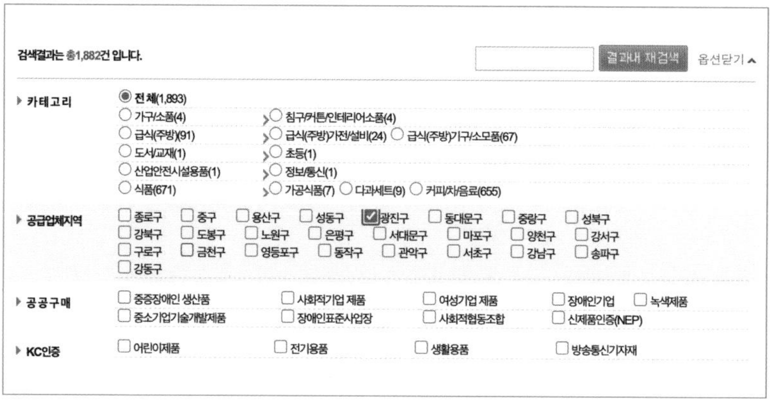

공인이 공공 기관에 납품하려는 상품을 등록해 놓으면, 공공 기관 담당자가 온라인 쇼핑하듯 상품을 검색해서 구매할 수 있다. 반대로 공공 기관에서 구매하려는 상품 정보를 등록해 놓으면 이를 본 소상공인이 견적을 제안할 수도 있다. 행정 절차나 문서 작성이 어려운 소상공인을 위해 단계별 절차가 자동으로 진행되고, 관련 서식이 자동으로 생성되거나 기본 서식이 제공된다. 이것마저 어려운 소상공인을 위해서는 은행이나 대기업을 퇴직한 중장년 컨설턴트를 현장에 파견하는 지원까지 마련했다.

공공마켓의 가장 큰 특징은 자치구별 '관내 거래'다. 광진구에 있는 공공 기관은 광진구에 소재한 소상공인만 따로 검색할 수 있다. 광진구의 예산이 광진구에서 순환되도록 하기 위한 장치였다.

공공의 예산은 시민의 세금이다. 주차장 하나를 만들기 위해 쓰인 100억 원처럼, 상인과 주민 그 누구에게도 쓸모없는 세금이 되지 않기를 바랐다. 서울의 1,000만 인구, 대한민국의 5,000만 인구 중 동네 사람 아닌 사람은 없다. 우리 모두는 동네에 살고 있다. 동네 사람이 낸 세금이 다시 동네를 위해 쓰이는 게, 세금을 내는 우리 모두를 위해 바람직한 일이다.

폐업률이 우리 삶에 미치는 영향

우리 집에서 걸어서 5분 거리에 편의점이 세 개 있다. 3년 전에는 집 바로 밑에 하나 밖에 없었는데 어느 날 지나다 보니 두 곳이 더 생겼다. 새로 생긴 두 곳은 편의점이 생기기 전에 어떤 가게였는지 도통 기억나지 않는다. 게다가 한 곳은 최근에 편의점 브랜드가 바뀌었는데 그전에 어떤 브랜드였는지도 모르겠다. 언론, 행정, 정치인들은 이런 창업과 폐업을 지표로 만들어서 소상공인이 처한 현재의 상황을 가시적으로 보여줄 때 사용한다. 주로 사용하는 지표는 폐업률, 생존율, 과밀창업, 매출액 등이다.

폐업률이란 기준 연도의 폐업자 수와 전년도 총계를 비교한 수치다. 2018년 상점수가 총 10개인데 2019년 2개가 폐업했다면 폐업률은 20%가 된다. 언론은 독자의 체감도를 높이기 위해 '10곳 중 2곳이 문 닫는다'처럼 다소 '자극적'으로 표현한다. 정치권에서는 이 수치를 무기로 정부와 행정 일선의 공무원들을 압박한다. 소상공인의 폐업률에는 함정이 있다. 폐업률은 사업자등록의 폐지를 기준으로 측정하는데, 사업자등록 폐지는 장사가 안 될 때도 하지만 새로운 곳에서 가게를 열 때도 폐업하고 새로 사업자등록을 내는 경우가 많다. 요즘은 트렌드가 매우 빨리 바뀌기 때문에 이같은 현상이 자주 발생한다. 외식업의 트렌드 주기는 3년이라고 한다.

이런 이유로 최근에 많이 보는 지표가 생존율이다. 생존율이란 새로 생긴 가게가 기준 연도까지 생존해 있는 비율을 말한다. 2015년에 10개의 가게가 생겼는데 2017년에 8개가 남았다면 2년 생존율은 80%가 되고, 2018년에 5개가 남았다면 3년 생존율은 50%가 된다. 생존율 역시 폐업률과 마찬가지로 사업자등록을 기준으로 하기 때문에 오류가 있을 수 있다.

그런데 폐업률이 높든 생존율이 낮든 그게 보통의 동네 사람들과 무슨 상관일까. 우리 집 앞에 편의점 두 곳이 더 생기고 이전의 가게들이 폐업을 했어도 내 삶에는 아무런 변화가 없었다. 당사자인 소상공인에게는 문제가 될 수 있지만 그게 내가 이 동네에 사는 데 큰 영향을 미치지는 않는다.

다른 관점에서 살펴보자. 소상공인의 5년 생존율은 28.5%다. 5년 전에 창업했던 10곳 중 7곳이 문을 닫고 3곳은 영업 중이라는 말이다. 2000년대 초반 인터넷이 확산되면서 벤처 창업붐이 일었었다. 벤처 창업 성공률이 0.001%였지만 빌 게이츠와 스티브 잡스의 '차고 창업'을 신화처럼 받들었다. 그때의 벤처든 지금의 스타트업이든 그들이 바늘구멍 같은 확률에 도전하는 건 장려하면서, 왜 소상공인의 5년 생존율 28.5%는 우울하게 받아들일까.

이런 수치로 '걱정만' 하는 사람들은 중소기업과 소상공인이 우리 경제의 근간이라고 한다. 우리나라 대기업 중 자산 5조 원 이상인 곳이 64개다. 이들의 매출은 국내총생산GDP의 84%를 차지하지만 고용 비중은 11%에 불과하다. 진정 근간이 걱정된다면 매출 비중 84%의 대기업들이 고용 비중도 84%만큼 올리게 하면 된다. 왜냐하면 '걱정만' 하는 사람들은 소상공인의 생존율이 낮은 이유를 과밀창업에서 찾기 때문이다. 과밀창업이란 우리나라 인구와 경제 여건에 비해 소상공인 창업이 너무 많다는 뜻이다. 즉, 지나치게 소상공인 창업을 많이 하니까 생존율이 낮다는 거다. 생존율

28%의 불안한 창업을 하는 이유는 안정적인 일자리가 없기 때문이다.

과밀창업은 주로 OECD 국가와 비교해서 과밀지수가 높을 때를 말하는데, 더 눈에 띄는 비유로 음식점 수를 든다. 일본의 인구는 1억 2,000만으로 우리나라의 두 배가 넘지만, 음식점은 우리와 비슷한 70만 개다. 과밀창업을 인구에 대비하면 모순이 생긴다. 일본은 집에서 밥을 많이 먹고 우리는 밖에서 많이 먹는다. 인구 1인당 외식 건수로 비교를 해야겠지만 아쉽게도 그런 통계는 없다. 단면적인 창업 수를 볼 게 아니라 시장 규모를 봐야 한다. 시장은 작은데 공급이 과잉이라면 문제겠지만 우리나라는 인구 대비 소비 시장이 큰 편이다. 만약 정말로 시장이 작다면, 인건비 줄여서 돈 많이 버는 84%의 대기업이 법인카드로 직원의 사돈의 팔촌까지 매일 밥을 사주면 문제가 해결될 수 있다.

문 닫는 음식점의 폐업 이유를 다른 음식점의 문제로 돌리지 마라. 우리 부모님도 평생 장사로 나를 키우셨다. 폐업의 길로 내몰린 그들 모두 우리의 형제고 친구다. 그들을 거리로 몰아낸 것은 대기업이 돈을 쏟아부어서 만든 대형마트와 복합 쇼핑몰과 가정간편식이다. 그리고 그걸 선택했던 우리 모두의 문제다. 새벽에 장 보러 집을 나서서 아이들 잘 때 들어오고 열심히 벌어서 배달앱 수수료 주면 남는 것도 없는, 그 장사를 누군들 원해서 하겠는가.

생존율보다 방가방가율

큰일이다. 이 책을 쓰며 사람 냄새 나지 않는 편의점을 비판했는데 집 앞의 편의점이 좋아졌다. 알바생이 새로 왔는데 이 친구가 씩씩한 목소리로 나를 반겨주면 내 입꼬리가 올라간다. 이제 막 군대를 제대했는지 각진 목소리로 "어서 오세요.", "얼마입니다." 하면 이 친구의 맑은 눈을 보게 된다. 계산을 마치고 나가는 내 뒷모습에 꾸벅 허리를 숙이며 "안녕히 가세요." 하는데 나도 모르게 돌아서서 "네, 안녕히 계세요."라고 화답했다. 정말로 이뻐서 어느 날 나도 모르게 말을 걸었다. "편의점 아르바이트 많이 해봤어요?"라고 물으니 식당에서 설거지 알바만 해봤단다. 이 편의점이 없어지는 건 나와 관계없으나 이 친구가 보이지 않으면 허전하겠다.

우리 동네에 있는 100개의 가게 중에 30개만 방가방가율이 높아도 나는 평생 이 동네를 떠나지 않겠다. 가게들마다 다양한 색깔로 나를 반겨주면 아침마다 오늘은 어디에 가야 할지 고민에 빠질 거다. 동네 사람 수에 비해 가게가 너무 많다면, 내가 하루에 다섯 끼를 먹겠다.

자영업 생존율과 우리의 삶이 무관한 것은 우리와 그들의 관계가 사람이 아니라 상품으로 맺어졌기 때문이다. 그 가게가 없어져도 거기서 팔던 상품은 다른 곳에서 살 수 있거나 대체할 상품이 있기에 우리의 불편함은 크지 않다. 만약 그곳에서만 살 수 있는 상품이었거나 다른 곳은 그 맛이 안 났다면 그 가게는 아직 영업을 하고 있을 거다. 물론 악덕 건물주를 만났거나 천재지변인 경우를 빼고.

만약 우리가 그 가게를 갔던 이유가 개성 있고 믿음직한 사장님이나 직원 때문이었다면 그 가게의 생존과 폐업은 우리의 생활에 깊이 연관된다. 우리 집 앞의 편의점 알바생이 사라지면 나의 편의점 가는 재미도 사라진다. 그러니까 우리에게 중요한 소상공인 지표는 생존율이 아니라 '방가방가율'이었던 거다. 우리 동네에 있는 100개의 가게 중에 30개만 방가방가율이 높아도 나는 평생 이 동네를 떠나지 않겠다. 가게들마다 다양한 색깔로 나를 반겨주면 아침마다 오늘은 어디에 가야 할지 고민에 빠질 거다. 동네 사람 수에 비해 가게가 너무 많다면, 내가 하루에 다섯 끼를 먹겠다.

결과지표와 과정지표

생존율은 결과지표이고 방가방가율은 과정지표다. 장사하는 과정에서 방가방가해야지 그 결과로 생존율이 올라간다. 공공과 언론이 제시하는 생존율과 매출액의 결과지표는 우리와 무관하지만 그 과정에 이르는 길은 우리가 사는 곳을 사는 곳답게 한다.

어떤 전통시장에 들어섰을 때, 네 가지를 보면 장사가 잘 되는 곳인지 아닌지를 곧바로 알 수 있다. 첫째는 사람들 손에 든 검은 비닐 봉투다. 시장에선 보통 이 봉투에 물건을 담기 때문에 사람들 손에 봉투가 많으면 장사 잘되는 시장이란 걸 나타내는 결과지표가 된다.

둘째는 지나는 사람들의 시선이다. 시장 길을 지나는 사람들이 앞만 보고 걷는다면 길가에 들어선 상점의 매대, 상품, 상인이 매력 없다는 뜻이다. 색 조합이 아름다운 과일 매대, 저마다 흥미로운 장점을 내세운 상품은 지나는 사람들의 시선을 끌어오는 가장 기초적인 과정지표다.

셋째는 상인들의 위치와 표정이다. 상인이 매대를 지키지 않고 상점 안쪽에 편히 앉아서 스마트폰을 보고 있으면 과일이 얼마인지 물으려 하다가도 부담스러워진다. 반대로 모든 상인들이 매대 앞에 서서 지나는 사람과 아이들, 반려동물에게 밝은 미소로 인사를 건네면 그 길은 모든 사람에게 즐거운 길이 된다. 상인들의 '방가방가'는 시장이 잘될 수밖에 없는 과정지표다.

넷째는 시장의 백색 소음이다. 시장을 가장 시장답게 하는 건 상인들이 장사하는 소리다. 서울 용산구에 있는 용문시장은 보통의 주택가 골목에 있는 시장이다. 몇 년 전에 20대 청년들이 시장 입구 쪽에 생선 가게를 열었는데 아침부터 저녁까지 패기 있는 목소리로 시끌벅적했다. 이 친구들이

"어머니, 아버지!" 하며 손님을 불러 모으니까 그 옆에 있는 생선 가게와 정육점 사장님들도 덩달아 목소리를 내기 시작했다. 상인의 장사하는 소리도 우리에게 활력을 주는 과정지표다.

상인들이 각자의 매대에서 활력 있고 밝은 미소로 지나는 사람들을 반겨주면 검은 봉투의 수는 당연히 따라오는 결과다. 전통시장만이 아니라 동네 어귀에 있는 골목의 동네가게들도 마찬가지다. 세 가지 과정지표는 상인들에게 생존율을 보장해 주고, 우리가 사는 동네의 골목을 즐겁게 해준다.

길 잃은 사람에게 필요한 건 이정표이지 목적지에 도착할 확률이 아니다. 공공과 언론이 제시해야 하는 것은 그들만의 결과가 아니라 우리 모두 공감할 수 있는 과정이다. 도착 확률은 좌절을 주고 이정표는 희망을 준다.

06

경제정책이 가야 할 길

통제 불가능한 통제

2007년 봄이었다. 국내 모 병원에서 투자 유치 컨설팅을 요청했다. 당시 우리 회사는 의료 학회 쪽 캠페인을 하며 좋은 성과를 내고 있었고, 마케팅 외엔 할 줄 아는 게 없어서 할까 말까 망설여졌다. 그 일을 할 운명이었는지 평소 친하게 지내던 선배와 그 선배의 홍콩인 친구가 싱가포르의 투자자를 소개해 주겠다고 했다. 그렇게 프로젝트가 시작되었고 1년 반 동안 배우고 부딪힌 끝에 국내 최초의 병원 해외 투자 유치라는 타이틀을 거머쥘 수 있었다. 2008년 9월 12일, 싱가포르 투자자와 병원 원장님이 수백억 원의 투자 유치 계약서에 서명을 하던 모습은 아직도 잊히지 않는다.

때마침 다음 날부터 추석 연휴라 가족들 앞에서 내 어깨는 백두대간을 펼쳐놓은 것 같았다. 저녁을 먹고 다리를 쭉 뻗은 채 9시 뉴스를 보는데 난

생 처음 듣는 미국 회사의 파산 소식이 들려왔다. 660조 원의 부채를 갚지 못한 '리먼 브라더스'의 파산으로 전 세계에 금융 위기가 불어닥쳤다. 바로 사흘 전의 투자 계약서는 휴지 조각이 되었다.

나는 폐인의 길을 걷기 시작했다. 회사는 어떻게 돌아가는지 쳐다보지도 않았고, 매일 새벽까지 술을 마시다 지쳐 잠이 들었다. 지치지 않으면 잘 수 없었다. 내가 노력을 게을리했거나 사기를 친 것도 아닌데 어떻게 듣도 보도 못한 미국 회사가 한순간에 내 인생을 망칠 수 있나 싶었다. 열심히 살아야 할 이유가 없었다.

1년이 넘는 폐인 생활과 회사를 모두 접고 중국으로 도피했다. 산둥성 웨이하이Weihai시에서 영어 학원을 하던 선배가 집과 일을 준다고 해서 티끌의 미련도 없이 한국을 떠났다. 학원에서 내가 맡은 일은 버스 배차였다. 아이들 수업 종료 시간에 맞춰 하루 서너 번 버스에 태워 보내는 단순한 일이었다. 머리 안 쓰고 시간 많고 아는 사람 없는 그곳에서 지난날을 돌아보고 또 돌아봤다. 도대체 내가 뭘 잘못했을까. 그저 운이 나빴다고 하기엔 열심히 살아온 나의 인생에게 미안했다.

모든 사업에는 두 가지 변수가 있다. 통제 불가능한 것과 통제 가능한 것. 통제 불가능한 변수에는 사회적 환경과 트렌드, 경쟁자의 전략과 행동, 내부 직원 등이 있다. 보통 직원을 통제 가능하다고 생각하는데 통제하려고 노력할 뿐 실은 가장 통제하기 어려운 변수다. 통제 가능한 변수는 오직 내 자신밖에 없다. 시장과 고객을 공부하고 이해하는 것, 완벽한 제품을 만들기 위한 디테일과 집중, 고객과 직원을 대하는 정성과 리더십, 좌절을 견디는 절제와 인내 등이 내가 온전히 통제할 수 있는 것들이다.

사람들은 통제 불가능한 변수들에 집중하며 통제하려 하지만 그것은 내

뜻대로 될 수 있는 일이 아니다. 그러나 내가 통제할 수 있는 것들에 집중하다 보면 통제 불가능한 변수들이 내게 유리한 방향으로 흐를 때가 있다. 그 흐름을 우리는 기회라고 부른다. 손자병법에서 이르기를 "전쟁을 이길 수는 없으나, 지지 않을 수는 있다."고 했다. 적이 이길 수 없게 만드는 것은 내게 달려 있고, 아군이 이길 수 있는 것은 적에게 달려 있기 때문이다.

공공이 할 수 있는 것

정부와 지자체는 골목경제를 살리기 위해 다양한 시도를 하고 있다. 자금 지원, 컨설팅, 교육, 시설 개선, 온라인 판로 지원, 청년 상인 육성 등 소상공인의 경영 전반에 걸쳐 촘촘한 지원을 한다. 그럼에도 불구하고 골목경제의 미래를 장담하기 힘든 이유는 공공이 통제 불가능한 것들을 다루고 있기 때문이다.

골목경제의 침체 원인은 두 가지로 압축할 수 있다. 첫째는 대기업, 온라인과 소상공인 간의 경쟁력 격차이고, 둘째는 골목경제가 지닌 원천적 생명력을 잃어간다는 데 있다.

대기업과 온라인은 강하고 그에 비해 소상공인의 경쟁력은 약하다. 격차를 해소하는 방법은 대기업과 온라인이 성장을 멈추든지 소상공인이 경쟁력을 높이는 수밖에 없다. 대기업의 상품 개발을 제한하거나 온라인 쇼핑몰의 새벽배송을 금지할 수는 없으니, 남는 건 소상공인의 경쟁력을 키우는 일뿐이다. 그래서 공공은 이 영역에 집중하지만 공공이 할 수 있는 범위는 제한적이다. 아무리 좋은 정책을 내놓아도 결국 실행하고 완성하는 것은 상인들 의지에 달려 있다.

골목경제가 침체되는 두 번째 원인은 길의 생명력에서 찾을 수 있다. 상점가는 사람들이 많이 다니는 길을 따라 자연스럽게 생성되지만 길이 바뀌면서 사람들이 걷지 않게 되어 길과 상점가가 죽는 일이 발생한다. 대표적인 예를 들어보자. 동네에는 지하철역에서 아파트 단지와 주택가로 이어지는 여러 갈래의 길이 있다. 이 길을 따라 유동인구가 늘어나면 상점이 들어서고 상점가가 이루어진다. 그러던 어느 날 주민 편의를 위해 시청과 구청에서 마을버스 노선을 만든다. 마을버스가 지하철역에 내린 사람들을 집 앞까지 실어 나르면서 사람들은 더 이상 상점가에 들르지 않게 된다. 비단 마을버스만의 문제가 아니다. 아파트 출입구의 방향과 진입로에 따라서도 상점들이 죽고 살게 되며, 재개발과 도시재생 사업구역의 확정에 따라 길이 바뀌기도 한다.

경쟁력의 격차는 공공이 통제할 수 없는 영역이지만 길을 통제하는 건 공공의 고유한 영역이다. 길은 보행목적과 보행목적 사이의 경로다. 보행을 유발하는 많은 요소들이 공공에게 있으며, 걷기 좋은 길을 만드는 것도 공공의 영역이다. 그러나 골목경제를 살리기 위한 공공의 정책들이 공공이 통제할 수 없는 영역에 집중되면서 이기지 못할 싸움이 되고 있다. 공공이 해야 할 일은 공공이 통제할 수 있는 영역에 집중하는 것이다. 거대한 흐름을 뒤집을 수는 없지만 적어도 지켜야 할 것들을 지켜낼 수는 있다. 골목경제와 소상공인의 경쟁력 제고를 위해 공공에서 추진 중인 지원사업을 모두 폐기해야 한다는 말이 아니다. 공공과 소상공인이 경쟁력의 원천에 대해 이해하고, 각자의 역할을 명확히 인식할 때 그 효과성이 배가 될 수 있다.

경쟁력은 어디에서 오는가

영화 〈기생충〉의 마지막 즈음, 기택네 식구들이 폭우 속에서 끝없이 골목 계단을 내려오는 장면이 있다. 자기 집처럼 살던 부잣집에서 가난한 현실로 도망치는 듯한 이 장면은 서울시 마포구 아현동에서 촬영되었다. 공교롭게도 아현동은 공덕동, 염리동과 함께 2003년 뉴타운 사업지구로 지정되어 전형적인 산동네에서 서울의 대규모 아파트 단지로 변해가고 있다.

영화 〈기생충〉 촬영지 맞은편의 아현 3구역에는 과거 서울의 3대 시장으로 불리던 아현시장이 있다. 이곳은 원래 조선시대 마포나루에 모인 물자를 배에 실어 아현천을 따라 돈의문지금의 서대문까지 실어 나르던 곳이었다. 물자가 먼저 통과하는 하천이란 뜻에서 '선통물천先通物川'이란 지명이 붙을 정도였다. 일제강점기 전차의 마포 종점도 이곳에 생기면서 더 많은 사람과 물자가 흐르는 곳이 되었다. 6.25 전후에는 많은 피난민들까지 시내와 가깝고 다른 지역으로 왕래가 편했던 아현동에 머물기 시작했다. 길을 따라 사람들이 모이면서 가게, 상품, 일자리가 순환되는 말 그대로 시장이 만들어졌다.

70년대 후반, 불량주택 재개발지구로 지정되면서 아현동의 삶은 변하기 시작했다. 낡은 건물과 집이 철거되고 상하수도와 도로가 새롭게 놓이며 살기 좋은 환경이 만들어졌다. 주변 도로가 확장되고 서울시청에서 신촌과 공덕으로 이어지는 교통의 요지가 되자 부유한 사람들도 이곳에 집을 짓고 살기 시작했다. 영화 〈기생충〉처럼 부잣집과 반지하 서민이 한 동네에 살기 시작한 것이다.

80년대 말부터 시작된 강남 개발에 따라 서울에 아파트 붐이 일었지만,

아현시장 주변 지도

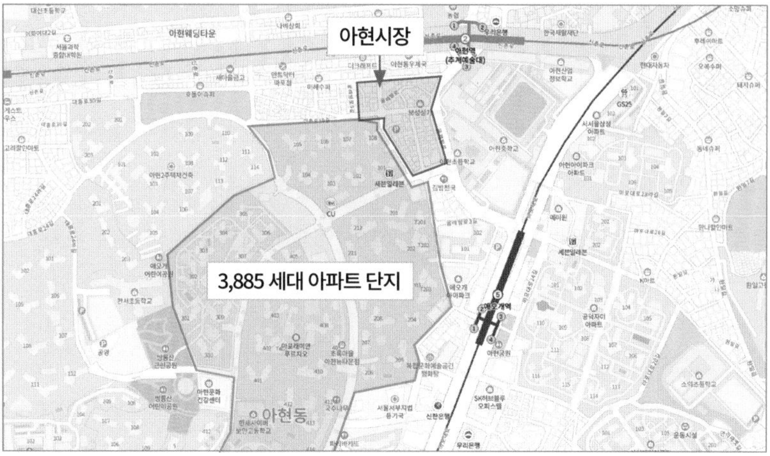

이곳은 워낙 가구 밀도가 높았고 이 동네 불량배들이 거세기로 유명해 재개발이 쉽지 않았다고 한다. 그러나 세월을 견디는 장사가 어디 있겠는가. 2008년 아현 뉴타운이 공사를 시작하면서 대대적인 철거가 이루어졌고 2014년 9월 3,885세대 아파트가 들어섰다.

6년의 공사 기간을 견뎌낸 아현시장 입장에서는 드디어 3,900세대의 고객이 생긴 것이다. 아파트 출입구는 지하철 아현역에 내린 사람들이 아현시장을 지나서 들어가는 방향으로 났고, 아현시장 바로 앞에는 초등학교와 중학교까지 있다. 더없이 장사하기 좋은 환경이 펼쳐졌다. 그런데 아현시장은 점차 쇠락하고 있다. 왜일까.

달라진 생활, 멈춰진 상점

80, 90년대 아현시장 앞은 유명한 포장마차 거리였다. 인근의 상인과 동네

사람, 퇴근하는 직장인들이 집이 있는 산동네로 올라가기 전에 들르는 곳으로 매일 불야성을 이루었다. 그러나 새로 입주한 아파트 주민들의 민원과 시위로 2016년 모두 철거됐다. 포장마차가 사라지고 사람들의 발길이 뜸해져서 아현시장이 위기를 겪는 것만은 아니다. 포장마차 철거는 동네 사람들의 생활이 변화되었음을 의미하는 상징적인 사건이다.

우리가 주택에 살다가 새로 지은 아파트로 이사한다고 가정해 보자. 주택 시절의 살림살이를 그대로 가져갈까? 아현시장 배후에 입주한 사람들이 모두 주택에 살다 아파트로 이사했다는 말은 아니다. 집이 달라지면 생활이 달라지며, 아현시장 배후에 사는 고객들의 생활이 그전에 살던 사람들과 달라졌다는 의미다. 생활이 달라지면 사용하는 상품도 달라지고, 상품이 달라지면 상품을 구매하는 곳도 달라진다. 그러나 아현시장은 과거에 머물러 있다. 여전히 포장마차를 사랑하던 사람들의 생활에 필요한 상품들로 장사를 하고 있다.

사람들의 생활뿐 아니라 다니던 길도 달라졌다. 아현시장 상인들은 새로 입주한 사람들이 불편하지 않도록 정부의 지원을 받아 비가림 시설도 설치했다. 그러나 이게 치명적인 악수였다. 예산이 부족해 빛이 통과하지 않는 검은 천막으로 지붕을 씌웠고, 어두워진 길을 밝히기 위해 LED 백색등으로 길을 밝혔다. 시장은 방범등이 켜진 늦은 밤의 주택가 골목처럼 스산해졌고, 마치 동굴 속을 탐사하는 기분마저 들었다. 누가 이 길을 걷고 싶겠는가. 몇 년 전 이탈리아 로마는 촛불 같은 노란색 조명의 가로등을 전기 효율성 높은 LED로 교체했다. 그러자 시민들은 LED 불빛이 수천 년 역사를 가진 로마의 매력을 반감시키고 병원이나 냉장고 안에 들어온 것 같다며 불만을 호소했다고 한다.

아현시장 내부 사진

아파트 단지의 태생적 통행 구조도 아현시장의 위기를 초래했다. 주택가와 달리 아파트 단지는 자동차로 이동하기 편리하다. 주택가는 주차 공간이 넉넉지 않아 주차된 차량을 빼서 어딘가를 다녀온 후 다시 주차하는 게 불편했다. 그래서 가까운 거리는 걷거나 자전거를 이용했다. 가구당 보유 차량이 많아지면서 아파트는 자동차 위주의 생활에 맞춰 주차와 이동이 편리한 구조로 단지를 조성했다. 최근에는 입주민의 보행 편의성을 위해 지상에는 사람만 다니고 자동차는 지하로만 다니게 설계한다. 그런데 이게 오히려 자동차의 진출입을 편리하게 도와서 사람들을 더 걷지 않게 한다. 예전에는 아이들이 공놀이하다 갑자기 뛰어들까 겁이 났지만 지금은 그럴 일이 없다. 집에서 엘리베이터를 타고 1층에 내려 걸어서 동네 상가를 가는 것보다, 지하 주차장으로 가서 차를 타고 마트와 백화점을 가는 게 심리적으로 더 편리하게 느껴진다. 세대가 많은 대단지 아파트일수록 이런 현상은 더 두드러진다. 아현시장의 배후에 3,900세대가 들어왔지만 이전 주택가가 있을 때보다 확연히 걷는 사람이 줄면서 아현시장에는 오히려 손님이 오지 않게 된 것이다.

아현시장은 골목경제가 소멸되는 양상을 대표적으로 보여주는 사례다. 서울을 비롯한 대도시는 물론, 전국의 중소 도시에서도 똑같은 과정이 나타난다. 조선시대부터 선통물천으로 불리며 사람과 상점과 일자리가 모여드는 말 그대로의 시장이 한순간에 무너지는 원인을 자본의 탓으로만 돌릴 수는 없다.

공공의 역할

경쟁력이란 상품과 서비스를 고객의 니즈에 맞추는 역량이다. 아이들이 좋아하는 반찬과 어른들이 좋아하는 반찬이 다르므로 우리 집에 오는 손님의 입맛 따라 반찬을 만들어내는 게 경쟁력이다. 경쟁력이 높다는 것은 고객에게 잘 맞는 상품을 만든다는 의미이며, 아무리 반찬을 잘 만드는 사람이라도 고객의 입맛에 맞지 않으면 경쟁력은 낮은 것이다.

그러므로 골목경제의 경쟁력은 주민의 생활에서 생겨난다. 어떤 사람들이 사는지, 집에서는 주로 무엇을 하는지, 부엌엔 어떤 주방 기기들이 있고 냉장고엔 어떤 음식과 재료들이 있는지, 몇 명의 식구가 식사는 어떻게 하며 식탁에 올라온 음식은 어디에서 어떻게 구매하는지에 따라 골목 가게들의 상품은 달라져야 한다. 주민의 생활에 잘 맞는 상품을 갖추고 제안하면 경쟁력은 높아지고, 상인이 팔고 싶은 상품을 고집하면 경쟁력은 떨어진다.

만약 공공이 아현시장을 위한 지원 정책을 내놓는다면 뭘 해야 할까. 아파트 입주민들의 생활상을 조사해서 그에 맞는 상품을 아현시장에서 만들게 하는 건 통제 불가능한 변수를 통제하려는 일이다. 그렇게 해서 주민의 니즈에 맞는 상품을 출시하는 게 공공이 잘하는 일도 아닐뿐더러 그 상품이 성공할지 아닐지는 아무도 모른다. 위험을 감수하면 안 된다는 의미가 아니라 실패에 따른 책임을 감당하는 건 결국 상인이기 때문이다. 경쟁력 제고는 상품 하나 잘 만든다고 되는 일이 아니다. 냉동 삼겹살을 팔던 고깃집에서 1등급 한우로 상품을 변경할 때 고기만 바꾼다고 경쟁력이 높아질까. 수저 세팅, 메뉴판, 테이블, 의자, 좌석 배치, 숯, 주방은 물론 직원들의 복장과 말투까지 바꿔야 한다. 공공이 과연 이 모두를 통제할 수 있을까.

공공의 최선은 변화된 주민의 생활에 대한 정보를 주는 일이다. 이건 개별 상인이 할 수 있는 일이 아니다. 생각보다 많은 돈이 들고 정보를 취합해서 분석하는 일은 고도의 전문성을 요한다. 상인은 이 정보를 바탕으로 자신이 스스로 결정을 하되 변화의 의지를 갖는 상인이 있다면 공공은 그때 그 상인의 변화를 도와야 한다. 공공이 변화의 동기나 환경을 제공할 수는 있지만 변화 그 자체는 상인의 몫이다.

공공이 통제 가능한 변수는 당초에 아파트 단지를 설계할 때 사람들이 걷는 길을 고려하도록 하는 일이다. 아파트에 사는 모든 사람이 자동차를 타고 다니지는 않는다. 지하철역과 버스 정류장에서 아파트까지 오가는 길을 걷고 싶은 거리로 만들어서 골목의 가게 앞으로 지나게 해야 한다. 검은 천막으로 씌운 '동굴'이 아니라 밝고 활기찬 길이어야 한다. 유모차도 어르신도 걷기 편한 길은 모두에게 좋은 길이 된다. 방범등 같은 백색 LED가 아니라 거리에 늘어선 상점들로부터 밝고 따듯한 빛이 나와서 지나는 사람

걷고 싶은 길을 만드는 건 공공의 역할이고, 길을 지나가는 사람을 잡는 건 상인의 역할이다. 공공이 반쪽밖에 통제할 수 없는 상인의 영역을 자신의 역할로 규정해서도 안 되고, 상인도 자신의 역할을 공공에 의존해서는 안 된다.

들에게 안심과 재미를 주어야 한다. 자동차로 다니는 것보다 더 즐겁고 쾌적해서 걷고 싶어지는 골목길을 만드는 게 공공의 역할이다.

걷고 싶은 길을 만드는 건 공공의 역할이고, 길을 지나가는 사람을 잡는 건 상인의 역할이다. 각자의 역할이 명확히 구분되어야 역할을 충실히 해야 한다는 의무와 책임도 생긴다. 공공이 반쪽밖에 통제할 수 없는 상인의 영역을 자신의 역할로 규정해서도 안 되고, 상인도 자신의 역할을 공공에 의존해서는 안 된다. 무엇보다 길을 만들고 관리하는 것은 공공의 고유 권한이며 공공이 온전히 통제할 수 있는 영역이다. 보통의 사람들이 살아가는 길을 자본의 논리로부터 지켜내는 것이 공공의 권한이고 책임이다.

디지털은 평등하지 않다

길은 평등하다. 누구나 두 다리를 이용해 길을 걸을 수 있다. 우리 국민 중 누군가 보행이 어렵다면 그들에게도 평등한 길을 보장하는 것이 국가의 의무이다. 길은 우리가 누릴 수 있고 누려야 하는 가장 평등한 권리다. 그러나 디지털은 모두에게 평등한 길을 제공하지 않는다.

코로나 사태가 터졌을 때 배달앱 문제가 불거졌다. 과다한 수수료와 경쟁적 광고비 지출로 음식점이 장사를 해도 남는 게 없다는 것이 문제의 쟁점이다. 배달앱이 불법적으로 성장한 것도 아닐뿐더러 그들도 엄연히 기업이기에 더 큰 수익을 내려 하는 건 지탄의 대상이 아니다. 공공과 언론, 음식점들이 지적하는 문제는 겉으로 드러난 수수료일뿐 수면 아래 있는 문제의 본질은 정보의 독점이다.

배달앱은 거래 당사자인 음식점과 주문 고객의 정보를 최대한 노출시키지 않는다. 고객이 음식점에 전화를 할 수는 있지만 '050'으로 시작되는 번호를 통해 간접 연결함으로써 배달앱을 거치지 않는 거래를 가로막는다. 고객의 정보는 개인정보 보호라는 명목으로 더 철저하게 가린다.

거래 정보를 독점 소유함으로써 음식점은 배달앱에 귀속될 수밖에 없다. 자신만의 고유한 장점을 살리지 못하고, 배달앱이 짜놓은 노출 순위 방식과 고객 리뷰에 의존해야 한다. 상점은 우선순위 노출을 위해 매월 수십만 원의 광고료를 지불한다. 최근에는 더 넓은 지역 범위에 노출되기 위해 소위 '깃발 꼽기' 전쟁으로 내몰려서 출혈 경쟁을 하고 있다.

이 같은 경쟁이 소비자 입장에서 나쁠 건 없다. 선택의 범위는 넓어지고, 배달 사고가 생겨도 피곤하게 업주와 싸우지 않아도 된다. 고객 리뷰 하나가 미치는 영향이 크기 때문에 음식점들의 서비스가 많이 좋아진 점도 있다. 3,000원 정도의 배달료가 부담스럽긴 하지만 몇 번 이용하다 보면 무감각해진다. 그러나 고객의 선택도 배달앱이 독점하고 있다는 점을 간과해서는 안 된다.

이런 얘기를 하는 나도 가끔 배달앱을 이용하는데, 얼마 전 배달앱에서 보지 못했던 동네 맛집을 발견했다. 젊은 청년이 하는 작고 이쁜 디저트 카페인데 커피와 스콘 맛이 일품이다. 커피 가격은 2,000원으로 이보다 더 착할 수 없다. 이 집은 최근에 생긴 내 취미 덕분에 발견하게 되었다. 책을 쓰다 글이 정리되지 않으면 무조건 밖으로 나가서 동네를 어슬렁거리는데,

평소 다니지 않던 골목을 다니다 보니 이 카페뿐 아니라 재밌는 가게 여러 곳을 알게 되었다. 집에 돌아와 배달앱에서 이 카페를 찾아보니 '카페 & 디저트' 카테고리 한참 밑에 있었다. 그 후로 동네에 후미진 골목을 다녀보니 미처 알지 못했던 이쁜 카페와 음식점들이 꽤 많이 생긴 것과 그 모든 가게들이 배달앱에서도 후미진 위치에 노출되어 있는 걸 알게 되었다.

배달앱은 거래 정보를 독점함으로써 동네가게들과 우리의 관계마저 독점하고 있다. 우리 동네 디저트 카페의 청년 사장과 내가 개인적인 얘기를 주고받은 것도 아니며 친분을 쌓은 것도 아니지만 서로의 존재를 알게 되었고 약간의 신뢰도 생겼다. 배달앱에 그 가게가 있어도 나는 5분을 걸어 그 집에 가서 테이크아웃으로 커피를 사온다. 배달비를 아끼겠다는 절약정신도, 배달앱을 사용하지 않겠다는 사명감도 아니다. 내가 마시는 커피는 단순히 커피 열매를 우려낸 물이 아니라 주인장의 열정과 그 집의 분위기이기 때문이다.

배달앱 문제가 불거지자 여러 지자체에서 공공 배달앱을 내놓기 시작했다. 그중에서 주목을 받았던 곳은 전라북도 군산시의 '배달의 명수'이다. 공공이 운영하는만큼 수수료가 0원이며 거래 당사자의 정보도 노출되어 있다. 이 앱을 이용하는 음식점 사장님들은 수수료를 내지 않는 대신 고객에게 서비스를 줄 수 있고, 단골 관리도 할 수 있는 것을 장점으로 꼽는다. 고객 입장에서는 '배달의 민족'이나 '요기요'와 크게 다르지 않은 서비스를 이용하면서도 실질적으로 더 저렴하게 음식을 즐길 수 있다.

디지털의 정보 독점은 배달앱만의 문제가 아니다. 네이버, 쿠팡, 마켓컬리, 11번가, G마켓 등 대부분의 쇼핑몰이 거래 정보를 독점하고 있다. 판매자에게 제공되는 데이터가 있긴 하지만 기초 정보에 한정되며, 마케팅에서 유용하게 사용될 수 있는 대부분의 정보는 쇼핑몰이 소유하고 관리한다. 판매자는 쇼핑몰이 요구하는 가격과 수수료, 광고 정책에 따를 수밖에 없으며 고객의 선택은 쇼핑몰이 제안하는 방향으로 흐르게 된다.

데이터 빈익빈 부익부

티셔츠를 사기 위해 온라인 쇼핑몰에 들어갔다. 다섯 개를 구경한 후에 한 벌을 구입했다. 우리는 그저 구경을 했고 결제 버튼을 눌렀을 뿐인데 쇼핑몰은 우리의 행동을 상세하게 알고 있고 데이터로 저장한다.

쇼핑몰이 가장 처음에 얻는 정보는 방문 경로다. 네이버에서 검색을 했는지 구글에서 했는지, 아니면 직접 주소를 입력하고 들어왔는지를 알 수 있다. 심지어 검색한 키워드가 '파란색 반팔 티셔츠'인지 '빨간색 반팔 티셔츠'인지 알고 있으며, '파란색'인지 '파랑색'인지도 알고 있다. 여러 사람의 검색 키워드를 모아서 분석하면 자신의 쇼핑몰을 찾는 방문자는 무엇을 원하는지 어떤 성향인지를 알 수 있다. 티셔츠만 판매하는 쇼핑몰이라면 최근의 티셔츠 트렌드를 알 수 있고, 11번가나 쿠팡 같은 종합 쇼핑몰이라면 전체 소비자의 트렌드를 알 수 있다.

쇼핑몰에 들어온 사용자는 마치 손바닥 위에 있는 것처럼 일거수일투족의 정보를 남긴다. 어떤 카테고리를 선택했고 몇 초 동안 스크롤해서 어떤 상품을 클릭했는지, 클릭한 상품 정보는 얼마나 탐독했고 몇 번째 상품에서 장바구니에 담았는지 등등을 수집한다. 이런 데이터를 모아서 고객의 클릭을 유도하기 위해 사용한다. 어떤 사진을 어디에 배치해야 하고, 상품명의 길이와 단어 성향은 어떤 것이 좋은지를 추출해서 활용한다.

이런 정보 전체를 취합한 후 '데이터마이닝Data Mining'을 통해 마케팅 전략

데이터의 양이 많을수록 더 정교하고 개인화된 전략을 수립할 수 있다. 돈이 많을수록 더 많은 정보를 얻을 수 있고, 더 많은 정보를 얻을수록 더 많은 돈을 벌 수 있다. 데이터가 곧 자본이다.

에 반영한다. 'Mining'에서 알 수 있듯 많은 데이터 가운데 숨겨진 유용한 상관관계를 발견한다는 뜻이다. 우리는 그냥 삼겹살이 먹고 싶어서 구매했을 뿐이지만 쇼핑몰은 이런 정보 전체를 모아서 전략적 인사이트를 찾는다. 30대 여자 전체의 구매 데이터와 삼겹살 구매자 전체의 데이터를 취합해 보면, 30대 여자에겐 어떤 상품을 제안해야 할지 알 수 있고, 거꾸로 상품을 출시할 때 누구에게 어필하면 좋을지 알 수 있다.

데이터의 양이 많을수록 더 정교하고 개인화된 전략을 수립할 수 있다. 소비자 조사를 100명을 대상으로 하는 것과 10만 명을 대상으로 하는 것의 차이와 같다. 쇼핑몰에서 구매를 하든 하지 않든 데이터는 쌓이면 쌓일수록 기업에 유리하다. 그래서 대기업이 수천억 원을 쏟아부어 데이터를 저장하는 서버Server를 늘리고 데이터 분석 전문 소프트웨어를 구매하는 것이다. 돈이 많을수록 더 많은 정보를 얻을 수 있고, 더 많은 정보를 얻을수록 더 많은 돈을 벌 수 있다. 데이터가 곧 자본이다.

노동 없는 데이터

최근에 새벽배송이 많아지면서 택배 노동자에 대한 관심도 커지고 있다. 모든 사람이 잠든 새벽에 고생하는 그분들의 권리도 중요하지만 새벽배송이 그분들의 노동으로만 가능한 것이 아님을 알아야 한다. 새벽배송은 데이터 과학의 집합체인 인공지능 덕분에 가능하다. 우리가 쇼핑몰에서 상품을 구매하면 보통의 경우는 쇼핑몰의 물류 창고가 아니라 상품 판매자의 창고에서 배송을 시작한다. 예를 들어, 쿠팡에서 티셔츠를 사면 쿠팡 물류 센터가 아니라 쿠팡에 입점한 기업의 창고에서 택배를 보낸다. 새벽배송 상품은 이와 달리 쿠팡의 물류 창고에서 배송을 시작한다. 빅데이터를 통해 날씨, 계절, 요일 등을 고려해서 해당 시기에 어떤 상품이 많이 판매될지 예측하고, 그런 상품들을 미리 자사의 물류 센터에 입고해 놓기 때문에 빠른 배송이 가능해진다.

쇼핑몰 운영에서 물류 창고는 핵심 기능 중 하나다. 그러나 그 안에서 일하는 노동자는 몇 년 안에 한 명도 남지 않을 것이다. 세계 최대 쇼핑몰인 아마존은 미국 내 110개 창고에서 12만 명이 일하고 있으나 전 세계 물류 창고에서 이미 10만 대의 로봇 직원이 일하고 있다. 앞으로 10년 내에 완전 무인 창고와 드론을 이용한 무인 배달을 완성시키려고 한다. 데이터가 대체하는 노동은 물류 창고와 배송에만 있지 않다. 온라인 쇼핑몰 의존도가 높아질수록 오프라인 상점과 판매원이 사라지고, 배달 음식점이 늘어날수록 식당의 일자리도 사라진다.

디지털의 흐름을 어찌 거스를 수 있겠는가. 그러나 코로나 이후의 경제 회복을 디지털에 올인하고 있는 정부와 지자체들은 빅데이터의 그림자를 알고 있을까.

디지털 욕쟁이 할머니

공공은 과거에 대형마트가 골목경제를 잠식할 때처럼 또다시 골목경제를 디지털 경제와 같은 방향으로 데려가려 한다. 골목경제에 대형마트의 강점을 구현하려고 주차장을 짓고 아케이드 지붕을 씌우고 매대를 바꿔봤지만, 오히려 사람들에게 대형마트가 더 좋은 곳임을 알려주는 결과를 낳았다. 지금의 디지털 정책은 욕쟁이 할머니집에 터치스크린 주문 시스템을 놓으려는 것과 같다. 디지털에 이기려는 싸움이 아니라, 디지털에 지지 않는 구조를 만드는 게 공공의 역할이다.

데이터 없는 디지털은 없다

디지털의 핵심은 데이터다. 골목경제에 디지털을 구현하려면 키오스크 갖다 놓고 온라인 쇼핑몰을 만들 게 아니라 골목경제가 싸울 수 있는 데이터라는 무기를 제공해야 한다. 다만 대기업들과 똑같은 데이터를 줄 게 아니라 그들과 상충관계의 구조를 가질 수 있도록 해줘야 한다.

대기업과 쇼핑몰은 방대한 양의 데이터를 모은 후 그 안에서 유용한 값을 채굴하는 방식으로 운영된다. 빅데이터를 통해 소비자와 시장의 큰 흐름은 잡을 수 있으나 반대로 동네 단위의 미시적인 데이터는 구축할 수 없다. 대기업은 효율성을 추구하기 때문에 로컬 단위로 세분해서 데이터를 구축하고 활용하지 않는다. 그러나 공공이 가진 로컬 데이터는 대기업도 가질 수 없는 것이거나 공공이 더 양질로 구축할 수 있는 것들이 많다.

제로페이 관련 데이터가 대표적이다. 제로페이를 사용하는 우리 동네 주민들의 구매처, 구매 상품, 사용 금액, 사용 시간대 등은 동네가게들에게 마케팅 기초 정보가 될 수 있다. 연령대별 또는 성별로 주요 구매처와 상품을 분석할 수 있으며, 주요 사용 시간대를 분석하면 타임 세일을 언제하면 좋을지도 알 수 있다. 통계청이나 동사무소에서 운용하는 인구 데이터라면 더 세밀한 정보를 제공할 수도 있다. 동네에 1인 가구가 얼마나 되는지,

1인 가구가 많은지 3인 가구가 많은지를 알 수 있다면 그에 따른 상품 구성을 제시할 수 있다. 아이들 또는 어르신에 관련된 돌봄 수요 또한 매우 중요한 마케팅 데이터가 된다. 공공이 소유한 데이터가 아니라면 예산 지원을 통해 구축할 수도 있다. 대표적으로 이동 통신사에서는 유동인구와 관련된 데이터를 구매할 수 있고, 신용카드사의 데이터도 유용하게 사용할 수 있다. 핵심은 동네 단위의 데이터이고 그 위에 소비자 데이터를 얹어서 조합해서 활용하면 된다.

물론 동네가게의 상인들에게 디지털과 데이터는 매우 낯설다. 더군다나 데이터를 기반으로 마케팅을 하라는 건 지나치게 이상적인 얘기다. 그러나 욕쟁이 할머니집에 키오스크를 놓을 바에야 데이터 활용법을 가르치는 게 더 낫다. 우리는 귀에 딱지가 앉을 정도로 "물고기를 잡아주기보다 낚시하는 법을 가르치라."는 교훈을 들어왔다. 처음에는 낯설지만 성공 사례가 나오면 주변 상인들은 자연스레 따라 할 것이다.

디지털은 목적 없는 도구다

연필은 그 자체로 목적을 지니고 있지 않다. 어떤 사람은 연필로 그림을 그리고 어떤 사람은 글을 쓴다. 도구의 목적은 도구를 쓰는 사람의 용도에 달려 있다. 디지털도 마찬가지다. 디지털 자체를 목적으로 생각해서 디지털만 확산하려는 생각에 매몰되면 아무것도 이룰 수 없다.

전 세계에는 학습 환경이나 기회가 부족해 문맹에 이르는 2억 5,000만 명의 아동이 있다. 2014년, 세계 최대 비영리 벤처 재단 'XPRIZE'는 이 문제를 해결하기 위해 '글로벌 러닝 엑스프라이즈Global Learning Xprize'라는 경진대회를 열었고, 일론 머스크Elon Musk가 1,000만 달러를 기부했다. 경진 대회의 운영 방식은 간단하다. 개발 도상국의 아이들이 태블릿 기기를 활용해 보고 스스로 읽기, 쓰기, 셈하기를 익힐 수 있도록 해주는 소프트웨어에 총상금 1,000만 달러를 준다. 우승자 선정은 전문가들로 구성된 심사 위원이 하는 게 아니다. 탄자니아에서 실제 아이들을 대상으로 테스트를 해서 가장 효과가 좋은 소프트웨어를 선정한다. 5년 동안 이루어진 대회에서 한국의 '에누마 소프트'가 공동 우승을 하며 500만 달러의 상금을 받았다. 이 회사의 창업자는 장애 자녀를 둔 부부이며, 두 사람 모두 게임 개발자 출신이다.

골목경제에 디지털이란 도구를 사용하는 방법도 이와 같다. 앞에서 언급한 로컬 데이터를 활용하면 동네 사람들이 당면한 생활의 문제를 발견할 수 있다. 공공은 이런 문제를 명확히 정의하고 제시해서 디지털 기술을 가진 기업과 동네 상인들의 협업을 조건으로 해결책을 공모할 수 있다. 따라하는 게 자존심 상하기는 하지만, XPRIZE처럼 실제 동네에서 테스트를 거쳐 효과성을 검증한 후 우승자에게 상금도 주고 다른 동네로 확산될 수 있는 채널도 제공해 준다. 동네마다 이런 경진 대회가 열려서 생활에 밀접한 주제가 제시된다면 주민 참여도 이끌어낼 수 있고, 디지털 기업에게는 새로운 판로가 제공되기도 한다. 이것 역시 현실적으로 많은 난관이 있겠지만 욕쟁이 할머니가 온라인 쇼핑몰을 오픈하는 것보다는 현실적이다.

무너지지 않을 구조

프랑스인은 매년 60억 개의 바게트를 먹는다고 한다. 인구 1인당 평균 100개쯤 되는 양이다. 100년 전에는 1인당 하루 빵 소비량이 1kg에 가까웠는데, 먹거리가 다양해진 최근에는 125g 정도로 줄었다고 한다. 게다가 대형마트에서 이스트로 반죽해 냉동한 빵을 오븐에 구워 싸게 판매하면서, 전통적인 방식의 천연 발효 바게트와 동네 빵집은 점차 설 자리를 잃어가고 있었다.

> 디지털은 동네를 지키는 상인들에게 넘지 못할 장벽이 될 수 있다. 공공의 역할은 모두가 디지털 도구를 갖도록 돕는 게 아니라, 누구나 디지털 도구 없이 살아갈 수 있는 경제구조를 지켜내는 것이다.

1993년, 프랑스 정부는 제빵사들과 함께 전통 방식을 지키는 동네 빵집을 위해 '프랑스 전통 바게트 법'을 만들었다. 어떤 화학 첨가물도 넣지 않고 오직 자연 발효만을 거쳐 만든 바게트에만 '블랑제리boulangerie'라는 말을 쓸 수 있도록 했다. 이로써 대형마트는 블랑제리라는 말을 쓸 수 없게 되었고 장인의 정성이 들어간 빵집들만 블랑제리라고 할 수 있게 되었다. 이와 더불어 파리시는 매년 블랑제리 대회를 열어 우승자에게는 엘리제궁에 1년간 바게트를 납품할 수 있도록 했다. 파리에 살았던 지인의 얘기를 들어보니, 블랑제리 제도 이후 공장에서 대량생산한 바게트는 사라지고 블랑제리 빵집만 남은 건 아니라고 한다. 다만 여전히 동네마다 블랑제리가 있고 좋아하는 사람들이 즐겨 찾는 가게라고 한다.

비대면 디지털 시대가 열린다고 해서 모두가 디지털을 해야 하는 건 아니다. 오히려 욕쟁이 할머니집처럼 디지털이 흉내조차 낼 수 없는 가치도 있다. 디지털은 동네를 지키는 상인들에게 넘지 못할 장벽이 될 수 있다. 디지털의 핵심인 빅데이터는 그들이 갖기 힘든 자산이며 누구에게나 평등한 기회를 제공하지 않는다. 공공의 역할은 모두가 디지털 도구를 갖도록 돕는 게 아니라, 누구나 디지털 도구 없이 살아갈 수 있는 경제구조를 지켜내는 것이다. 이것이 손자병법에서 말한 "이길 수는 없어도 지지 않을 수 있는 전략"이다.

10원을 위해 10리를 가는 사람

골목경제를 살리기 위한 공공의 역할 중 가장 어려운 부분이 상인의 변화다. 공공이 아무리 좋은 수단을 제공하더라도 결국 적용하고 실행하는 몫은 상인에게 있다. 소상공인 관련 사업을 하는 사람들은 아무리 교육을 하고 설득을 해도 상인은 변하지 않는다고 푸념한다. 나 역시, 신창시장 컨설팅과 서울시청 일을 하며 이 말에 공감했다. 그러나 곰곰이 생각해 보면 이 말은 반만 맞다. 상인이 변하지 않는 게 아니라 사람이 원래 잘 변하지 않는다.

신창시장 사업 1년차에 야심차게 추진했던 사업이 유니폼 제작이었다. 시장 상인들은 품목에 따라 활동하기 편한 평상복을 입고 장사를 한다. 복장을 깔끔하게 관리하는 상인도 있지만, 대체로 등산복이나 티셔츠를 입고 앞치마나 조끼를 두른다. 유니폼 제작 사업을 한 이유는 사람은 어떤 옷을 입는지에 따라 행동이 달라진다는 믿음이 있었기 때문이다. 추리닝에 슬리퍼를 신었을 때와 잘 다려진 정장을 입었을 때, 나도 모르는 사이 행동이 조금씩 변화하기 마련이다.

전통시장 사업 사례를 공부해 보니 유니폼 제작에 많은 시도가 있었지만 거의 모두 실패였다. 나는 그 원인을 품목별로 상인의 활동 특성을 고려하지 않았기 때문이라 생각했다. 예를 들어, 생선가게는 물을 많이 다루다 보니 방수가 되는 비닐 앞치마를 입고, 채소 가게는 동전 거스름돈을 많이 주기 때문에 조끼나 앞치마에 동전 주머니가 있다. 이런 특성을 반영하지 않고 일괄적으로 유니폼이나 티셔츠를 제작해서 상인들이 입지 않았다고 생각했다.

우리는 똑같은 실수를 하지 않기 위해 청년 봉제 제작자들과 함께 품목별로 상인의 행동과 장사할 때의 특성을 연구했다. 적용 범위도 티셔츠로 한정하지 않고 앞치마, 모자, 티셔츠, 조끼 중에 하나 이상을 조합해서 적용하기로 했다. 품목은 공산품, 자연식품, 과일, 채소, 가공식품, 즉석식품, 수산, 정육 등 여덟 개로 나누어 손님도 쉽게 품목을 알아차릴 수 있도록 했다.

유니폼 디자인에는 네 가지 전제 조건도 있었다. 방수와 땀 배출, 사이즈 등이 상인의 활동에 적합한 '활동성', 입고 벗기 편리하며 착용 시 무게감이 없는 '착용성', 때가 잘 안 타거나 세탁이 쉬운 '관리성', 품목별 특성을 고객이 인지하기 쉬운 '디자인'을 고려했다. 상인의 활동 특성을 연구하기 위해 영상 촬영도 하고, 상인들의 요구를 반영하기 위해 인터뷰도 수차례 했다. 1차, 2차 두 번의 샘플을 제작해서 상인들의 피드백을 받은 후에 완성품을 제작했고, 상점당 두 벌 이상을 배포해서 늘 깔끔하게 입을 수 있도록 했다.

유니폼 제작에는 1개월이 채 안 걸렸지만 기획 기간에만 5개월이 걸렸다. 심혈을 기울여 제작하고 배포했는데 결과는 참담했다. 처음 일주일은 여든 명 중 절반이 입었고, 한 달이 지나자 그나마도 여든 명에서 다섯 명으로 줄었다. 그중 한 명은 자신이 두르던 앞치마가 더러워져서 버리려던 차에 새 유니폼이 생겨서 입었던 거였다.

공부하는 상인

유니폼 제작 사업이 상인의 변화를 간접적으로 추구하는 것이었다면, 상품개발 자문 사업은 코칭을 통해 직접적으로 상인의 역량을 제고하는 데 주안점을 두었다. 상인이 새롭게 상품을 개발하거나 기존 상품을 업그레이드 하고 싶을 경우, 컨설팅을 해주고 후속적인 상품 개발도 지원해 주는 방식이었다. 처음 사업 계획을 세울 때는 신창시장의 아흔 개 상점 중 절반 이상이 신청할 줄 알았는데 신청서를 배포했음에도 아무 반응이 없어서 당황했다.

상인회장님과 상의한 끝에 상인회 총무를 맡고 계시던 두부 가게 사장님이 시범적으로 먼저 해보겠노라 하셨다. 마침 두부 가게가 시장 맨 끝에 있어서 나는 다른 상인들 보란듯이 뻔질나게 그 가게를 드나들었다. 다른 상인들의 질투를 유발해서 후속적으로 참여를 확대하려는 의도였다. 하루에도 서너 번씩 갔고, 한번 가면 30분 이상 사장님과 나란히 두부 가게에 앉아 있었다.

사장님은 하루 열다섯 판 정도로 잘 팔리는 두부 외에 다른 상품으로도 매출을 늘리고 싶어 했다. 상품의 확장은 주력 상품을 매개로 하는 게 좋아서 콩을 재료로 하는 상품을 고르다가 콩고기의 판매량을 올려보기로 했다. 당시에 콩고기는 한 달에 한두 개 정도 판매되고 있었지만 건강식이라는 점을 잘 어필하면 가능할 듯싶었다.

처음에 콩고기는 매대 끝 구석진 곳에 진열돼 있었는데 손님의 시선을 끌기 위해 두부 옆으로 자리를 옮기고 메주와 함께 진열했다. 그런 후 두부를 사러 온 손님들의 시선을 체크했다. 가게에서 제일 잘 팔리는 두부 바로 옆에 있었지만 아무도 쳐다보지 않았다. 그 다음엔 콩고기로 만든 음식 사진을 걸어놓았는데 역시 반응은 없었다.

이 과정에서 두부 가게 사장님께 내가 무엇을 하고 있는지 알려드렸다. 매대에 있는 상품의 위치를 왜 바꾸는지, 왜 시선을 끌어오는 게 중요한지를 알려드렸고, 계속 가게 안에만 있지 말고 가게 밖 손님의 위치에서 매대

신창시장 두부 가게의 콩고기와 두부 가게 사장님의 기록

를 바라보는 법도 알려드렸다.

매일 가던 두부 가게를 사정이 있어 하루 건너뛰고 갔더니 사장님이 내게 쪽지를 하나 보여주었다. 본인이 상품 위치를 바꿔가며 사람들이 쳐다보는지 안 보는지를 기록한 종이였다. 드디어 상인이 스스로 학습하기 시작했다는 점이 나를 흥분시켰다. 이 사업의 표면적인 목표는 상품 개발이었으나 실제 목표는 상인 역량 제고였기 때문이다. 몇 가지 지식을 알려드리는 것보다 상인이 스스로 공부하고 연구하는 습관이 생기는 게 더 의미 있는 변화였다.

그 뒤로부터 우리는 더 많은 대화를 하며 여러 가지 시도 끝에 두부와 콩고기의 원료가 되는 콩을 보여주기로 했다. 처음에는 아크릴 상자에 콩을 깔고 그 위에 콩고기 몇 개를 올려놓았다. 반응은 곧바로 왔다. 두부를 사러 온 손님들이 "이게 뭐예요?"라고 묻기 시작했다. 시선 끌기에는 성공했으니 상품을 더 돋보이게 하기 위해 나무 상자를 짜서 그 위에 콩고기와 메주, 순두부 등을 올려놓았다. 그때는 추석 연휴가 지난 10월 말이어서 시장에 손님이 별로 없었는데 한 달에 한두 개 나가던 콩고기가 하루에 서너 개

두부 가게 콩고기 진열

씩 팔렸고, 원래 주력 상품이던 두부도 덩달아 판매량이 올랐다.

그리고 원래의 의도대로 이 광경을 지켜보던 다른 상인들도 상품 개발 자문을 요청하기 시작했다. 드디어 신창시장에 변화의 물결이 일어나기 시작했고 내가 그걸 해냈다는 사실에 매우 기뻤다. 그러나 그 기쁨이 착각이고 오만임을 깨닫는 데 일주일이 채 걸리지 않았다. 후속적으로 신청한 상인들은 두부 가게 사장님처럼 공부하기를 거부했다. "복잡하니까, 그냥 알아서 저 가게처럼 이쁘게 매대를 꾸며줘요."라고 했다. 상인의 변화는 또 실패로 돌아갔다.

변화의 동기

참담하고 원망스런 마음으로 시장 한 구석에 앉아 있는데 평소 친하게 지내던 사장님이 믹스 커피 한 잔을 건네며 옆에 앉았다. 그때 그분의 조언이 이후에 상인을 대하는 나의 가장 중요한 태도가 되었다. "상인은 10원의 이익을 위해 10리를 가는 사람입니다." 상인의 모든 생각과 행동의 동기에는 이익이 전제되어 있다는 의미였다. 너무 당연한 사실이었는데, 나는 그것을 간과하고 제시하지 못했음을 깨달았다.

심리학자인 프로차스카Prochaska와 디클레멘트DiClemente는 사람이 행동 변화를 일으키는 데 일정한 단계를 거친다는 '행동 변화 단계 모델'을 제시했다. 사람의 행동 변화는 먼저 자신의 문제를 자각하지 못해서 변화의 동기가 없는 '심사숙고 전 단계'로 시작한다. 이후에 어떤 계기를 통해 문제를 인식하는 '심사숙고 단계'를 거쳐, 변화를 결심하고 실행에 옮기는 '준비 단계'로 접어든다. 그리고 변화를 위한 행동을 실천하는 '실행 단계'와 변화를 통해 얻은 이익을 유지하고 강화하는 '유지 단계'로 변화가 마무리된다.

유니폼 개발과 상품 개발 자문 사업은 상인에게 변화의 동기는 제시하지 못한 채 곧바로 실행 단계를 요구했던 것이다. 하다못해 "이렇게 하면 장사가 더 잘될 거예요."라는 말조차 하지 않았었다. 당연히 상인은 원래의 옷을 입고 장사를 하는 게 더 편했고, 연구는 하지 않고 매대만 이쁘게 바꾸면 된다고 생각했을 것이다.

돌이켜보면 군것질데이의 성공은 운 좋게 얻은 결과였다. 나는 상인들에게 동기를 제시하지 못했지만 상인들 스스로 장사의 재미라는 동기를 느꼈을 것이다. 옆 가게에 하루 종일 드나드는 손님을 보면서 장사하는 맛이 부러웠을 테고, 자신의 가게는 그렇지 못한 현실을 자각했을 것이다.

공공의 역할은 가게 앞까지

정부나 지자체에서 하는 교육, 컨설팅, 금융, 판로 개척 등은 행동 변화의 '준비 단계'나 '실행 단계'에서 적용되어야 그 효과성이 발휘된다. 즉, 상인에게 동기가 없다면 이런 사업은 효과성이 떨어지거나 상인의 다른 목적에 활용되기 쉽다. 그러므로 공공의 역할은 상인들에게 변화의 동기를 심어주는 것에 중점을 둬야 한다.

신창시장 상인의 조언 이후에 나는 상인들과 대화를 할 때 '우리의 역할은 가게 앞까지'라는 말을 자주 한다. "가게 앞에 지나는 사람을 지금보다 더 많이 늘리는 것이 공공의 역할이며, 그 사람들을 가게 안으로 데려가는 건 상인의 몫입니다." 이렇게 역할을 명확히 구분해야 각자의 할 일이 명확해지고 협력이 더 잘된다. 상인은 장사에 능하다는 점을 믿어야 한다. 상인은 가게 앞에 유치원생이 많이 다니면 캐릭터 빵을 만들고, 어르신이 많이 다니면 소화 잘되는 빵을 만든다. 가게 앞에 지나는 사람들 자체가 상인에게 변화의 동기가 된다. 10원의 이익을 위해 10리를 가는 사람이다.

3부

길 위의 작은 경제

“꽃과 나무로 가게 앞을 가꾸라.
지나는 사람들이 매일 변화를 느낄 것이며
계절을 알리는 식물이 제철 과일과 채소를 생각나게 한다.
꽃이 없으면 입간판에 매일 주인의 얼굴을 그려라.
사람이 제일 아름다운 꽃이며
동네 장사는 얼굴로 하는 것이다.
동네 친구를 만들어주어라.
결국 그 사람과 찾을 곳은 동네가게다.
동네 청년들에게 일자리를 내주어라.
가게를 밝게 하며 그의 친구들이 올 것이다.
동네 꼬마들에게 과자와 사탕을 나눠주어라.
당신의 표정이 밝아질 것이며
그 아이들의 부모와 그 친구까지 올 것이다.”

07

왜 경제가 작아야 할까

가난한 선택의 굴레

코로나 사태가 장기화되자 정부와 전국 지자체는 소상공인과 취약계층을 위해 여러 차례에 걸쳐 수십조 원의 금융지원을 했다. 금융지원이란 표현이 참 멋지지만 당사자에게는 언젠가 갚아야 할 대출금이다. 그래도 그게 어디인가 싶지만 신용도가 낮은 사람은 대출마저도 받지 못했다.

그나마 신용도가 좋았던 자영업자도 거듭되는 대출로 신용한도가 꽉 차면서 더 이상 돈을 빌릴 수도 없게 되었다. 결국 금융지원으로 풀린 저금리 자금은 신용도가 좋은 사람의 통장으로 들어갔다.

위기는 기회라고 했던가. IMF 외환 위기 전후로 소득 상위 20%와 하위 20%의 수입 격차는 3.97배에서 4.78배로 늘어났고, 2008년 금융 위기에는 5.93배에서 6.11배로 늘어났다.[19] 코로나 사태는 비대면의 특수성까지

더해져 그 격차는 더 벌어질 전망이다. 정부, 언론, 전문가들은 코로나 이후에 'K자 양극화'를 보일 것이라고 한다. 대기업과 고소득층이 가진 비대면 산업은 가파른 상승세를 보이고, 전통적인 대면 산업에 속한 저소득층은 회복하기 힘든 길을 걷게 될 것이라는 메시지다.

가난한 선택

나는 겨울에 먹는 호떡을 좋아한다. 따듯한 달달함이 입안에 들어올 때의 아늑함이 좋다. 신창시장 지원사업을 할 때 사무실 바로 앞에 호떡 파는 할머니가 계셨다. 그 앞을 지나다가 할머니와 눈이 마주치면 늘 방긋 웃으시며 호떡 하나 먹고 가라며 손짓하셨다. 하나를 얼른 집어 먹고 돈을 내려면 시장 살리느라 고생하는데 어떻게 돈을 받냐며 한사코 거절하셨다. 일부러 호떡을 좋아하지 않는 사무실 직원들 것까지 잔뜩 샀다. 2년간 사업을 하면서 그 할머니를 도울 방법은 그것 외에 없었다. 그 가게는 한겨울에도 비닐 천막 하나 두르고 장사를 하는 노점이었다. 공공의 예산은 한 푼이라도 불법 노점을 위해 사용해선 안 된다. 그게 이 나라의 법이다.

신창시장의 어떤 가게는 우리의 사업에 적극적으로 참여했다. 쿠폰 이벤트를 하면 자기네 손님에게 하나라도 더 챙겨주려 했고, 군것질데이를 하는 날엔 매번 10만 원 넘는 매출을 올렸다. 그 집에서 파는 번데기가 얼마나 맛있길래 사람들이 줄을 서나 싶어 맛 좀 보자고 했더니 한 컵에 1,000원이라며 돈을 내라고 했다. 그 집은 원래 억척스럽게 장사를 잘했는데 나중에 알고 보니 서울에 아파트 두 채를 갖고 있었다.

거의 모든 사업에 참여하지 않는 가게도 있었다. 장사가 잘 안 되는 곳이라서 지원사업을 주관하는 입장에서 그런 가게들의 참여가 절실했다. 매번 찾아가서 설명하고 설득해도 통명스런 반응만 보였다. 이웃 상인들과 교류도 별로 없고 오로지 자신이 해왔던 방식을 고수했다. 야속하기도 했지만 한편으론 그렇게 꾸준하고 성실한 분들의 장사가 잘되기를 바랐다. 칠순 가까운 어머니와 마흔 넘은 아들이 하던 그 가게는 결국 월세도 감당하기 힘들게 되어 가게를 내놓고 말았다.

가난은 선택이 아니지만 선택은 가난할 수 있다. 우리의 삶이 계속 똑같은 결과를 낳는 것은 우리가 선택했던 방향이 똑같았기 때문이다. 가난을 벗어나려면 선택의 방향을 바꿔야 한다.

아흔 개의 상점 안에서도 빈익빈 부익부는 일어나고 있었다. 장사 잘하는 사람은 새로운 시도를 통해 더 나은 방법을 만들고 주어진 기회를 적극 활용한다. 그렇지 않은 사람은 귀를 닫고 자기 장사만 한다. 어떤 사람은 자기 돈 안 들이고 재산을 불려가고, 어떤 사람은 밥상을 차려놔도 탐내지 않는다. 무엇이 옳은지 나는 모르겠다. 어떤 사람은 현명하게 변화하고 어떤 사람은 미련하게 지킨다. 무엇이 우리가 지켜야 할 가치인지 나는 모르겠다.

가난은 선택이 아니지만 선택은 가난할 수 있다. 무엇이 옳은 일인지는 모르겠으나 지금의 가난을 벗어나고 싶다면 선택의 패턴을 바꿔야 한다는 점은 분명하다. 우리의 삶이 계속 똑같은 결과를 낳는 것은 우리가 선택했던 방향이 똑같았기 때문이다. 가난을 벗어나려면 선택의 방향을 바꿔야 한다.

경제구조의 전환

매번의 위기마다 공공의 선택 방향은 같았다. 중산층과 저소득층, 소상공인과 고용 취약계층의 위기 극복을 위해 일시적인 구제 방안을 내놓았다. 당장 시급한 몇 곳을 선정해서 막대한 예산으로 땜질을 했다. 심화되는 격차를 줄이기 위해서는 구조적 전환이 필요하다.

코로나 이후 공공의 선택은 디지털 경제다. 디지털은 모두에게 공정한 기회를 주지 않는다. 지식의 한계도 존재하고 디지털의 핵심인 빅데이터는 아무나 가질 수 없다. 가난하면서 신용도가 높은 사람에게 대출을 해주겠다는 것과 다를 바가 없다. 'K자 양극화'가 우려되는 상황에서 디지털 중심의 경제 회복을 추진한다면 그들을 낙오시키는 결과만 낳게 된다. 많은 마케팅 전문가들은 디지털 시대가 와도 오프라인만이 가질 수 있는 강점이 있다고 말한다. 온 세상이 디지털을 잡아먹을 수도 없고, 디지털로 갈수록 휴머니티Humanity는 더 도드라질 수밖에 없다.

신창시장의 호떡집 할머니는 법으로 허용되지 않는 노점을 할지언정 누구보다 성실하고 탐욕 없이 자신의 길을 지켜내고 있다. 그러나 할머니는 신용도가 낮아서 소외되고 디지털을 따라가지 못해 낙오될 수밖에 없다. 우리 사회가 성실함에 기회를 주지 않는다면 우리가 지켜야 할 가치는 무엇인가. 큰 흐름과 위기 속에서 이런 작은 가치를 지켜내고 이들도 더 나은 선택을 할 수 있는 환경을 만드는 게 공공의 역할이다.

인라인스케이트 타는 형제

변화의 시기에 누군가는 앞설 수 있고 또 누군가는 뒤처질 수 있다. 뒤따르는 사람은 용기를 내야 하고 앞서는 사람은 뒷사람의 실패를 품을 수 있어야 한다. 아주 오래 전, 동네를 걷다 인라인스케이트 타는 초등학생 형제를 보았다. 형은 운동화를 신고 앞서 걸었고 동생은 스케이트를 타고 엉금엉금 발을 디뎠다. 그때 형이 동생을 향해 뒤돌아서 말했다.

"넘어져도 괜찮아. 한 발 한 발 디뎌."

보편적 수단, 보편적 경제

"여러분은 공존을 선택했습니다. 그리고, 여러분은 숨 쉬는 파리를 선택했고 지속가능하며 누구도 소외시키지 않는 파리를 선택한 것입니다."

2020년 6월, 프랑스 파리시의 안 이달고Anne Hidalgo 시장이 재선에 성공한 후 했던 말이다. 안 이달고 시장의 핵심 공약은 "노상 주차장의 단계적 폐지, 시내 차량 속도 30km 제한, 자전거도로 대폭 확대, 시내 콘크리트 면적만큼 녹지 조성"이었다. 자동차 대신 자전거를 선택하고, 걷기 좋은 도시를 만드는 정책이 어떻게 '누구도 소외되지 않는 파리'를 만드는 일일까. 파리시뿐만 아니라 미국 뉴욕과 포틀랜드, 이탈리아 밀라노, 독일 뮌헨, 스페인 바르셀로나, 노르웨이 오슬로 등 세계적인 도시들이 자전거와 보행 친화 도시를 만드는 이유는 뭘까.

첫째는 모두 알고 있듯이 기후변화 대응 방안이다. 운송 수단별 1인당 탄소 배출량을 비교하면 비행기는 km당 380g, 중형차는 150g, 기차는 40g을 배출한다. 전기차 중에도 화석연료를 사용하면 100g, 대체에너지를 사용하면 7g을 배출한다. 국가별 탄소 배출 비율을 보면 1위 중국은 전 세계 배출량의 27.2%를 차지하고, 2위 미국은 14.6%를 차지한다. 프랑스는 1%, 이탈리아 1%, 독일은 2.2%를 차지한다. 참고로 한국은 1.7%다. 보행 친화 도시로 만드는 이유를 기후변화 대응으로만 한정 짓기엔 부족한 면이 있다. 대체에너지를 쓰는 전기차는 탄소 제로에 가깝기 때문에 걷기 좋은 길을 만드는 게 아니라 전기차를 확대하는 방법도 있으니 말이다.

둘째는 보행과 자전거가 보편적 이동수단이기 때문이다. 모든 시민이 자동차를 가질 수는 없지만, 모든 시민이 걸을 수는 있다. 누구나 자신의 자동차로 이동할 수 없는 문제를 국가가 해결해야 하는 건 아니지만, 누구나 자유롭고 안전하게 길을 걷지 못하는 문제는 국가가 마땅히 책임져야 할 일이다. 보행은 모두에게 평등한 권리이며 누구도 소외시킬 수 없는 공공의 역할이다.

이런 관점에서 교통수단 분담률을 살펴보자. 뉴욕, 런던, 파리, 도쿄 등은 승용차, 버스, 지하철, 자전거, 도보까지 교통수단에 포함하고 있으나, 서울은 도보와 자전거에 대한 통계가 없다. 어쨌든 서울은 자동차 23.1%, 버스와 지하철이 65.6%를 차지한다. 파리는 자동차 9.9%, 대중교통버스와 지하철 등 31.8%, 도보는 52.3%를 차지한다.[오른쪽 그림 참조] 당연한 말이지만 자동차는 주로 소득이 많은 사람이 이용한다. 우리나라 연평균 가구 소득 7,200만 원 이상인 집은 모두 자동차를 소유하고 있지만, 소득이 적을수록 자동차 보유율도 떨어진다.

우리가 당연하게 받아들이는 사실을 뉴욕과 파리 같은 도시들은 당연하게 생각하지 않는 듯하다. 자동차를 타는 사람보다 길을 걷는 사람이 절대 다수임에도 불구하고 왜 인도보다 도로가 더 넓은 면적을 차지해야 하는지, 왜 보행 시설보다 도로 시설에 공공 예산이 더 많이 쓰여야 하는지 묻고 있다. 자동차 위주의 정책은 소수에게 혜택이 돌아가지만 자전거와 보행 친화 정책은 모두에게 동등한 혜택과 권리를 제공한다.

자가교통수단 보유 현황

연평균 가구 소득	자가용 자동차 보유 현황		오토바이 보유 현황		자전거 보유 현황	
	보유율	평균 보유 대수	보유율	평균 보유 대수	보유율	평균 보유 대수
2,400만 원 미만	38.2	0.39	9.1	0.09	23.6	0.24
4,800만 원 미만	86.1	0.94	5.4	0.05	26.8	0.29
7,200만 원 미만	95.3	1.17	4.7	0.05	31.7	0.35
7,200만 원 이상	100	1.41	9.5	0.10	30.2	0.33

출처: 국토교통부. 단위: %, 대수. 2015년 기준

교통수단 분담률

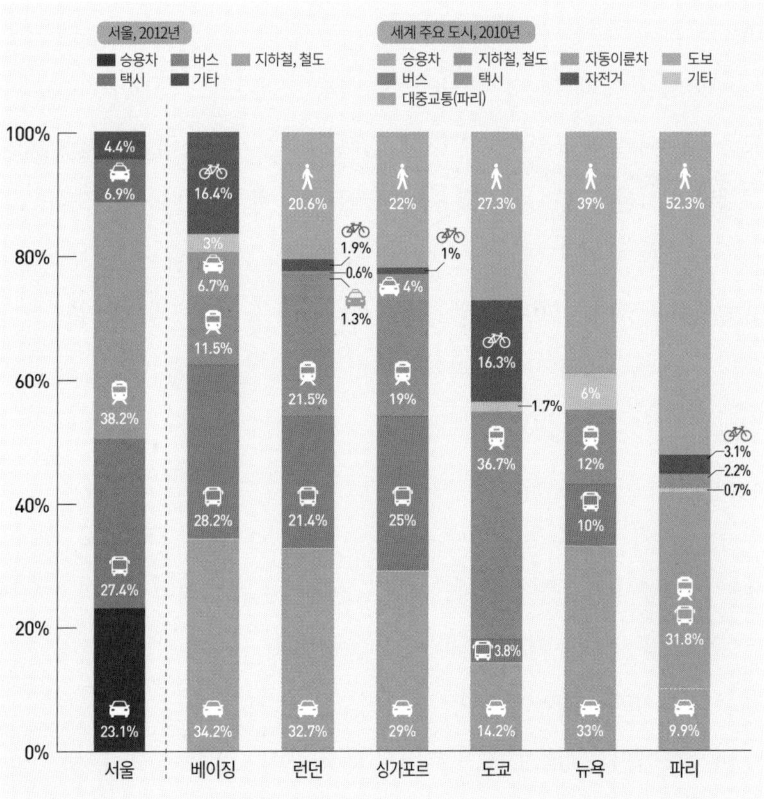

2020년 9월, 국제구호단체 옥스팜과 스톡홀름환경연구소는 1990년부터 2015년까지의 탄소 배출과 불평등에 관한 연구 보고서를 발표했다. 25년 동안 전 세계 상위 10%의 부자 6억 명은 전 세계 탄소 배출량의 52%를 차지하며 전 세계 탄소 예산의 31%를 사용했다. 반면 하위 50%의 31억 명은 전 세계 탄소 배출량의 7%를 차지하며 탄소 예산의 4%를 사용했다. 이런 현상의 원인으로 지목된 것은 항공기와 자동차였다.[20]

보행의 경제 효과

사람이 걷는 평균 속도는 시속 4km로 1초에 1.1m씩 걷는다. 백화점이나 마트에 가면 이 속도는 확연히 줄어든다. 쇼윈도와 진열대의 상품을 골고루 보면서 걷기 때문이다. 볼거리가 있어서 느려지기도 하지만 거꾸로 속도를 늦추며 주변을 보기도 한다. 상점가를 걷는 사람들의 속도가 빠르면 보행자의 시선은 정면을 향한다. 이때 화분이나 벤치를 놓아서 의도적으로 보행 속도를 늦추면 좌우의 상점들을 볼 확률이 높아진다. 물론 상점들의 쇼윈도가 재밌어야 한다. 보행 속도가 느려지면 똑같은 수의 사람일지라도 붐비는 효과가 생기고, 길거리가 붐비면 상점들이 활기를 띠면서 더 많은 사람들을 부르는 선순환이 일어난다.

자동차는 이런 효과를 완전히 파괴한다. 운전자는 주변을 볼 수도 없지만 본다고 한들 차를 멈추고 내리기도 힘들다. 게다가 차도와 인도 구분이 없는 골목에서는 길을 걷는 사람에게 위협적인 존재가 되어 기존의 보행자가 상점들을 볼 여유마저 없애버린다. 보행 친화 도시를 만들면 환경과 경제를 모두 살리는 길이 열린다.

미국 뉴욕시는 바둑판 같은 격자형 도시 구조로 되어 있다. 19세기 초,

인구가 급격히 늘어나면서 복잡한 도시를 개조할 필요성이 생겼고 원활한 교통 흐름을 위해 직선과 직선을 교차하는 방식으로 설계했기 때문이다. 자동차로 이동이 쉬워지면 더 많은 사람들이 차를 가져오게 되고, 차가 많아지면 도로를 확장하고 주차 공간을 늘리게 된다. 도로가 넓어지고 주차가 쉬워지면 다시 더 많은 차량이 다니면서 도로는 혼잡해지고 보행은 불편해진다. 이런 악순환을 탈피하기 위해 뉴욕시는 2007년부터 자동차 없는 도시를 위한 'PlaNYC' 전략을 추진했다. 그렇게 시작된 '브로드웨이 프로젝트'는 차로를 들어내고 그 자리에 시민들이 앉아서 쉴 수 있는 접이식 의자와 탁자, 파라솔을 비치했다. 거리로 사람들이 쏟아져 나왔고, 밥 먹고 낮잠 자며 친구와 수다 떨고 노트북으로 업무를 보았다. 그 결과 브로드웨이의 보행자 수는 6~11%, 경제활동 규모는 22% 증가했다. 이 프로젝트를 이끈 세계적인 건축가이자 도시계획자 얀 겔Jan Gehl은 이렇게 말했다.

"사람들의 발길과 눈길을 끄는 가장 매력적인 구경거리는 '타인'이다. 시민들의 일상생활이 도시의 가장 큰 매력이다."[21]

서울의 신촌 연세로에도 이런 시도가 있었다. 신촌로터리에서 연세대학교로 이어지는 연세로는 좁은 길에 차와 사람들이 뒤엉켜 복잡한 거리였다. 서울시는 이곳을 대중교통 전용 지구로 지정하고, 평일에는 버스만 다니고 택시는 새벽에만 다닐 수 있도록 했다. 주말에는 모든 차량을 통제하고 보행자만 다닐 수 있도록 했다. 차도는 1차로로 줄이고 기존에 인도에 있던 장애물을 이전해 인도 폭을 최대 8m까지 확장했다. 이 프로젝트를 추진하기 전에는 대부분의 상점이 매출 감소를 우려해 반대했다. 그러나 프로젝트 이후에 걷는 사람이 늘어나자 상점가를 찾는 사람은 28.9% 증가하고, 교통사고는 평균 34% 감소했다.[22]

사람이 걸을 수 있는 이동 범위는 작지만 경제적 범위는 크며, 자동차의 이동 범위는 크지만 경제적 범위는 작다. 보편적 이동수단이 보편적 경제 효과를 만든다.

보행은 사람에게 가장 보편적인 이동수단이다. 보행이 늘면 그에 따른 경제 효과도 더 많은 사람들에게 돌아간다. 거리를 걷는 시민들은 다양한 체험과 도시의 여가를 즐기고 거리의 상점들은 더 많은 손님과 만날 수 있다. 사람이 걸을 수 있는 이동 범위는 작지만 경제적 범위는 크며, 자동차의 이동 범위는 크지만 경제적 범위는 작다. 보편적 이동수단이 보편적 경제 효과를 만든다.

동네 사람 아닌 시민은 없다

대한민국 5,000만 인구 중 동네에 살지 않는 사람은 없다. 사는 곳의 크기와 이름은 다를지언정 우리 삶의 근간이 되는 곳은 동네다. 나와 가족이 사는 집이 있는 곳이며 아이들의 주요 활동 반경이 되는 곳이다. 동네는 퇴근길의 안락함을 주는 곳이어야 하며 아이들이 안전하게 뛰어놀 수 있는 곳이어야 한다.

동네는 걸어서 이동할 수 있는 가장 가깝고 보편적인 경제 단위다. 작은 가게들이 골목을 따라 늘어서 있고 우리는 그 길을 따라 걸으며 일상에 필요한 상품과 서비스를 구매한다. 친절하고 믿을 만한 상점은 우리의 일상을 윤택하게 하고 안전하고 쾌적한 골목길은 걷는 즐거움을 준다. 동네에서 많은 것을 해결할 수 있다면 굳이 차를 타고 멀리 가지 않아도 된다. 그러므로 동네와 골목은 모든 시민들이 보편적으로 행복감을 누릴 수 있는 가장 가까운 공간이어야 한다.

지금 우리의 골목은 사람이 다니기 힘든 공간이 되었다. 아무렇게나 주차된 차량과 쓰레기는 보행자를 불편하게 만들고 골목을 내달리는 오토바이와 자동차는 안전을 위협한다. 최근 5년간 전체 교통사고 사망자 중 평균 38%가 보행 중 사망, 즉 길을 걷다 죽는 사람이었다. 배달이 급증하면서 오토바이 사고도 5년 전에 비해 43% 늘었다.[23] 굉음을 내는 오토바이는 우리의 골목을 걸어서는 안 될 위협적인 공간으로 만들고 있다.

네덜란드의 보너르프Woonerf 정책은 우리가 골목을 어떻게 지켜야 하는지 알려준다. 처음 시작은 보너르프 지역의 주민 항의 행동에서부터였다. 트럭과 자동차가 교통 체증이 심한 큰 도로를 피해 마을 안쪽의 골목길로 우회해서 내달리자 동네 아이들의 안전이 위협받았다. 이때 마을의 한 주민이 차량의 진로를 방해하기 위해 집 앞에 화분을 내놓았고 그걸 본 다른 주민들도 화분을 놓기 시작했다. 길이 좁아진 데다 화분을 피해 달리기 불편해진 차들은 다시 큰 도로로 나가버렸다. 게다가 화분이 늘어선 골목은 꽃길이 되었으니 그야말로 금상첨화였다.

1967년 네덜란드는 이 사례를 바탕으로 도로교통법을 개정하고 보너르프 제도를 법제화했다. 보도와 차도의 경계를 없앤 후 도로 전체를 보행자가 사용할 수 있게 했고, 운전자는 사람이 걷는 속도보다 빨리 운전해서는 안되며, 운전자는 보행자를 방해하면 안 된다는 규정들로 되어 있다.

우리나라에서도 2021년 4월부터 차량 제한속도를 간선도로는 시속 50km, 이면 도로는 시속 30km 이하로 낮추는 정책이 시행되었다. 이를 통해 교통사고가 줄어들길 바라지만 여전히 아쉬운 것은 관점의 전환이다. 뉴욕시가 도로를 들어내서 시민들에게 공공 공간을 내주고, 네덜란드가 보너르프 정책을 통해 보행의 안전을 보장한 것은 자동차에서 보행자로 정책의 중심을 옮겨간 것이다. 그 배경에는 다수의 시민들이 누려야 할 권리를 되찾아 주고 모두에게 평등한 길을 만들고자 했던 철학이 있었다. 차량의 속도를 늦춘 것은 반가운 일이지만 사람 중심 철학의 부재는 여전히 아쉬움을 남긴다.

작은 세상이 사라진 이유

경북 포항시 대흥동의 골목은 하루 종일 시끄럽다. 동네 꼬마들이 집집마다 돌아다니며 집 앞에서 친구 이름을 불러대면 골목은 이내 한 명씩 달려나온 아이들의 놀이터가 된다. 이 골목은 바닥이 흙이라서 넘어져도 크게 다치지 않고 차가 다니지 않아서 안전하다. 어른들은 슈퍼 앞의 평상에 앉아 자녀가 노는 모습을 보며 먹고사는 얘기를 나눈다. 해가 지면 아이들은 각자의 집으로 가지만 어떨 때는 한 집으로 몰려가 친구 어머니가 차려준 밥을 먹는다. 안전하고 자유롭게 아이들이 커가는 이 골목은, 이제는 존재하지 않는 1980년에 내가 살던 골목이다.

세상을 구성하는 인간, 시간, 공간은 모두 사이 간間 자를 쓴다. 우리의 세상은 각각의 '사이' 안에서 존재하기 때문이다. 동네 꼬마들이 놀던 그 골목은 사람과 사람이 부딪히며 시간이 쌓이는 공간이었고, 우리들의 작은 세상이었다. 그곳을 잠식해 간 것은 자동차뿐 아니라 도시 그 자체였다.

도시 설계자는 시민의 행복을 위한다는 명목 하에 도시 전체가 한눈에 보이는 지도를 놓고 공간을 구상한다. 서북권에 대규모 문화 복합 단지를 만들고 도시 남쪽에는 숲 공원을 조성한다. 그러나 시민은 실물 크기의 지도에 산다. 주말 나들이로 가는 문화시설과 숲 공원도 좋지만 아이들과 수시로 갈 수 있는 놀이터와 마을 도서관도 필요하다. 보너르프의 작은 화분은 동네 사람들에게 거대한 숲보다 더 큰 역할을 하기도 했다.

자동차 스케일의 지도를 보면 복합 단지와 차도가 보이고 휴먼 스케일의 지도를 보면 동네와 골목이 보인다. 숲과 나무는 함께 보아야 하듯, 도심과 동네도 함께 보아야 한다. 동네 사람 아닌 시민은 없다. 동네가 모여 도시를 이루듯 주민이 행복해야 시민이 행복하다.

> 시민은 실물 크기의 지도에 산다. 주말 나들이로 가는 문화시설과 숲 공원도 좋지만 아이들과 수시로 갈 수 있는 놀이터와 마을 도서관도 필요하다. 동네 사람 아닌 시민은 없다. 동네가 모여 도시를 이루듯 주민이 행복해야 시민이 행복하다.

젠트리피케이션 없는 동네

가격은 수요와 공급에 의해 결정된다. 수요가 공급보다 많으면 가격이 올라가고 수요가 공급보다 적으면 내려간다. 부동산 임대료도 같은 구조지만 상가 임대에는 몇 가지 특성이 있다.

첫째, 정보의 비대칭성으로 가격 결정에 오류가 있을 수 있다. 비대칭성이란 건물주와 부동산 중개업자의 정보는 많고 임차인의 정보는 제한되는 불균형을 의미한다. 겉으로는 멀쩡했는데 입주를 하고 보니 물이 샌다거나, 건물주의 애정이 너무 커서 상점에 간판 하나 마음 놓고 달지 못하는 경우가 발생한다. 이런 속사정은 상점을 이용하기 전에는 알 수 없어서 거래 시의 가격에 반영되기 어렵다.

둘째, 거래 시점의 통상적인 시장가격이 아니라 미래 시점의 가치가 가

서울시 주택 매매, 임대 중개보수 요율표

매매			임대차 등		
거래 금액	상한요율 (%)	한도액 (원)	거래 금액	상한요율 (%)	한도액 (원)
5,000만 원 미만	0.6	25만	5,000만 원 미만	0.6	20만
5,000만~2억 원 미만	0.5	80만	5,000만~1억 원 미만	0.4	30만
2억~6억 원 미만	0.4	없음	1억~3억 원 미만	0.3	없음
6억~9억 원 미만	0.5	없음	3억~6억 원 미만	0.4	없음
9억 원 이상	0.9	없음	6억 원 이상	0.8	없음

출처: 서울시 주택중개보수에 관한 조례

격에 반영된다. 예를 들어, 건물주나 부동산 중개업소에서 "인근에 지하철역이 들어설 예정이라 다른 지역 시세보다 가격이 높다."고 하면 그 가격이 반영될 수밖에 없다. 지하철역이 생긴다고 반드시 유동인구가 늘어나고 장사가 잘된다는 법은 없다. 그러나 임차인은 그것이 반영된 가격에서 협상을 시작해야 한다.

셋째, 부동산 중개업소의 거의 유일한 수익원인 중개 수수료는 거래 가격과 비례해 커진다. 중개 수수료는 거래 금액 대비 수수료율에 의해 결정되며 전국의 시, 도 조례에 규정되어 있다. 서울의 경우 토지와 상가 등은 거래 금액의 0.9% 이내에서 의뢰인과 중개업소가 협의해서 결정하며, 주택은 위 표처럼 5단계로 나눠진다. 중개 수수료를 더 받기 위해 거래 금액을 터무니없이 올릴 수는 없겠지만 건물주와 중개업소는 거래 금액을 높이는 방향으로 생각하기 마련이다. 이런 특징들을 고려하면, 건물주와 중개업소는 임대차 계약 시기마다 새로운 임차인이 들어오는 게 유리하다.

건물주가 사는 곳

어떤 상점은 임대료 상승폭을 감당하지 못해 이전해야 하고 어떤 곳은 오랫동안 자리를 지킨다. 그건 건물주가 어디에 사는지에 달려 있다. 건물주가 상점이 있는 그 건물 꼭대기 층 또는 그 동네에 살고 있다면 안정적인 월세를 받을 확률이 높다.

건물주의 수익 모델은 매매 차익과 임차료, 두 종류다. 건물을 매매할 때 가격을 결정하는 중요한 기준 중 하나가 그 건물에서 나오는 월세다. 월세가 높으면 투자 수익률이 좋아지고 건물의 대출이자를 월세로 충당할 수도 있다. 건물에 공실이 있어도 월세를 잘 내리지 않는 이유가 바로 여기에 있다. 월세를 내리면 그만큼 빨리 계약은 되겠지만 건물 가격이 내려간다. 월세 몇백만 원 덜 벌어도 건물이 잘 팔리면 그 몇 배는 벌 수 있다.

'~리단길'처럼 상권이 뜨면 상점을 얻으려는 수요가 많아지면서 임차료가 천정부지로 오른다. 그러다 어떤 요인에 의해 상권이 정체되면 상점들이 하나둘 떠나면서 젠트리피케이션이 발생한다. 공실이 급격하게 늘지만 건물주는 쉽게 월세를 내리지 못한다. 건물의 매매 가격을 고려하면 월세 몇 달 안 받는 게 낫다. 우리나라에서는 부동산 가격이 내려갈 일이 없다고 믿기 때문에 버티다 보면 건물이 팔리거나 새로운 임차인이 들어온다고 생각한다. 텅빈 상점들이 늘어나면 주변에 사는 사람은 물론이고 지나는 사람의 기분마저 황폐해진다.

만약 건물주가 해당 건물 꼭대기 층에 살고 있다면 그 건물은 안정적인 월세를 받을 확률이 높다. 건물을 팔아 매매 차익을 기대하는 사람이 이사하기 번거롭게 그 건물에 살겠는가. 갑작스런 환경 변화로 건물 가격이 폭등한다면 모를까, 쉽게 그 건물을 팔지 않을 생각으로 그곳에 살고 있는 거

매입자 거주지별 건축물 거래 현황

매입자 거주지	도봉구		노원구		마포구		강남구	
소계	44,668		75,791		75,153		92,445	
관할 시군구 내	21,183	47%	36,010	48%	27,579	37%	36,365	39%
관할 시도 내	15,748	35%	24,512	32%	29,065	39%	33,187	36%
관할 시도 외 기타	7,737	17%	15,269	20%	18,509	25%	22,893	25%

출처: 국가통계포털. 2016년~2020년. 단위: 동(호)수

다. 건물주가 그 동네에 산다는 건 그 동네에 오래 살아서 많은 이웃들과 유대 관계가 있으며, 상점이 오랫동안 자리를 지킬 확률이 높아진다는 의미다.

주거지역과 상업지역을 비교하면 그 차이가 확연히 드러난다. 서울의 마포구와 강남구는 대규모로 발달한 상권이 많다. 동네에 사는 사람들보다는 트렌디한 상품을 구매하러 오는 다른 지역 사람들이 많으며 그만큼 상점들의 변화도 빈번하다. 반면 도봉구와 노원구는 주거지 인근의 소규모 상권이 많다. 상점의 주요 업종도 동네 사람들이 일상에서 필요한 것으로 구성돼 있다. 위 표처럼 최근 5년간 건축물 거래 현황을 보면 도봉과 노원보다 마포와 강남의 건축물 매입자가 해당 자치구 밖에 거주하는 비율이 더 높은 것을 알 수 있다.

방문객이 사는 곳

원래 젠트리피케이션은 낙후된 구도심 지역이 활성화되어 중산층 이상이 대거 유입되면서 기존의 저소득층 원주민을 대체하는 현상을 의미한다. 그런데 최근에는 상권이 뜨면서 임차료가 급격히 올라 기존에 영업 중이던

상점이나 예술가 등이 내몰리는 현상이란 의미로 많이 사용된다.

젠트리피케이션의 해법은 '상권이 뜬다'라는 말 안에서 찾을 수 있다. 상권이 떴다는 것은 그곳에 방문하는 사람들이 과거보다 많아졌다는 의미다. 장사 잘되는 지역으로 소문나면 그곳에서 장사하려는 사람도 덩달아 늘어나지만 그만큼 건물이나 가게의 수를 늘릴 수는 없는 일이다. 빈 땅이나 건물이 많으면 늘릴 수 있겠지만 그런 공간이 없으니까 경쟁이 붙게 되고 임차료가 올라간다. 임차료가 올라가면 건물 가격이 올라가고, 기존의 건물주는 적당한 시세 차익을 남기며 팔게 되고, 새로운 건물주는 더 높은 수익을 올리기 위해 또다시 임차료를 올린다.

젠트리피케이션의 문제는 상점의 매출과 수익이 따라가지 못할 정도의 임차료 상승폭이다. 수익률 30%의 음식점을 예로 들어보자. 만약, 임차료가 100만 원이 오르면 매출은 350만 원 이상 늘어야 한다. 한 사람이 와서 두 끼를 먹으라고 할 수는 없으니 손님 수를 늘려야 한다. 1인당 매출 2만 원으로 계산해도 한 달에 175명이다. 이걸 감당할 수 없거나, 감당하기 싫다면 가게를 내놓는 수밖에 없다.

대기업은 이런 계산에서 비교적 자유롭다. 대기업이 뜨는 상권에 들어가는 이유는 상점 자체의 수익도 있지만 브랜드 홍보 목적도 있다. 임대료 100만 원이 올라도 그들 입장에선 홍보비 100만 원이 늘어날 뿐이다. 상권을 오가는 많은 사람들에 비하면 충분히 감당할 수 있는 수준이다.

뜨는 상권에 방문하는 사람, 바로 그 늘어난 사람에 젠트리피케이션의 원인과 해법이 있다. 방문객이 잘못했다는 건 아니고 그 상권이 어디에서 사람을 데려오는지에 관한 문제다. 하나의 상권에 50개의 가게가 있다고 가정해 보자. 각 가게마다 하루에 100명의 손님이 오면 적당한 수준의 수익이 생긴다. 그럼 이 상권 전체에 하루 총 5,000명의 손님이 오면 된다. 이때 이 상권의 배후, 즉 그 동네에 1만 명이 살고 있다면 그중 절반이 하루 한 번씩 방문해 주면 된다. 그런데 지금은 그중 3,000명만 방문하고 있다. 나머지 2,000명은 어디에서 데려와야 할까?

방법은 세 가지다. 첫째는 기존에 하루 한 번 오던 고객 3,000명의 방문 횟수를 늘리거나, 한번 왔을 때 더 많이 구매하게 하면 된다. 두 번째 방법은 배후에 살지만 상권을 방문하지 않는 나머지 7,000명 중에 2,000명을 데려오는 거다. 마지막 세 번째는 배후지가 아닌 멀리 사는 고객들을 방문하게 하는 방법이다. 첫 번째와 두 번째는 배후지에서 오니까 걸어와도 되지만 세 번째는 자동차나 대중교통을 이용해서 와야 할 것이다. 어느 게 가장 쉬울까?

가장 쉬운 방법은 기존에 오던 3,000명을 동네 친구와 함께 오게 하거나 동네 친구를 만들어주는 것이다. 3,000명은 이미 하루에 한 번씩 오는 단골이다. 그들의 입소문이 가장 쉽고 효과적이며 신규고객을 유치하는 것보다 비용도 적게 든다. 그래서 동네가게가 동네 사람들의 관계를 촉진하는 활동을 하면 동네도 좋아지고 장사도 잘될 수밖에 없게 된다. 좋은 동네 친구와 신뢰하는 단골집이 있는데 굳이 차를 타고 멀리 가야 할 이유가 없지 않은가. [2장 '식당은 배불리 먹이는 곳' 참조]

그러나 대부분은 세 번째 방법을 택한다. 걸어서 10분이면 만날 수 있는 1만 명을 외면하고 멀리서 2,000명이 찾아주길 바란다. 그게 성공하려면 널리 널리 홍보를 해야 하고 편리한 주차장이 있어야 한다. 떡볶이 먹으러 차를 타고 오진 않을 테니 매우 특이하거나 경쟁력이 높은 상품을 비싸게 팔아야 한다. 그 전략이 성공해서 많은 방문객이 오면 뜨는 상권이 되고 젠트리피케이션이 생긴다. 대기업은 홍보를 위해 비싼 임대료를 내면서 대형 매장을 오픈하고, 거대 자본은 작은 가게와 건물을 부수고 주변을 압도하는 빌딩을 짓는다. 반면에 상권 방문객을 동네 사람들이 받쳐주고 그 이상의 고객을 동네 밖에서 데려오면 그 상권의 매출과 임차료는 안정적으로 유지된다.

건물주도 방문객도 동네 사람들 위주로 구성된, 동네 중심의 작은경제는 더 많은 사람들이 고루 경제 혜택을 누릴 수 있게 한다. 주민에게는 살기 좋은 동네를 만드는 일이며, 작은 가게 입장에서는 안정적 경영과 즐거운 장사가 가능해지는 일이다. 거대 자본으로부터 동네를 지키는 일이며, 우리의 일상적 소비로 우리가 사는 곳을 즐겁게 하는 일이다.

손자병법에 싸움은 이긴 후에 들어가는 것이지, 들어가서 이기는 게 아니라고 했다.● 승리할 수 있는 구조를 만들고 나서 싸움에 임해야 한다는 뜻이다. 동네 중심의 작은경제가 바로 우리가 만들어야 할 경제구조이며, 걷기 좋은 길과 동네 사람들에 의한 작은 가게는 그 구조의 뼈대가 된다.

● 원문: 勝兵 先勝而後求戰 敗兵 先戰而後求勝. 승리하는 군대는 먼저 이겨놓고 싸우고, 패배하는 군대는 싸움부터 벌여놓고 이기려고 한다. 손자병법 군형편.

08

1명의 100억, 100명의 1억

산은 물을 건너지 않는다

산에 비가 내리면 산은 물을 고루 나누어 내리며 숲을 기르고 강을 흐르게 한다. 조선의 실학자 신경준은 이를 두고 '山自分水嶺산자분수령', 즉 '산은 물을 나누는 고개'라는 지형 철학으로 백두대간의 체계를 정리하였다.● 백두에서 시작된 산줄기는 물을 동서東西로 나누며 지리산까지 이어지고, 그 가운데 물이 산맥을 가로지르지 않아 끊김이 없다. 산은 물을 건너지 않으며 물은 산을 넘지 않는 것이 백두대간의 이치다.

● 산자분수령은 여암 신경준이 쓴 '산경표(山經表)'에 서술되었으며, 조선의 산맥 체계를 1개의 대간(大幹)과 1개의 정간(正幹), 13개의 정맥(正脈)으로 정리하였다. 백두산에서 시작해 여러 갈래로 갈라진 산줄기는 모든 강의 유역을 경계 짓는다. 크게 나누어 동서 해안으로 흘러드는 강을 양분하는 큰 산줄기를 대간과 정간이라 하고, 그로부터 다시 갈라져 하나하나의 강을 경계 짓는 분수산맥(分水山脈)을 정맥이라 하였다. (출처: 한국민족문화대백과)

코로나 분수령

어렵다, 어렵다 한다. 코로나 바이러스가 덮친 2020년 1년 동안 신세계백화점 강남점 한 곳의 매출이 2조 394억 원이었고, 전국 67개 백화점 지점은 한 곳당 평균 4,100억 원의 매출을 올렸다.[24] 그러나 백화점 업계 전반의 매출이 해마다 떨어져서 어렵다고 한다. 시중은행의 개인 예금액 623조 원 중 상위 1%의 보유 금액이 283조 원이며 최소 3억 원 이상 투자해야 하는 사모펀드 판매 잔액이 285조 원이다.[25] 그러나 투자처를 찾지 못해 어렵다, 어렵다 한다.

우리에겐 기회가 왔다. 코로나는 중심가로 모이던 사람들을 집으로, 동네로 분산시켰다. 재택근무가 늘어날수록 동네가게는 새벽배송보다 빠른 곳이 되고, 하루 세 끼를 꼬박꼬박 집에서 해결하며 동네 반찬가게가 소중해졌다. 사람이 붐비는 곳을 피해 작고 가까운 동네 슈퍼를 찾게 되었고, 밀폐된 곳이 위험해지자 사방이 트인 전통시장이 안전해졌다. 코로나 지원금을 쓰기 위해 동네가게를 검색하며 맛집을 발견했고, 인스타그램은 골목의 후미진 가게까지 찾아내는 능력치를 올려주고 있다.

분수령分水嶺은 하늘에서 내린 비를 나누어주는 고개다. 우리 앞에 놓인 코로나 분수령은 1명이 100억을 버는 경제구조에서 100명이 1억씩 벌 수 있는 구조로의 전환점이 될 수 있다. 우리의 선택만 남았다. 좌절의 의자에 앉아 한탄만 할 것인가, 거리로 나가 비를 맞을 것인가. 하늘은 비를 내리되 높고 낮음을 가리지 않으며, 산은 그 물을 고루 나누어 숲의 생명을 기른다. 다만 사람이 물과 생각을 가둘 뿐이다.

다양성이 주는 기회

산을 알지 못하는 사람은 산을 오르지 않으며, 바다를 본 적 없는 사람은 바다를 그리워하지 않는다. 무엇인가를 본 적 없다면 그것을 갖고 싶은 생각이 들지 않으며 지금 가진 것과 비교하게 만들지도 않는다. 새로운 것을 보게 되고 알게 되면 생각을 넓혀주기도 하지만, 지금 가진 것과 비교해서 갖고 싶은 마음이 들게도 한다.

온라인은 우리가 접할 수 있는 정보의 양을 폭발적으로 증가시켰다. 과학, 뉴스, 정치, 명상, 여행, 캠핑, 요리, 가전제품, 패션, 화장품, 게임, 자동차, 영화 등 전방위에서 우리의 시간과 공간을 확장시켜 주었다. 스마트폰 카메라의 비약적인 발전 덕분에 블로그, 페이스북, 인스타그램, 유튜브에 우리의 시각과 청각을 자극하는 정보가 경쟁적으로 쏟아진다. 내 세상에선 가진 적 없던 제품, 시각, 장소, 지식을 접하면서 욕구는 다양해지고 소비는 분산되었다. 대량생산된 제품을 획일적으로 사용하려는 경향은 줄어들고, 자신의 라이프 스타일에 맞는 상품을 찾아가는 소비가 늘고 있다.

욕구의 다양성과 소비의 분산은 골목의 부활도 이끌었다. 교통과 입지가 좋은 대형 상권에 몰리던 시대는 지나고 독특한 콘텐츠로 채워진 골목의 시대가 열렸다. 거대한 건물이 압도하는 서울의 강남역보다 작은 가게들이 풍경을 이루는 서울의 익선동, 북촌, 을지로, 부산 전포카페거리, 대구 근대골목을 찾는다. 낡은 공간에 모던한 콘텐츠, 터줏대감 상인과 젊은 상인들의 낯선 조합이 더 많은 사람들을 골목으로 이끌고 있다.

온라인 시대로 갈수록 오프라인의 강점은 두드러진다. 사람은 시각, 청각, 후각, 미각, 촉각의 다섯 가지 감각을 조합해서 머릿속에 정보를 저장한다. 방금 구워낸 빵을 생각해 보라. 우아한 빛깔, 달콤한 버터 향, 손에 닿는

촉촉함, 부드러운 식감이 어우러져 빵이 된다. 그러나 온라인은 시각과 청각만을 사용함으로써 정보의 불균형과 결핍을 지각하게 만든다. 인스타그램에서 이쁜 카페와 수제 버거를 보면 당장 그곳으로 가서 모든 감각을 느끼며 채우고 싶은 게 사람의 본능이다. 느끼고 깨닫는 감각感覺이 조화를 이루어 감성感性이 되며, 그 감성은 온라인이 가질 수 없는 골목의 절대적인 경쟁력이 된다.

> 비교는 경쟁을 낳고 경쟁은 승자와 패자만을 남긴다. 비교하지 않아야 '나다움'을 만들 수 있고 서로가 조화로울 수 있다. 1명이 100억을 버는 경제구조에서 100명이 1억씩을 버는 구조로 전환되려면 비교하지 않는 100명이 되어야 한다.

공존의 길

다양성은 비교하지 않는 것들의 조화가 만든다. 음은 도레미파솔라시 일곱 개에 불과하지만 그 끝없는 조화가 음악을 만들며, 맛은 시고 달고 쓰고 짜고 매운 다섯에 불과하지만 그 끝없는 조화가 음식을 만든다.● 그리고 그 조화가 우리의 삶을 풍요롭게 한다.

비교는 경쟁을 낳고 경쟁은 승자와 패자만을 남긴다. 비교하지 않아야 '나다움'을 만들 수 있고 서로가 조화로울 수 있다. 1명이 100억을 버는 경제구조에서 100명이 1억씩을 버는 구조로 전환되려면 비교하지 않는 100명이 되어야 한다. 그 100명의 조화가 길을 만들 때 우리 사회의 다양성은 풍부해지고 격차는 줄어든다. 어렵다, 어렵다 하지 말자. 우리가 뛰어넘어

● 손자병법 병세편에서는 '소리는 다섯에 불과하지만 그 변화는 끝이 없어 이루 다 들을 수 없으며, 빛깔은 다섯에 불과하지만 그 변화는 끝이 없어 다 볼 수 없고, 맛은 다섯에 불과하지만 그 변화는 끝이 없어 이루 다 맛볼 수 없다. 그러므로 전세는 기병(기습부대)과 정병(정규군) 두 가지에 불과하나 그 변화가 만드는 전략은 끝이 없다'고 하였다.

야 할 것은 생각의 격차다. 아는 게 없고 가진 게 없다고 할 수 있는 게 없는 건 아니다.

꽃과 나무로 가게 앞을 가꿔라. 지나는 사람들이 매일 변화를 느낄 것이며, 계절을 알리는 식물이 제철 과일과 채소를 생각나게 한다. 꽃이 없으면 입간판에 매일 주인의 얼굴을 그려라. 사람이 제일 아름다운 꽃이며 동네 장사는 얼굴로 하는 것이다.

맛있는 향기와 소리를 들려주어라. 빵 굽는 냄새, 커피 향, 찌개 끓는 소리가 입맛을 돋운다. 그날의 날씨에 맞는 음악을 들려주고 오토바이 굉음이 들리지 않게 하라. 가게 앞에 간이 의자를 두어서 지나는 사람들이 음악을 듣고 향기를 맡게 하라.

동네 친구를 만들어주어라. 결국 그 사람과 찾을 곳은 동네가게다. 동네 청년들에게 일자리를 내주어라. 가게를 밝게 하며 그의 친구들이 올 것이다. 동네 꼬마들에게 과자와 사탕을 나눠주어라. 당신의 표정이 밝아질 것이며 그 아이들의 부모와 그 친구까지 올 것이다.

옆 가게가 잘되도록 도와라. 그 가게가 잘되면 내 가게 앞을 지나는 사람이 늘어난다. 가진 자와 비교하지 말라. 내가 갖지 못한 것만 보인다. 동네 사람들에게 부족한 것을 채워주어라. 결국 그 사람들이 내 가게를 채울 것이다.

한옥에서 프랑스 요리를 하고, 독특한 소품으로 인테리어를 해야만 다양성이 생기는 게 아니다. 작은 가게들이 저마다의 소리와 향기를 품은 것이 다양성이다. 동네 사람들이 매일 새로운 감각을 느끼게 하라. 그것이 다양성이고 골목의 작은 가게들이 함께 사는 길이다.

산은 높고 낮음을 다투지 않고 물은 앞과 뒤를 다투지 않는다. 그러므로 산은 물을 건너지 않고 물은 산을 넘지 않으니 저마다의 모양새를 뽐낸다. 이것이 백두대간이 공존할 수 있는 이치다.

사람에서 역할로의 전환

2018년에 일본 오사카 상점가와 커뮤니티케어 현장을 둘러볼 기회가 있었다.● 처음 간 곳은 '오사카의 부엌'이라 불리는 상점가였다. 사람들이 여기서 먹거리를 많이 구매한다는 의미에서 상인들이 붙인 이름인 듯했는데 과연 이름값을 하고 있었다.

상점가 내에 방치돼 있던 빈 상점이 '어린이식당'으로 운영되고 있었다. 처음에는 지역사회 봉사를 위해 한부모나 맞벌이 부부 가정에서 혼자 지내는 아이들만을 대상으로 했는데, 아이들의 낙인감을 고려해 모든 아이들이 자유롭게 와서 밥을 먹을 수 있도록 했다. 상인들이 식재료를 십시일반 모으고, 지역의 어머니들이 자원봉사로 음식을 만든다. 아이들은 친구들과 밥도 먹고 어울려 놀기도 한다. 규모가 작아서 많은 아이들을 수용할 수 있는 것도 아니고 상점가 매출에 큰 도움이 되는 것도 아니지만 '오사카의 부엌'이라는 이름에 걸맞은 역할을 하고 있었다.

지적장애인들이 운영하는 식당도 방문했다. 지역복지관에서 정부지원과 기부금을 받아 운영하는데 지적장애인 십여 명이 주방부터 서빙까지 모

● 커뮤니티케어(Community Care)는 돌봄이 필요한 사람이 자신의 거주지에 살며 어울려 살아갈 수 있도록 복지서비스를 제공하는 지역사회 돌봄을 의미한다.

든 운영을 담당했다. 더 놀라운 사실은 이 식당을 찾는 손님이 전부 보통의 동네 사람들이라는 점이었다. 실례를 무릅쓰고 손님 한 분에게 물어보니 의사소통이 조금 불편하고 간혹 주문 실수가 있긴 해도 음식이 깨끗하고 맛을 만해서 자주 찾는다고 했다.

나의 저급한 인식을 무너뜨린 곳은 오사카부청이었다. 우리나라의 광역시청 정도 되는 곳인데 이 건물 청소를 3년째 한 기업이 도맡아 하고 있었다. 매번 입찰에서 가장 많은 장애인 고용을 제안하기 때문에 선정한다고 했다. 부청이 심사 평가를 할 때 장애인 고용 인원에 비례해 점수를 주기 때문이다. 한 명을 고용하면 1점, 두 명을 고용하면 2점, 이런 식이다. 그 기업은 발달 장애의 특성을 고려한 여러 장치를 개발해 장애인들이 업무를 잘 해낼 수 있도록 돕고 있었다. 예를 들면, 세면대와 변기용 걸레를 색깔별로 구분해서 그들이 혼용할 실수를 줄여줬다.

기업 담당자는 우리 연수단에게 발달 장애인이 화장실을 청소하는 현장을 보여주고 사진 촬영도 허락해 주었다. 처음 이 광경을 목도했을 때는 장애인 인권을 보호하지 않는 그들의 인식에 경악을 금치 못했다. 잠시 후 곰곰이 생각해 보니 오히려 내 인식에 문제가 있었다.

만약 장애인이 화장실 청소부가 아니라 오사카부청 간부였다면 어땠을까. 내 인식 속에서 장애인은 불쌍한 사람이며 직업에는 귀천이 있었다. '안 그래도 가여운 사람이 화장실 청소 같은 일을 하고 있는데 그걸 사람들에게 구경시키고 사진까지 찍게 하다니'라고 생각했던 거다. 그 장애인이 오사카부청 간부였다면 '장애를 뛰어넘은 불굴의 의지'라고 했을 거다. 지금 생각해도 창피한 일이다. 연수 마지막 날 만난 지역 비영리단체 대표는 이 모든 일들의 배경이 되는 생각을 말해 주었다.

"우리가 돕는 것은 장애인이 아니라 장애입니다."●

자영업을 보호할 이유는 없다

장애인은 '사회적 약자'에 가치 중심이 있고 장애는 '사회적 활동'에 가치 중심을 둔다. 물론 장애인을 돕는 게 곧 장애인의 사회적 활동을 돕는 것이고 장애를 돕는 게 장애인을 돕는 것이다. 그러나 가치 중심을 어디에 두는지에 따라 차별과 통합으로 방향이 나뉠 수 있다. 사회적 약자에 초점을 맞추면 사회적 약자가 누구인지를 가리기 위해 장애인과 비장애인을 구별해야 하고 그로부터 차별이 일어날 수 있다. 사회적 활동에 가치를 둔다는 것은, 장애와 비장애 구분 없이 국민으로서 마땅히 누려야 할 보통의 일상을 동등하게 누리게 한다는 의미다. 그리하여 사회 구성원으로서 주어진 역할을 수행할 수 있게 되고, 그에 따른 권리와 책임도 평등하게 누릴 수 있게 된다.

우리나라에서 소상공인 또는 자영업자는 사회적 약자로 인식된다.● 법률상으로도 '소상공인 보호 지원법'이란 규정이 있다. 소상공인은 왜 보호의 대상일까. 사업 규모가 작고 자본이 풍부하진 않아도 엄연히 이익을 추구하는 사업체다. 수익에 따라 세금은 내지만 버는 돈의 일부를 학교 장학금으로 내는 것도 아니고, 국민 생활의 필수재를 생산하는 것도 아닌데 왜 보호해야 할까.

● 사회복지분야에서 이런 인식은 원래부터 있었다고 한다. 나의 무지와 저급함으로 인한 깨달음이지, 사회복지 전반에 대한 비판은 아님을 명확히 밝힌다.

● 소상공인은 법률상 '소기업 중 상시 근로자수 5인 또는 10인 미만의 기업'으로 정의되어 있다. 자영업은 법률로 정의된 용어가 아니며 통상 '임금 근로자가 아닌, 혼자 또는 소수의 근로자를 고용해 사업하는 사람'을 일컫는다. 따라서 소상공인은 법으로 보호를 받지만 자영업자 지원에는 법적 근거가 없다.

560만 자영업 위기의 본질은 사회적 역할의 부재다. 560만이 갑자기 사라졌을 때를 상상해 보라. 우리가 살아가는 데 불편해질 일이 있긴 할까. 이미 온라인에는 값싸고 좋은 생활 물품들이 헤아릴 수 없이 많다.

언론에서 '영세 자영업자'라는 말을 많이 사용하는데 여기엔 오해의 소지가 있다. 자영업 전체가 영세한 게 아니라 일부 영세한 자영업자가 있을 뿐이다. 560만 자영업자 중에는 부자가 생각보다 많다. 부자가 아닌 영세 자영업자가 있다 하더라도 그들을 도와야 한다면 소상공인으로서가 아니라 사회복지의 대상으로서 돕는 게 맞다.

사회적 약자로서 소상공인을 보호한다면 이는 시민의 삶과 괴리된다. 그들이 없어도 밥을 먹을 수 있고 옷을 입을 수 있다. 코로나 사태 속에서 수많은 가게들이 영업을 중단했지만 시민들은 그저 친구를 만날 장소가 없어서 불편했을 뿐이다. 만약 소상공인을 보호해야 한다는 인식과 공감대가 먼저였다면 온라인 새벽배송을 시키지 않고 직접 가서 하나라도 더 팔아줬을 것이다.

직업은 동사, 직장은 명사의 형태를 띤다. 예를 들어, 의사의 직업은 '병을 고치는 일'이고 직장은 '~병원'이다. 세상에 필요한 것은 병을 고치는 의사지 병원에 소속된 의사가 아니다. 마찬가지로 우리 사회에 필요한 건 소상공인의 역할이지, 소상공인 그 자체가 아니다.

560만 자영업 위기의 본질은 사회적 역할의 부재다. 560만이 갑자기 사라졌을 때를 상상해 보라. 우리가 살아가는 데 불편해질 일이 있긴 할까. 이미 대기업과 프랜차이즈가 운영하는 카페와 음식점이 즐비하고 온라인에는 값싸고 좋은 생활 물품들이 헤아릴 수 없이 많다.

자영업의 사회적 역할

경제구조가 전환되려면 자영업의 사회적 역할을 만들어야 한다. 시민들의 생활 속에 없어서는 안 될 임무가 있어야 한다. 핵심적인 역할이 아니어도 된다. 영화나 연극에서 돋보이는 건 주인공이지만 분장, 카메라, 조명, 마이크, 의상 등 스태프 없이 완성되는 드라마는 없다. 개별 상점마다 또는 지역마다 역할은 달라질 수 있다. 보편적인 예시 몇 개만 생각해 보자.

첫째, 희소성과 감성이 모이면 문화 다양성을 만들 수 있다. 대기업은 효율성을 위해 규모가 큰 단일 시장을 선호한다. 100명의 니즈에 맞는 100종의 가정간편식을 만드는 것보다 100명에게 1종의 간편식을 판매해야 이익이 극대화된다. 카페, 편의점 같은 로드숍들은 외관, 인테리어, 서비스가 일괄 적용되어 규격화된 거리 풍경을 만든다. 반면 작은 가게는 상점마다 개성을 가질 수 있고, 그런 개성들이 문화 다양성을 제공한다. 우리가 감성을 느끼는 곳은 프랜차이즈 가맹점보다 작은 가게일 경우가 더 많다. 개별 상점은 그 자체로 희소성을 가지며 여기에 감성을 더하면 소비자가 원하는 가치가 된다.

둘째, 소비자와 판매자의 거리가 가까울수록 소비자의 안심과 신뢰는 높아질 수 있다. 로컬푸드가 대표적인 예다. 가까운 거리의 농부에게서 신선한 야채를 바로 사 먹을 수 있다는 건 무척 행복한 일이다. 경기도 분당을 지나다 우연히 본 부동산 중개 업소는 "이 동네에서 20년 살았고, 앞으로 20년도 여기에 살 예정"이라는 문구로 믿음을 주고 있었다. 우리 동네에 있는 핸드폰 매장 중 한 곳은 '사장과 직원이 모두 동네 주민'이라는 점을 가게 전면에 내세운다.

셋째, 미래형 일자리를 만들 수 있다. 대기업은 이익을 극대화하기 위해 고용을 최소화한다. 디지털 시대로 갈수록 고용은 더 줄어들 것이다. 무인 매장과 인공지능 로봇을 마냥 신기해 하는 사이 일자리는 조용히 사라지고 있다. 디지털이 가장 먼저 대체할 판매직과 생산직은 주로 중산층 이하 서민들의 일자리다. 자영업은 여기에 대비해 미래 지향적인 역할을 준비할 수 있다. 대표적으로 고령화사회 돌봄 서비스가 있다. 원래 돌봄은 공공복지의 영역이지만 급격히 증가하는 수요를 공공이 모두 감당하기가 어려워졌다. 우리보다 고령화가 먼저 시작된 국가들은 대안으로 공공복지와 연계한 민간 산업을 육성하고 있다. EU의 'AAL Project', 독일의 '실버 경제 구현 전략', 일본의 'Society 5.0' 등이 그 사례다. 여기에는 상당히 많은 디지털 기술이 들어가지만 돌봄의 특성상 휴먼 터치가 반드시 동반되어야 한다. 자영업이 강점을 가질 수 있는 영역이다. 이런 사업은 대체로 지역을 기반으로 하기 때문에 오히려 자영업에 유리하고 동네 주민의 새로운 일자리도 창출된다.

미국에서 가장 자영업 하기 좋은 곳으로 꼽히는 벌링턴시는 비즈니스의 97%가 소상공인에 의해 이루어진다. 이곳은 대기업의 대형마트 대신 지역 협동조합 슈퍼 '시티마켓'이 그 자리를 지키고 있다. 벌링턴시 인구 네 명 중 한 명이 슈퍼 조합원이며, 270곳의 공급 업체가 로컬푸드 등 지역 내 생산품을 공급한다. 2010년, 미국 불황기에 다른 도시의 실업률이 10%에 달할 때 벌링턴시는 5%에 그쳤다. 이 지역의 상인은 "저의 경쟁력은 이 동네 소비자들을 잘 안다는 거예요. 제가 여기 살고 있으니 대기업보다 제가 더 유리하죠."라고 말한다.[26]

그 길이 끌리는 이유

서울 마포구 연남동은 경의선 철길을 공원화하면서 '연트럴 파크'로 불리며 많은 사람들이 찾는 명소가 되었다. 서울 노원구 공릉동도 경춘선 철길을 공원으로 만들어 지역 주민들의 사랑을 받고 있다. 각각 경의선 숲길, 경춘선 숲길로 불리는 두 길은 상권 성격은 다르지만 공통점이 많다. 두 길의 사례를 통해 사랑받는 골목의 이유를 알아보자.

먼저 상권의 성격을 구분할 필요가 있다. 연남동은 발달상권 유형이고 공릉동은 생활상권의 성격을 띤다. 발달상권은 대중교통이나 자동차를 이용해 방문하는 곳으로 트렌디한 패션이나 음식을 파는 상점들이 밀집된 곳이다. 서울의 강남역, 홍대입구와 전국의 '~리단길'이 이 유형에 속한다. 다만 연남동은 잘 갖춰진 공원 때문에 지역 주민들도 많이 이용하지만 상점가 이용은 지역 외 방문객이 더 많다.

공릉동 같은 생활상권은 도보로 이동해 생활필수품 등을 구매하는 동네 가게들로 구성된 상권이다.● 왕복 6차로 이하의 도로변이나, 도로 안쪽 골목에 있는 상점가나 전통시장 등이 이 유형에 속한다. 흔히 '먹자골목'으로 불리는 유흥가는 대부분 발달상권에 속한다. 발달상권과 생활상권을 구분하는 주요 기준은 방문객이다. 다수의 방문객이 동네 사람이면 생활상권, 동네 밖 사람이면 발달상권으로 본다.

● 발달상권은 공공 행정에서 주로 쓰는 용어다. 발달상권은 8차로 이상의 도로변, 역세권 등의 상점 밀집지역으로 정의하고 있으며, 서울에는 약 253곳의 발달상권에 9만 개의 상점이 입점해 있다. 생활상권은 저자가 서울시청에서 근무할 당시 동네경제 정책의 일환으로 추진한 '생활상권 활성화' 사업에서 처음 사용하기 시작했다.

참고로 두 숲길은 구간 전체에 걸쳐 상권이 형성되어 있는 건 아니다. 연남동은 홍대입구역 3번 출구에서 연남파출소 삼거리까지 250m 구간에 숲길과 상점가가 겹쳐 있고, 공릉동은 커피 거리에만 상점가가 겹쳐 있다. 그러나 숲길이 배후의 주거지와 연결되어 있어 동네 주민들의 접근성이 좋은 편이다. 연남동은 경의선 숲길을 중심으로 연희동과 성산동 방향으로 상점가가 뻗어 있지만, 공릉동은 커피 거리 주변에 상점들이 밀집해 있다.

무대와 객석

두 곳 모두 더 이상 기차는 다니지 않지만 기존의 철로를 보존하고 작은 나무와 꽃들을 심어 산책로로 만들었다. 길 양쪽으로 저층 주택들이 밀집해 있고 간혹 작은 아파트 단지도 있다. 주택 1층에는 주로 카페와 음식점들이 영업 중이다. 그리고 많은 가게가 전면이 유리로 되어 있어 안과 밖이 서로 잘 보인다. 길을 걷는 사람에겐 나무와 꽃, 개성 있는 상점들이 볼거리가 되고, 상점 안에 앉은 사람에겐 창밖의 풍경과 길을 걷는 사람들이 볼거리가 된다.

도시계획 사상가 제인 제이콥스는 이를 "무대와 객석"으로 표현했다.[27] 상점 객석에 앉은 사람에겐 창밖이 무대고, 길을 걷는 관객에겐 상점과 상점 안의 사람들이 무대다. 사람 구경이 제일 재밌다고 하지 않던가. 매일 지나는 사람이 다르고 매일 보는 꽃과 나무가 다르니 연남동과 공릉동엔 매일 새로운 무대가 열리는 셈이다.

흔히 볼거리라고 하면 이벤트나 화려한 진열을 많이 생각한다. 이벤트가 볼거리인 것은 맞지만 이벤트를 매일 열 수도 없고 매일 열린다 해도 시간이 지나면 식상해진다. 화려한 진열도 마찬가지다. 처음엔 볼거리가 되지만 쉽게 질리거나 보면 볼수록 흥미가 떨어진다.

건축가 유현준 교수는 '이벤트 밀도'가 걷고 싶은 거리를 만든다고 했다.[28] 이벤트 밀도는 '단위 거리당 상점 출입구 수'를 말한다. 쉽게 말하면, 상점마다 보여주는 쇼윈도가 연속되면 마치 TV 채널을 돌리듯 다양한 재미를 준다는 의미다. 동일한 단위거리에 상점이 많아 이벤트 밀도가 높으면 볼만한 채널이 많아지고 같은 길을 걷더라도 매번 다른 체험이 가능해진다. 반면에 대형 건물은 건물 안이 잘 보이지도 않거니와 대부분 면적이 큰 상점 하나만 들어 있어서 이벤트 밀도가 낮고 그만큼 보행의 즐거움이 덜하다. 연남동과 공릉동은 모두 이벤트 밀도가 높고 그중에서도 연남동이 상대적으로 더 높다.

두 곳 모두 1층에 상점이 들어설 수 있었던 이유는 오래된 단독주택이 많았기 때문이다. 최근에 지은 주택들은 대부분 1층을 주차장으로 사용해서 상점 자리가 없다. 주택을 지을 때 건축법과 주차장법에 따라 면적이나 가구 수에 비례해 주차장을 확보해야 하는데, 지하에 주차장을 만들고 1층 상점에서 월세를 받는 것보다 1층에 그냥 주차장을 만드는 게 비용이나 수익 면에서 유리하다고 판단하는 경향이 있다. 상점 불빛이 없고 주차장으로 빼곡한 주택가 골목은 가로등이 있어도 밤길이 으슥하다. CCTV보다 골목을 밝히는 상점들이 사람들에게 더 안심을 준다.

오래된 건물에는 오래된 상점도 있기 마련이다. 새롭게 조성된 숲길에 새로운 상점만 있다면 그 또한 지루할 수 있지만 드문드문 자리잡은 허름한 가게들이 오히려 묘한 풍경을 자아낸다. 오래된 건물은 청년들에게 좋은 창업 공간이 되기도 한다. 제인 제이콥스는 "월세가 저렴한 건물은 창의적인 사람들이 새로운 시도를 하기 좋은 환경"이라고 했다.

두 숲길에는 벤치도 꽤 많다. 최근에는 공원이나 길거리에 벤치가 거의 없다. 벤치를 이용하는 사람들이 쓰레기를 버려서 주변이 지저분해지고 취객이나 노숙자가 잠들어서 사고도 생기기 때문이라고 한다. 아무튼 숲길에 놓인 벤치는 길을 걷다 휴식을 취하기에도 좋고 이 역시 거리 풍경을 감상할 수 있는 객석이 된다. 걷는 사람들의 보행 속도를 늦추는 효과도 있어서 그들이 주변의 상점을 더 많이 둘러보게 만든다.

익숙함과 새로움의 균형

경의선, 경춘선 숲길의 차이는 생활가로Life Street에서 나타난다. 경춘선 숲길에는 배후 주거지와 공릉동 도깨비시장을 연결하는 기능이 있다. 주민들이 시장 갈 때 일부러 숲길을 이용하기도 하고, 숲길에 산책을 나왔다가 시장을 둘러보기도 한다. 실제로 시장 상인들은 숲길이 생긴 이후 손님이 부쩍 늘었다고 말한다.

공릉동과 연남동은 상점 구성에도 차이를 보인다. 연남동은 발달상권이다 보니 똑같은 음식점이라도 '핫'하고 '힙'한 메뉴를 주로 팔지만 공릉동은 일상적인 메뉴가 주를 이룬다. 공릉동의 한 카페는 서점을 겸하고 있는데 문화체육관광부에서 주관하는 '심야책방' 같은 문화 프로그램을 활용해 동네 커뮤니티 기능도 하고 있다. 〈백종원의 골목식당〉에서 화제가 됐던 공릉동 찌개백반집도 도깨비시장과 멀지 않은 커피 거리 바로 안쪽에 있다. 백종원 대표가 방송에서 "우리 동네에서 장사하면 안 돼요? 동네에 이런 가게 있으면 얼마나 좋은데요."라고 할 만큼 동네 장사에 알맞은 가게들이 많다.

공릉동은 생활상권이 지향할 만한 모델과 환경을 갖추고 있다. 걷기 좋

공릉동의 음식점과 북 카페

은 길이 있고 걸어야 할 이유도 있다. 주민의 일상을 책임지는 가게와 여가를 즐길 수 있는 공간이 어우러져 있다. 한자리를 오랫동안 지켜온 단골 가게와 감각적인 청년 가게가 조화를 이루어 다양한 세대들이 동네를 공유할 수 있다. 시장은 동네 사람들의 식탁을 채우고 감성적인 카페와 공방은 주민들의 문화 다양성을 채운다. 아직은 동네 사람들의 커뮤니티와 주민 상인 간의 협력 활동이 미미하지만 동네 주부 모임이 점차 활발해지고 있어 기대가 된다.

동네가게, 동네 상권이라고 하면 허름하고 세련되지 못한 이미지를 떠올릴 때가 많다. 매일 보는 가게가 화려하면 오히려 금세 싫증이 나지만 동네 가게는 주민들의 감성을 충족해야 할 의무도 있다. 공릉동은 둘 사이에서 적절한 균형을 갖추고 있다. 외면적인 디자인 수준의 균형이 아니라 익숙함과 새로움의 균형이다. 공원과 상점가, 다양한 가게들의 콘텐츠, 그 콘텐츠를 이용하는 다양한 세대 사이에서 익숙함이 무게 중심을 잡고 새로움이 신선함을 더한다. 무심히 길을 걷다 마주친 꽃이 내 안의 봄을 깨우듯, 이런 조화와 균형은 우리에게 익숙했던 감각과 감성을 일깨우는 역할을 한다.

신경림 작가는 시 〈길〉에서 '사람들은 자기들이 길을 만든 줄 알지만, 길이 사람을 밖에서 안으로 끌고 들어가 스스로를 깊이 들여다보게 한다는 것을 모른다'고 말한다. 이 시를 보고 나서야 길이 매력적인 이유는 길을 걷다 발견하는 나 자신임을 알았다. 산책을 하다 보면 바쁜 일상에서는 하지 못했던 생각도 여유롭게 할 수 있고, 나무와 꽃을 보면 계절의 변화도 알 수 있다. 그 가운데 세상사에 밀려 있던 나 자신도 발견한다. 이런 길이야말로 도시의 삶에 필요한 작은 행복이다.

09

작은경제와 10분

도보 10분의 패러다임

우리가 일상에서 사용하는 공간은 집과 집 외의 시설로 나눌 수 있다. 둘 사이의 이동 방식과 범위를 바라보는 관점에 이용권과 세력권이 있다.[29] 이용권은 집을 중심으로 시설을 이용하는 형태를 보는 관점으로 통행이나 교통을 분석해 도시 설계를 할 때 주로 사용한다. 세력권은 시설을 중심으로 사람들의 이용을 유도하는 관점으로 상권 분석이나 입지 분석 등에서 주로 사용한다. 쉽게 말하면, 우리가 행동 반경을 바라볼 때 사는 집과 집 밖의 시설 중 무엇에 중심을 두는가의 차이이다.

도시재생, 상점가 활성화 등 공공의 지역경제 활성화 정책은 대부분 세력권 관점에서 설계한다. 소비를 통해 주민들의 생활 여건이 나아지는지보다 시설의 방문 여건이 개선되는 데 중점을 둔다. 서울시청에서 근무하며

세력권과 이용권의 차이

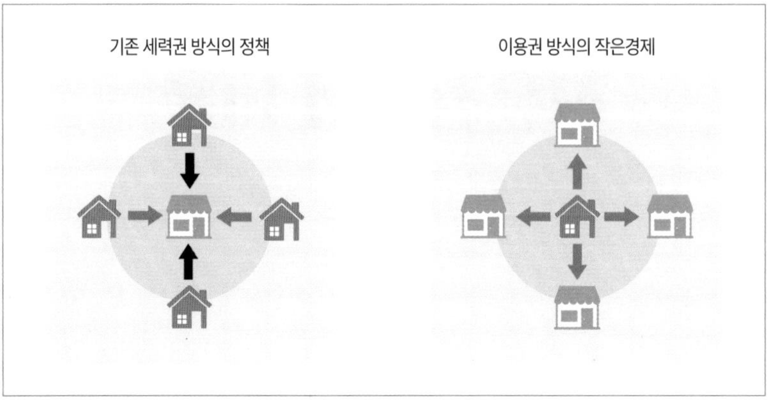

수없이 들은 얘기가 '시민 체감도 높은 정책'이었지만 정작 시민들은 체감하지 못하는 이유가 여기에 있다. 사람들의 생활 만족도는 복합적으로 작용하는데 그중 일부에만 변화를 주기 때문이다.

생활의 실질적 향상을 위해서는 이용권 관점의 작은경제 정책이 필요하다. 집, 즉 사람들의 생활에 중심을 두고 활동 반경 내 시설에 변화를 줘야 한다. 동네가게, 문화센터, 사회복지관, 공원 등에 주민 생활을 향상시킬 역할을 부여하고 이들을 유기적으로 연결하는 것이 이용권 관점의 경제정책이다. 이를테면 '주민 건강'을 목표로 문화센터는 운동 프로그램을 만들고, 동네 음식점은 영양성분과 열량을 표기하며, 사회복지관은 어르신 체조와 건강 식단을 제공하는 식이다. 세력권보다 통제해야 할 범위가 크고 대상은 다양하지만 사람들의 생활 전반에 골고루 영향을 미칠 수 있다.

작은경제의 이용권 범위는 도보 10분이다. 우리가 가깝고 편리함을 느끼는 거리가 도보 10분이기 때문이다. 도보 10분을 넘으면 걷는 게 노동이 되거나 다른 교통수단을 이용해야 하는 번거로움이 생긴다. 지하철이나 버스 정류장까지 가야 하고, 차가 오기를 기다려야 하며, 도착하는 정류장에서 최종 목적지까지 다시 걸어서 이동해야 한다. 자동차를 이용하려면 주차장에서 차를 빼고 신호를 기다리고, 사고에 대비해 주의를 기울이는 등의 복잡한 활동을 해야 한다. 그러므로 걸어서 10분 이내에 필요한 물건을 사고 서비스를 이용할 수 있다는 점은 생활 편의성을 향상시키는 중요한 요소가 된다.

> 작은경제의 이용권 범위는 도보 10분이다. 우리가 가깝고 편리함을 느끼는 거리가 도보 10분이기 때문이다. 도보 10분을 넘으면 걷는 게 노동이 되거나 다른 교통수단을 이용해야 하는 번거로움이 생긴다.

10분은 실제 소요 시간이 아니라 체감적 거리다. 어떤 경우는 15분 거리를 10분이라 여길 때도 있고 반대로 7분 거리를 15분이라 생각할 때도 있다. 언덕길을 오르거나 큰 도로를 건널 때는 실제 10분보다 길고 번거롭게 느껴진다. 반대로 걷는 길에 볼거리가 많거나 나무와 꽃이 많아 환경이 쾌적하면 실제 10분보다 더 길게 걷는다. 상점이나 단독주택이 많은 골목을 걸으면 수시로 볼거리가 나타나서 짧게 느껴지고, 큰 건물들로 가득 찬 대로변을 걸으면 볼거리 수가 적어서 길고 지루하게 느껴진다.

새벽배송보다 빠른 도보 10분

도보 10분의 경제는, 주민들이 일상의 필요한 물건을 곧장 걸어서 구매할 수 있다는 점에서 온라인 쇼핑보다 빠르고 편리한 것이 장점이다. 눈으로 보고 손으로 만져 상품의 질을 확인하고 살 수 있고 상품에 하자가 있더라도 즉시 반품이나 교환이 가능하다. 때로는 가게 주인의 전문 지식 덕분에 더 나은 선택을 하거나 새로운 사용법을 알 수도 있다. 이런 가게들이 많아지면 더 많은 사람들이 찾게 되고 손님이 많아지면 서로 더 좋은 상품을 갖춰 경쟁력을 높이려는 선순환이 일어난다.

배후 주민을 대상으로 영업을 하면 상인은 안정된 경영을 할 수 있다. 주로 다루는 상품이 유행을 타는 상품보다 생활 필수재나 일상적 사용품이기에 매출의 등락이 크지 않고 경제 위기가 와도 잘 견딜 수 있다. 코로나 사태에서 주로 타격을 받은 업종은 도심의 중심 상권에 있는 상점이거나 집합 제한 업종이었다. 동네 소매점과 음식점은 오히려 매출이 늘어난 경우가 많다. 사회적 거리는 둘지언정 하루 세 끼 밥은 먹으며 생활하고 소모품은 일상적으로 구매하기 때문이다. 또한 방문객 수가 급증하지도 않고 건물 매매 차익을 바라는 건물주 때문에 젠트리피케이션이 일어날 확률도 거의 없으므로 오랫동안 안정되게 장사를 할 수 있다. [4장, 7장 참조]

도보 10분의 작은경제 권역은 온라인 시대의 동네가게들에게 안정된 경쟁 구조를 마련해 준다. 코로나 사태 속에서도 사회적 거리두기가 완화되면 사람들은 바로 거리로 뛰쳐나왔다. 그만큼 우리는 직접 대면하고 마주하는 것을 즐기는 관계 속에 사는 인간이다. 장담컨대 코로나 이후라도 온라인이 온 세상을 뒤덮는 일은 벌어지지 않으며 오히려 오프라인의 매력이 돋보이는 세상이 될 것이다. 그 가운데 집 주변에 걸어서 이용할 수 있는 다양한 가게와 시설은 우리의 생활을 풍요롭게 하는 핵심적 요소가 될 것이다. 우리는 코로나 사태 속에서 온라인의 편리함도 더 알게 되었지만, 추리닝과 슬리퍼 차림으로 다닐 수 있는 동네의 편안함도 알게 되었기 때문이다.

보행경제는 경제구조의 균형을 갖추는 일이다. 다수의 이익을 차지하는 소수의 복합쇼핑몰은 자동차를 이용하고, 소수의 이익을 공유하는 다수의 가게는 걸어서 쇼핑한다. 100억을 버는 사람이나 100만 원을 버는 사람이나 똑같이 하루 세 끼를 먹는다. 즉, 소득에 비례해 소비가 증가하지 않으면 경제의 핏줄인 돈은 흐르지 못하고 한 곳으로 고인다. 100억을 버는 사람이 하루 100끼를 먹거나 1,000끼를 나누는 게 아니라면 말이다. 그러나 그들은 온라인에서의 한판 승부에도 박차를 가하며 더 큰 이익을 확보하려 한다.

우리의 소비가 걷는 즐거움과 함께한다면 다수의 가게들에게 더 많은 기회가 주어지고 건강한 경쟁과 성장을 촉진할 수 있다. 그로 인해 우리의 소비 생활이 대기업의 획일화된 시장에서 벗어나면 다양성이 충족되는 바람직한 환경도 만들어진다. 조금 더 멀리 보면, 소규모 창업은 일자리가 부족한 우리와 우리의 다음 세대에게 주요한 선택지가 될 수 있다. 그때 보행경제는 더 많은 사람들에게 기회를 담아낼 수 있는 그릇이 될 것이다. [7장 '왜 경제가 작아야 할까' 참조]

변화를 위한 '제도'

도보 10분의 작은경제 구조를 만들기 위해서는 제도적 기반과 지역 활동 주체의 육성이 필요하다. 제도적 기반이란 공공의 자원과 예산을 투입하기 위한 법적 근거와 정책 추진 방식을 뜻한다. 제도가 마련되면 실제 사업을 추진할 사람이 필요하다. 대체로 지역 단위의 사업을 추진할 때는 외부 전문가를 투입해서 지역 내의 상인, 기업, 주민들과 함께 추진하는데, 관련 전문가층도 두텁지 않고 지역 내 사람들도 경험이 부족해 각자의 이해관계만 추구하며 협력이 잘 되지 않는다. 사람이 부족한 이유는 동네 단위 경제 활성화를 추진하는 제도와 경험이 없었기 때문이다. 즉, 제도가 먼저 마련되어야 공공 정책이 추진되고 그에 따라 사람들의 경험도 쌓이게 된다.

작은경제의 중요한 공급자인 동네가게와 관련된 제도를 먼저 살펴보자. 소상공인 관련 법률로는 '소상공인 보호 및 지원에 관한 법률'과 '전통시장 및 상점가 육성을 위한 특별법' 등이 있다. 소상공인법은 소상공인 지원을 위한 전반적 내용을 담고 있으나 모두 개별 소상공인의 경영 안정화, 창업 지원 등에 관해서만 다룬다. 전통시장법이 그나마 집합적 소상공인을 위한 제도긴 한데, 전통시장 구역의 지리적 경계를 명확히 긋고 있으며 그 안에서만 자원과 예산이 투입될 수 있다. 전통시장으로 지정된 경계 바로 옆의 가게도 전통시장 관련 사업에는 참여할 수 없다. 우리나라 자영업 560만 개 중 전통시장에 20만 개의 상점밖에 없는데도 소상공인 관련 예산의 40% 이상을 차지하고 나머지 예산만 개별 소상공인으로 흩어지는 이유가 전통시장 지원에 관한 법적 근거가 잘 마련되어 있기 때문이다. [5장 '공공 정책의 선택' 참조]

전통시장 및 상점가 관련 법적 정의

1. 전통시장: 1,000m^2 이상 면적에서 도매업, 소매업 또는 용역업 점포가 50개 이상 밀집한 곳으로 특별자치도지사, 시장, 군수, 구청장이 인정하는 곳
2. 상점가: 2,000 m^2 면적 이내에 도매업, 소매업 또는 용역업의 점포가 30개 이상인 곳
3. 시장 활성화 구역: 2개 이상의 시장 또는 시장과 상점가가 인접하여 하나의 상권을 이루고 있는 곳

작은경제의 경계 설정

작은경제에서 활용하는 이용권은 집을 중심으로 도보 10분 반경을 경계로 본다. 그런데 동네에는 집이 하나만 있는 게 아니어서 반경의 중심점을 잡기 어렵다. 집집마다 도보 10분 반경이 다 달라서 모든 집을 기준으로 하면 경계가 무한히 확장된다. 전통시장이나 상점가처럼 명확히 경계를 짓는 방법이 있어야 공공의 예산과 자원을 담아내는 제도를 만들 수 있다. 서울시청에서 생활상권 사업을 기획하며 이 문제에 봉착했을 때, 두리공간연구소 최이명 박사가 깔끔하게 해결해 주었다.

우리가 사는 동네에는 '정주 생활 중심지'가 있다. 정주 생활 중심지란 생활의 중심이 되는 교육기관[초등학교 등], 공공 기관[도서관, 은행 등], 교통 거점[지하철역 등], 근린 시설[식료품점, 학원 등]에 공통적으로 접근하기 쉬운 어느 한 지점을 의미한다. 이곳이 동네 생활의 중심점이 되므로 여기서 도보 10분 반경 안에 있는 집들은 걸어서 10분 안에 생활 중심지에 닿을 수 있다는 의미가 된다. 나는 이용권의 중심을 집이라는 건축물로 보았지만 최이명 박사가 생활 거점이라는 소프트웨어로 해법을 제시한 것이다.

정주 인구 생활 중심지를 도출하는 방법은 다음과 같다. 먼저 지리정보시스템[GIS]으로 위 네 개 시설의 집적도를 분석해서 가상의 위치를 잡는다. 그 후에 현장 조사를 통해 실제 중심지를 찾아내고 거기서부터 10분의 경계선을 획정한다. 이때 고려되는 것이 경사도, 도로, 지형지물 등이다. 언덕길은 걷기가 불편해 실제 거리보다 짧게 경계를 짓고, 6차선 이상의 도로나 큰 하천은 사람들이 잘 건너지 않으려 하므로 여기에 경계선을 그어야 한다. 다음 페이지 그림에서 중간의 붉은색 음영 부분과 점선이 생활 중심지와 유동인구 중심 동선이며, 여기서 도보 10분 거리를 파란색으로 표

서울시 생활상권 구역 획정 예시

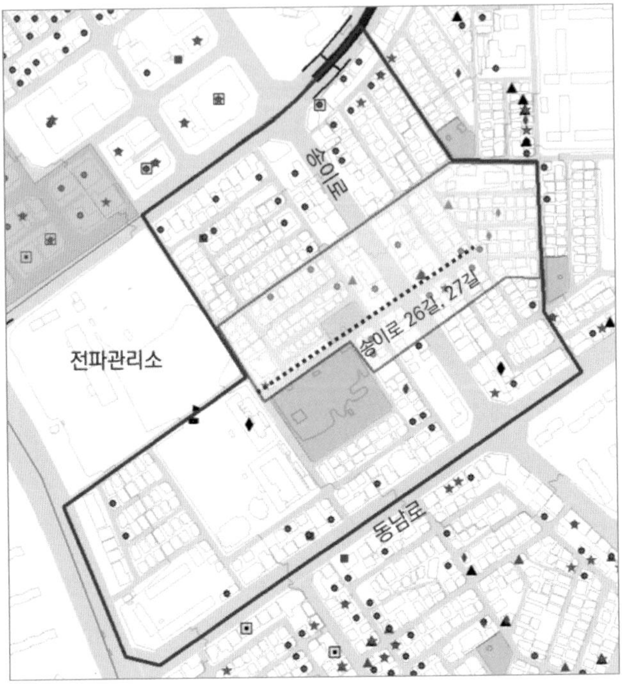

시된 생활상권 구역 경계로 획정했다. 송이로는 4차로라서 구역 안으로 포함하고 남쪽의 동남로는 6차로라서 경계를 지었다.

서울에는 약 293개의 정주생활 중심지가 있는 것으로 추정된다. 425개의 행정동으로 단순 계산하면 작은경제 1개 권역이 행정동 1.5개의 범위를 차지한다고 볼 수 있다. 그리고 67만 개의 자영업 중 46만 개가 생활상권 영역 안에 있다고 추정하고 있으므로 1개 권역에는 평균 약 1,500개의 동네가게가 있다는 의미가 된다. 결코 작은 영역이 아닌데도 지역에서는 더 많은 상점을 포함하기 위해 더 넓은 경계를 요구한다.

경계를 넓게 설계하면 관리범위가 넓어지면서 사업의 밀도는 낮아진다. 각자의 니즈를 경청해야 할 상인이나 주민이 많아지고 서로의 이해관계를 조정하는 일도 복잡해진다. 그에 따라 사업에 필요한 예산, 자원, 조직 등의 규모가 늘어나면서 사람들의 욕심은 커지고 이해관계는 더 복잡해진다. 반대로 너무 좁게 경계를 설정하면 주민의 다양한 생활 수요를 다 담을 수 없게 된다. 명쾌한 해답은 없지만, 넓은 것보다 작게 설정하는 게 더 나은 성과를 낼 수 있는 점은 명확하다. 이해관계가 크고 복잡하면 그 문제를 해결하는 데 많은 에너지를 쏟느라 정작 중요한 사업 추진에 집중할 수 없다. 비록 주민 생활의 일부분일지라도 작은 변화를 통해 성공의 상을 보여주면서 긍정적인 에너지를 확산해 가는 편이 장기적으로 더 낫다.

변화를 위한 '사람'

작은경제를 육성하기 위해서는 많은 자원과 예산이 소요되므로 공공의 지원도 필요하다. 그러나 공공이 들어오면 대체로 외부 전문가를 지역에 투입해 사업을 주도한다. 이로 인해 사업이 실패하든 성공하든 과정상의 경험이 지역민에게 남기 어렵다. 더 큰 문제는 지역민들이 방관자적 입장이 되어 사업 참여도와 책임감이 떨어진다는 점이다. 그러므로 지역민 중에 사업을 이끌어갈 리더를 키우고 행정과 외부 전문가 3자 간에 협력을 하는 방식이 필요하다. 이때 지역의 리더는 주민, 상인, 지역 소모임, 복지관, 도서관 등 다양한 이해관계자의 참여를 이끄는 리더십 역할을 맡고, 외부 전문가는 지역민에게 부족한 경영, 마케팅, 디자인, 갈등 조정 등의 전문성을 보완하는 역할을 해야 한다. 행정은 작은경제 추진의 목적이 단순한 상점가 살리기가 아니라 주민 생활 향상을 위한 변화임을 주지시키고, 사업 추진 시 최상위 기준으로써 작동되도록 관리해야 한다.

전통시장의 사례

전통시장이 많은 공공 예산을 지원받을 수 있는 이유는 상인회 조직이 갖춰져 있기 때문이다. 상인회는 상인들의 모임으로 매월 또는 매년 정기적으로 상인회비를 납부한다. 그러나 회비가 상점당 월 5,000원에서 2만 원 선으로 100개 상점을 기준으로 하면 최대 월 200만 원이다. 사무실 임차료, 총무 회계 직원 급여 등을 주기에도 빠듯한 금액이다. 어쩔 수 없이 공공의 지원에 의존하게 되면서 상인회는 자체적으로 시장 경영을 고민하는 조직이 아니라 이익단체의 성격을 띨 수밖에 없게 된다.

상인회를 대표하는 상인회장은 대체로 2년마다 선출되는데 시장 경영에 필요한 역량을 가진 사람이 아니라 평판 좋은 사람이 선출된다. 상인회장에 출마하는 사람도 상인 중 한 명이라서 시장 경영에 관해서는 경험이나 지식이 부족할 수밖에 없다. 상인회장이 되면 평판 유지를 위해 공공의 지원사업을 가져오는 게 최우선 과제가 된다. 자체적으로 마케팅 활동을 하려면 상인 회비를 더 걷어야 하고 상인들이 직접 활동을 해야 한다. 그러면 평판 유지는커녕 오히려 불평과 원성만 듣는다. 게다가 전통시장은 오랜 세월 막대한 공공 지원을 받아온 터라 스스로의 노력보다 공공 지원에 대한 의존도가 매우 높아졌다.

정치인들도 서민 친화적 이미지를 주기에 전통시장만큼 좋은 장소도 없고, 잠깐 들러도 한번에 많은 상인을 만날 수 있기에 이곳에서 다양한 지원을 약속한다. 그렇게 공공 예산이 투입되면 상인 중에 사업 역량이나 전문성 있는 사람이 없으므로 외부 전문가나 사업자와 함께 사업을 추진한다. 또한 앞서 밝힌 것처럼 제도적으로 공공 예산의 사용 범위가 전통시장 구역 내에 한정되어 있어서 시장 주변이나 지역 내 여러 기관들과 협력하기도 쉽지 않다. 이런 문제들로 인해 시장 내부에는 경험과 역량이 쌓이지 않고, 지역 내에서 독자 생존할 수밖에 없는 구조가 되며, 점점 더 공공의 지원에 의존하는 악순환이 이어진다.

작은경제의 조직과 사람

작은경제는 상인, 기업, 시민단체, 공공 기관이 서로 협력하고 융합해서 주민에게 더 나은 생활을 제공하려는 경제정책 모델이다. 따라서 작은경제의 사업 추진 조직은 지역 내 다양한 이해관계자의 의견을 모으고 조정하는 핵심적 역할을 해내야 한다. 이를 위해 가장 좋은 방안은 지역 내 여러 분야의 주체들이 모여 하나의 조직을 구성하고, 그 조직 안에서 의사결정을 하고, 계획을 수립해서 실행하는 것이다. 각 분야의 대표자가 참여할 수도 있고 조직이 참여할 수도 있다. 중요한 것은 조직의 구성이 어느 한쪽으로 기울거나 특정 단체만의 이익을 대변해서는 안 된다는 점이다.

고정된 해답을 제시하기보다는 각 지역에 맞게 조직 체계를 갖출 수 있도록 서울시 생활상권 사업에서의 경험과 사례를 참고 자료로 제시한다. 먼저 조직의 형태는 '사회적 협동조

작은경제는 상인, 기업, 시민단체, 공공 기관이 서로 협력하고 융합해서 주민에게 더 나은 생활을 제공하려는 경제정책 모델이다. 이를 위해 가장 좋은 방안은 지역 내 여러 분야의 주체들이 모여 하나의 조직을 구성하고, 그 조직 안에서 의사결정을 하고, 계획을 수립해서 실행하는 것이다.

합'을 선택했다. 일반 협동조합이나 비영리단체로 할 수도 있었지만, 이사회 구성 요건을 명시하고 사익 추구를 방지하기 위한 최선의 대안이었다. 물론 그 틀을 벗어날 방법은 얼마든지 있으나 그런 일이 발생될 수 있는 여지를 최대한 줄이는 데 초점을 맞췄다. 조합의 이사회는 열 명 이상의 주민, 소상공인, 사회적경제 기업, 지역단체 등으로 구성하고, 이사회 구성원 중 최소 60%는 사업지 내에 거주 또는 소재하는 것을 전제했다. 그리고 주민이 중심인 사업과 조직이라는 점을 주지하기 위해 이사회 구성원 중 최소 30%는 사업지 내 상점, 기업, 지역단체 등에 소속되지 않는 순수한 거주 주민이어야 함도 명시했다.

예전에 사회적경제 분야 강의를 하면서 '협동조합은 조합을 구성한 후에 협동하는 게 아니라, 협동이 잘되는 사람들이 모여 조합을 구성하는 것'이라고 강조했다. 그런데 생활상권 사업은 공공 제도의 요건상 조직이 필요해서 먼저 조직을 구성하는 형태여서 내적 갈등이 있었다. 그 점을 보완하기 위해 '토론, 수용, 합의'의 의사결정 방식을 매우 강조하고 다양한 방식으로 보완했다.

토론은 누가 옳은지를 결정하는 일이 아니고 무엇이 옳은지를 결정하는 일이다. 지역에서 다양한 이해관계자가 모이면 대체로 자신의 주장을 관철시키려는 양상이 나타난다. 그로 인한 갈등 자체가 나쁜 것은 아니다. 어느 조직이든 갈등은 있기 마련이며 오히려 수면 아래 갈등이 잠재된 조직이 더 위험하다. 문제는 갈등이 아니라 갈등을 건강하게 해결하는 토론 문화가 없다는 점이다.

생활상권 사업에서는 '토론, 수용, 합의' 문화를 내재화하기 위해 '사업운영 툴킷'을 만들고 정기적인 워크숍을 의무화했다. 툴킷은 내비게이션처럼 사업의 목적지를 향해 잘 가고 있는지 점검하고 어떻게 가야 하는지를 알려주는 도구의 역할을 한다. 툴킷은 사업의 핵심 성공 요인이 되는 리더십, 협력, 사업 경영 세 가지 범주만 압축적으로 다루도록 했다. 각 범주에는 각각 세 개의 지수와 지수별 실행 지표를 만들어 스스로 답을 찾아갈 수 있게 만들었다.

보통 툴킷이나 매뉴얼이 있으면 평가 받는 느낌이 먼저 들고 무엇을 잘못하는지 알려주는 방식으로 운영되지만, 이 툴킷은 조직의 성장에 초점을 맞추어 문제 해결력을 높이는 데 중점을 두었다. 그래서 질문형 문항 대신 '듣고 있다', '알아가고 있다'처럼 현재의 상황을 자각할 수 있는 문장으로 구성했다. 문항 답변의 척도는 10점으로 세분해서 활동 주체들이 조금씩 진보되고 있음을 느낄 수 있도록 했다. 그리고 아래쪽에 '현장 활동 팁'을 두어 척도에 점수를 매길 때 참고 자료로 활용하거나, 이후에 어떤 활동을 더 할 수 있는지 가늠하는 길잡이 역할을 하도록 했다. 각 문항의 끝에는 '그리고 또 뭐가 있을까요'의 질문을 두어 구성원들끼리 지역에 맞는 활동을 고민해 보도록 했다.

툴킷의 또 다른 의의는 어떤 사람이 기준점이 되는 게 아니라 방향이 기준이 되도록 하는 것이었다. 사업을 추진하며 이것이 옳은지 저것이 옳은지를 판단하기 어려울 때, 뛰어난 한 사람이 해법을 제시하기보다는 이 툴킷을 펼쳐보고 모두의 지혜로 올바른 대안을 찾아가는 조직 문화가 자리잡기를 바랐다.

생활상권 사업 운영 툴킷 '리더십' 항목

[주민의사 수용] 동네 사람들은 어떤 생각을 갖고 있을까요?

1. 운영 주체는 동네 사람들과 골고루 만나며 그들의 생각을 듣고 있다.

①	②	③	④	⑤	⑥	⑦	⑧	⑨	⑩
원래 알던 사람 위주로 만난다					만날 수 있는 사람과 방법이 다양해졌다				

현장 활동 팁!

- 온오프라인 채널을 골고루 이용하여 토론회, 설명회, 워크숍, 교육 등을 열고 있다
- 세대, 성별, 직업, 거주 지역, 소득 등에서 골고루 동네 사람들과 만나고 있다
- 동네 사람들과 나눈 이야기들을 사업 주제별로 정리하고 있다

그리고 또 뭐가 있을까요

2. 운영 주체는 동네 사람들과 함께 동네에 무엇이 필요한지를 알아가고 있다.

①	②	③	④	⑤	⑥	⑦	⑧	⑨	⑩
다 알고 있다고 생각한다					모르는 게 많다는 걸 알게 되었다				

현장 활동 팁!

- 동네살이 주제별로 동네 사람들의 모임이 있다(육아, 청소년, 친환경, 쓰레기 등)
- 운영 주체는 매일 동네를 돌아다니며 관찰하고, 동네 사람들과 인사를 나누고 있다
- 이렇게 모아진 이야기들을 또 다른 동네 사람들에게도 알리고 있다

그리고 또 뭐가 있을까요

3. 운영 주체는 다양한 이해관계자들 사이의 생각 차이를 존중한다.

①	②	③	④	⑤	⑥	⑦	⑧	⑨	⑩
생각이 다르면 불편하고 낯설다					다름을 인정하고 이해관계를 넓혀 가고 있다				

현장 활동 팁!

- 운영 주체와 이해관계가 다른 동네 사람의 생각도 수용하고 있다
- 동네 사람들의 생각과 주장에 '옳다, 그르다' 판단하거나 표현하지 않는다
- 동네 사람의 서로 다른 생각을 가진 이유와 배경을 알아가며 이해하고 있다

그리고 또 뭐가 있을까요

칸막이 없는 골목

집 주변의 이용권 범위에는 소상공인만 있는 게 아니다. 사회복지관, 문화

센터, 병원, 지역아동센터, 학교, 보건소 등 다양한 시설이 있으며 이들 모두 우리 생활과 밀접한 관계가 있다. 더불어 이런 시설들이 모두 유기적으로 연결될 수 있는 자원을 지니고 있다. 학교나 지역아동센터의 급식을 동네가게에서 공급할 수 있고, 복지관과 전통시장이 함께 어르신 대상 프로그램을 진행할 수도 있다. 그러나 관련 제도와 정책은 각각의 테두리에 갇혀 있어서 연계하고 협력하기 힘든 구조다.

흔히 '행정 칸막이'라고 한다. 행정 부서 각자의 영역에서는 충실한데 연계와 협력은 잘 이루어지지 않는다. 부서별 또는 사업 담당자별로 성과를 측정하고 평가하는 조직 구조가 주요 원인이다. 성과는 인사고과 문제에 국한되지 않고 부서별 사업 추진 방향에도 영향을 미친다. 서울시에 근무하면서 행정 칸막이를 답답하게 여겼던 나도 타 부서에서 협조 요청이 왔을 때 선뜻 응하기 어려웠다. 서울시에 골목재생사업을 담당하는 부서가 있다. 도시재생보다 작은 규모로 골목을 가꾸고 리뉴얼하는 사업인데 생활상권 사업과 연계하자는 요청이 왔었다. 언뜻 보기에 융합하면 좋은 성과가 날 것 같았지만 서로가 원하는 사업 지역에 대한 선정 기준, 시기, 지역 추진 주체가 다르고, 상충 의견에 대한 조정 방안, 지역 주민의 오해와 혼란 등 많은 문제가 예상됐다. 결국 해결점을 찾지 못해 부서 간 협력은 성사되지 못했다.

우리가 사는 동네와 골목에도 보이지 않는 칸막이는 존재한다. 행정 칸막이가 서로 다른 성과 목표 때문이라면 골목의 칸막이는 이해관계의 차이 때문에 생긴다. 상인은 돈 버는 데 집중하고, 복지관은 비영리 활동에 충실하며, 시민단체는 사회의 올바름을 추구한다. 동네 일을 위해 협력했던 경험이나 사례도 없고 구심점이 되는 리더도 없다.

리더십 개발 전문가 이창준 대표는 책《리더십, 문을 열다》에서 영어 'Lead'라는 말은 '문지방을 넘는다'는 뜻의 인도유럽어인 'Leith'에서 온 단어이며 이쪽 세계에서 저쪽 세계로 옮겨간다는 의미라고 했다. 그러므로 리더십이 제대로 작동되기 위해서는 현재의 세계를 완전히 버릴 수 있어야 하고, 그 후에 새로운 세상에 대한 비전으로 수많은 역경을 넘을 수 있어야 한다고 했다.

우리동네 행복지수

작은경제로의 패러다임 전환을 위해서는 새로운 지향점이 필요하다. 행정의 칸막이를 넘어 하나의 목표를 달성하기 위한 지표가 되고, 지역민들에게는 더 나은 삶을 제시하는 비전이 될 수 있어야 한다.

이런 차원에서 '우리동네 행복지수'를 제안한다. 지수란 특정 시점과 현재 시점의 비교를 통해 변화의 폭과 속도, 방향을 알아보기 위한 수치를 뜻한다. 즉, 우리동네 행복지수는 과거 시점보다 우리 동네가 얼마나 나아졌는지를 직관적으로 알아보기 위한 도구로 활용할 수 있다. 다만 행복에 대한 정의는 모두 다를 수 있고 정량적인 숫자로 나타내기 어렵다. 그래서 지수값을 측정하기 위해 정성지표를 활용한다. 오른쪽 표에서 보는 것처럼 지수를 측정하기 위해 각 지수별로 4개의 정성지표 문항을 만들었다. 그리고 각 지수의 향방을 알 수 있는 핵심적인 정량지표로 정성지표가 지닌 모호함의 한계를 보완했다.

지수는 주민들이 체감할 수 있는 다섯 개 분야로 정리했다. 먼저, 생활소비의 중심이 되는 먹거리 분야에서 동네가게에 대한 만족도를 알아본다. 정량지표로 '식탁점유율'을 제시했는데, 끼니를 해결하기 위해 동네가게를

우리동네 행복지수

– 정성지표는 '네 맞아요', '그러면 좋겠어요', '관심 없어요' 3점 척도로 조사

지수	정성 및 정량지표	
행복한 식탁	정성	- 우리 동네 식재료 상점은 언제나 믿고 살 수 있다 - 아이와 함께 가도 안심되는 동네 맛집과 메뉴가 다양하다 - 동네가게 몇 곳을 돌면 아이들 반찬 걱정이 사라진다 - 우리 동네 음식점은 배달보다 직접 가서 먹는 게 더 맛있다
	정량	- 식탁점유율: 식탁에 오른 식재료 중 동네가게 구매 비율
걷고 싶은 길	정성	- 우리 동네 골목길은 어린아이와 걷기에 쾌적하고 안전하다 - 유모차나 휠체어 등으로 다니기에 장애물이 없고 편리하다 - 동네를 걷다 보면 동네 상점을 둘러보는 재미가 쏠쏠하다 - 동네를 걷다 보면 계절이 바뀌는 걸 알 수 있다
	정량	- 동네보행량: 평일, 주말별 동네 보행 시간, 횟수 등
인사하는 이웃	정성	- 우리 동네 상인은 믿을 만한 이웃이라 생각한다 - 우리 동네엔 이웃과 편하게 수다 떨 수 있는 공간이 많다 - 물건을 빌려주고 나눌 수 있는 동네가게나 이웃이 있다 - 새로 이사 온 사람도 쉽게 이웃을 사귈 수 있는 기회가 많다
	정량	- 방가방가량: 동네에서 마주친 사람과 반갑게 인사하는 횟수
함께하는 돌봄	정성	- 우리 동네엔 나와 아이들이 함께 좋아하는 가게가 많다 - 우리 동네가게들은 아이들에게 친절하고 믿을 만하다 - 급할 때 잠시 아이를 맡길 수 있는 동네가게나 공간이 있다 - 우리 동네가게들은 어르신들을 위해 다양한 편의를 제공한다
	정량	- 돌봄배려율: 동네가게들이 우리 아이를 배려한다고 여기는 비율
마음 편한 동네	정성	- 동네가게들 덕분에 밤길을 걸어도 안전하다고 생각한다 - 우리 아이의 등하굣길은 크게 걱정되지 않는다 - 우리 동네 상인은 동네 사람들의 건강을 지키기 위해 노력한다 - 우리 동네는 반려동물과 살기에도 편하고 좋다
	정량	- 가족안심률: 우리 가족 중 동네 이용에 불안을 느끼지 않는 비율

이용하면 오가는 길에 카페도 들르고 슈퍼도 들르게 되기 때문이다. 두 번째로 보행 환경을 제시했다. 아이들이 걷기 안전하고 편안한 길은 어른들에게도 쾌적하기에 기준점을 아이들로 잡았다. 동네를 걷다 보면 계절이 바뀜을 알 수 있는 것도 하나의 지표로 삼았다. 제철 채소와 과일은 계절을 알리기도 하고 싱싱하며 건강한 식재료를 상징하기 때문이다. 세 번째는 인사하는 이웃이다. 상인과 상점이 그 자체로 주민의 이웃이 되기도 해야 하며, 동네 친구를 사귀는 매개가 되어야 한다는 의미도 담았다. [8장 '1명의 100억, 100명의 1억' 참조] 아이를 낳고 기르기 힘든 세상이고 고령화 인구가 증가하고 있음을 반영해 돌봄 지수를 반영했다. 사회가 험악해져서 믿을 수 있는 시설에만 아이들을 맡기다 보니 예전처럼 '온 마을이 한 아이를 키운다'는 생각은 사라졌다. 그만큼의 안전한 세상을 만들기는 쉽지 않으나 나아가야 할 비전으로서 정성지표를 설정했다. 마지막으로 마음 편한 동네에 관한 지수다. 범죄로부터의 안전은 경찰에게 맡기고, 안심 동네를 만드는 상인의 역할을 제시하기 위해 지표를 설정했다. 상인들이 각자 자신의 가게 앞에 오가는 사람들을 살피면 동네 전체가 마음 편한 곳이 된다.

개별 지수는 행정의 부서별 역할이기도 하다. '행복한 식탁'은 경제 담당 부서, '걷고 싶은 길'은 보행 환경 부서, '인사하는 이웃'은 공동체 또는 자치행정 부서, '함께하는 돌봄'은 평생교육이나 복지 부서, '마음 편한 동네'는 도시 안전 부서의 업무에 해당한다. 각 부서에서는 기존에 하던 업무를 연속성 있게 하되 사업 방향을 잡는 성과지표로 활용하면 된다. 그리고 기획조정실 등에서 종합적으로 지수를 관리하면 행정 칸막이 문제는 일부 해결될 수 있다.

각 지수는 독립적으로 작용하기도 하지만 서로 연결되어 있기도 하다.

식탁점유율은 보행의 목적을 제공하고 '걷고 싶은 길'과 '마음 편한 동네'는 보행의 안전을 제공한다. 이들이 진보하면 '인사하는 이웃'이 늘어나고 돌봄을 함께하는 마을이 되기도 한다. 결국 우리동네 행복지수는 주민들을 더 많이 걷게 하는 동기와 결과가 되므로 골목의 가게들이 협력해야 할 이유를 제공한다.

각 지수와 지표의 구체적인 설명과 작동 원리는 다음 장에서 상세히 다루기로 하고 보행을 확대하기 위한 제도를 추가로 알아보자.

보행 확대를 위한 제도

길은 보행목적 사이의 경로다. 우리동네 행복지수를 높이면 보행이 확대되고 작은경제도 활기를 띠지만 기존 시설과 가게들로는 보행목적성을 높이는 데 한계가 있다. 이런 문제를 해결하기 위해 '리디자인Re Design 사업'을 검토한 적이 있다. 이는 공공이 특정 구역을 10년 동안 장기 임차해 리뉴얼한 후 상인에게 재임대하는 방식이다.

골목 바닥부터 상점 내외부까지 전면 리뉴얼하고 공사 기간 동안 상인에게 업종 전환, 상품 개선에 관한 컨설팅을 제공한다. 리디자인 설계를 할 때 주민과 지역단체의 의견을 수렴해서 일부 상점에는 상점가의 방문 목적을 제고하는 공공 편의 시설도 입점시킨다. 많은 예산이 소요될 것 같지만 공공에서 임차 후 상인에게 재임대하는 방식이므로 그 차액과 시설 공사비, 교육 컨설팅비만 있으면 된다. 주차장 하나에 100억을 들여 짓는 것보다 더 효과성 있는 사업이라고 판단했다. 그런데 이 역시 행정 칸막이에 막혀 실현시키지 못했다.

나중에 알고 보니 프랑스에 이미 유사한 사례가 있었다. 파리시는 민간과 합작 투자로 'SEMAEST'라는 부동산개발공사를 설립했다. SEMAEST는 사업 대상 지역에 비어 있거나 팔기 위해 내놓은 상가를 매입한 뒤 저렴한 가격으로 소상공인에게 임대 또는 분양한다. 프랑스 도시계획법에는 지방자치단체들이 특정 지역 내의 부동산을 관리하고 선매권을 행사할 수 있는 조항이 있다. SEMAEST는 파리시로부터 선매권을 위임받아 해당 지역 내에 있는 부동산을 우선적으로 매입한다. 그 후 주민의 일상에서 가장 필요한 식료품점, 서점, 정육점, 세탁소 등의 근린 업종이나 수공업자들에게 임대한다. 이로써 주민 보행은 늘어나고 소상공인은 비싼 권리금이나 보증금을 낼 필요 없이 저렴한 임차료로 안정된 영업을 할 수 있다.

이와 같은 정책도 칸막이 문제를 해결해야 가능하다. 행정 내 부서 간 칸막이도 넘어야 하고, 행정과 의회 간 협력도 필요하다. 사실 더 큰 벽은 당사자인 주민들의 이해도다. 아무리 좋은 정책을 수립해도 당사자들은 변화를 두려워하고 거부할 때가 많다. 행정은 끈기를 갖고 주민의 입장에서 이해하기 쉽게 설명하려는 노력을 해야 한다. 언론의 역할도 매우 중요하다. 언론은 비판적 보도에 익숙해서 공공 정책의 부정적 측면을 주로 보도한다. 모두에게 완벽할 수는 없다. 한순간 욕을 먹더라도 과감하게 한 발 내디뎌야 한다. 그래야 조금씩 조금씩 세상이 진보한다.

방향을 잃지 않는 법

사업의 방향은 모든 의사결정과 행동을 좌우하는 최상위 기준이다. 방향에 따라 사업을 기획하고 실행하는 것은 물론이거니와 무엇을 해야 할지 모를 때, 사업 참여자들 간에 이견이 있을 때, 공동의 이익에 부합되지 않는 행위를 제어할 때 사업 방향이 기준과 지침이 된다. 일을 하다 보면 기대보다 성과가 나오지 않거나 실수할 때가 있다. 사업이 지향하는 방향 내에서 이런 일들이 벌어지면 성장의 밑거름이 되지만 지향점을 벗어난 범주에서 벌어지면 배움도 회복도 어렵다.

아무리 좋은 제도와 사업을 설계하더라도 사업 현장에서 사업 방향을 유지하기는 쉽지 않다. 지역별로 상황이 다르기도 하고, 사람이 하는 일이다 보니 사업의 주체로 참여하는 사람에 따라 방향이 틀어질 수도 있다. 때로는 한 명이 조직 문화를 흐트러뜨리기도 하고, 자신의 이익만을 추구하는 한 명이 사업 전체의 이미지를 떨어뜨리기도 한다. 가장 흔한 경우는 사업 방향의 왜곡이다. 공공의 예산을 끌어와 일부의 이익에 부합되는 사업으로 변형시키면 시민의 세금이 낭비되고 지역의 공동체성이 무너질 수 있다. 사업 방향이 의사결정의 기준으로 작용되기 위해서는 참여자 간에 방향에 대한 해석이 다르지 않고 명확해야 한다.

작은경제의 방향은 '주민 생활 향상'이다. 상당히 모호할 수 있다. 이럴 때 사업 운영 툴킷, 우리동네 행복지수 등이 사업 방향의 의미를 명확히 전달하기 위한 보완적 도구가 되며, 다른 사업에서 일반적으로 사용하는 '사업 지침'의 대안적 역할을 한다. 지침은 '하달'되어 지켜야 하는 규칙rule이지만 툴킷은 전달되어 '활용'되는 도구tool라는 점에서 다르다. 또한 규칙은 머리로 외워야 하는 것이고 도구는 마음과 생각으로 체화되어야 하는 것이라는 점에서도 다르다.

간명하고 멋진 문구로 사업 방향의 명확성을 높이려는 경우가 있다. 많은 사람들의 이해와 공감이 필요한 일인데 어찌 몇 개의 단어로 그 뜻을 명확하게 담을 수 있겠는가. 오히려 그런 간명한 문장이 모두에게 공감을 받을 때는 서로 간의 해석이 다르지 않은지 의심하는 게 옳다. 앞에서 언급한 몇 개의 도구로 만족해서도 안 된다. 사업의 전 과정에서 단계마다 요소마다 사용하는 간단한 안내 문구 하나에도 방향성이 담겨야 하고, 이런 메시지가 지속되고 반복될 때 비로소 모두에게 체화되어 당초의 방향대로 사업이 움직인다.

방향은 주민의 삶에서

장사 잘하는 사람의 공통점은 고객 입장에서 생각하기, 즉 수요자 마인드를 갖춘 사람이다. 사장이 좋아하는 상품을 판매하지 않고 고객에게 필요한 상품을 제공한다. 그러나 자영업 관련 공공 정책은 공급자에게 초점이 맞춰져 있다. 상인에게 무엇이 필요한지를 묻고 상인의 영업에 장애물이 되는 일들을 해소하는 데 집중한다.

작은경제는 수요자, 즉 동네 사람에 초점을 맞춘다. 동네 사람들의 생활이 조금이라도 나아진다면 공공의 예산을 투입하고 그렇지 않은 영역은 철저히 배제한다. 예를 들어, 동네가게의 간판을 바꾸는 일이 주민의 생활에 아무 도움이 되지 않는다면, 그건 온전히 상인이 해야 할 일이다. 그런데 만약 동네 골목 전체의 간판이 지나치게 난립해서 보행자의 시선과 아이들에게 유해한 환경을 제공한다면, 공공 예산을 투입해서 간판을 교체하고 걷기 좋은 환경을 만드는 것이 주민 생활 향상의 방향이다.

다만 전문가 주도의 변화는 지양한다. 사람은 어떤 일에 자신의 생각이 담길 때 애정과 책임감을 갖는다. 요즘엔 아르바이트로 카페 일을 많이 하지만 예전엔 공사장 막노동을 많이 했다. 벽돌 좀 날라본 사람이라면 공감할 얘기인데, 자신이 참여한 공사 현장을 나중에 가보면 그 집을 자기가 지었다고 여긴다. 그런 의미에서 경기도 분당의 아파트는 내가 지었다. 전문가가 주도하는 사업은 지역 당사자들에게 자신의 사업이 되지 못한다. 성공하든 실패하든 자신의 경험으로 남아야 다음을 위한 경험과 지혜가 축적된다. 공공은 방향을 명확히 잡아주고 그 방향 내에서 지역 주체들이 성장할 수 있는 시간을 기다려야 하고, 전문가는 의사결정이나 실행의 주체가 아니라 조력자가 되어야 한다.

무엇이 주민 생활을 향상시킬 수 있는지 물어야 할 대상은 바로 주민이다. 작은경제의 사업 주체는 주민에게 묻고 대화를 해서 그들에게 필요한 일을 사업으로 만들고 실행해야 하며, 실행 과정에서도 끊임없이 소통하며 옳은 방향으로 가고 있는지 확인해야 한다. 사실 마케팅에서 고객 조사에 해당하는 이 영역은 고도의 전문성을 필요로 한다. 전문가들조차 설문 조사, FGI심층 고객 면접, 문헌 조사, 관찰, 시연, 베타테스트 등의 고객 조사 방법을 총동원해도 정확한 니즈를 발굴하고 정의하기가 어렵다. 니즈는 사람의 생각 안에 존재하기에 쉽게 포착될 수 없다. 내 생각도 내가 모르는데 남의 생각을 아는 게 쉽겠는가. 그러나 사람의 생각을 분석의 대상이 아니라 이해의 대상으로 본다면 전문성은 다소 떨어지더라도 지역의 사업 주체들이 주도하는 게 더 나을 수 있다. 주민을 이해하려는 마음과 태도가 있다면 외부 전문가보다 오히려 더 전문성이 발휘되는 게 지역 사업의 특성이다. 그런 과정에서 지역 내의 끈끈한 관계가 만들어지기도 한다. 누군가는 이런 관계를 사회적자본이나 신뢰 자본이라고 하지만, 그 역시 동네 사람들은 쓰지 않는 전문가의 언어이기에 '끈끈한 관계'라고 했다.

'주민 생활 향상'이란 무엇인가

서울시 생활상권 사업에서 주민 생활 향상에 관한 사례로 '손수가게'와 '커뮤니티 스토어' 사업을 들 수 있다. 손수가게는 우리 농산물을 주재료로 사용하고, 천연 재료로 맛을 내며, 가게 주인의 손으로 직접 만드는 음식점으로 정의한다. 손수가게로 선정되면 재료의 건강성, 재료의 투명성 등을 어필할 수 있도록 가게 내외부의 변화를 지원한다. 예를 들면, '원산지: 국산'만 적힌 메뉴판을 구체적인 지명과 농부 또는 농장명을 소개하는 메뉴판으로 교체해 주고, 조리 전 과정을 사진과 글로 소개하는 액자 등을 설치해 주는 식이다. 변화가 마무리되면 지하철역, 버스 정류장 등 지역 곳곳에 손수가게를 알리는 광고까지 지원한다.

서울시는 손수가게의 개념을 포괄적으로 정의하고 세부 사항은 지역 주민들이 논의해 정하도록 했다. 주재료의 범위를 무엇으로 할지, 얼만큼 사용해야 우리 농산물을 쓴다고 할 수 있는지, 그런 사실을 어떻게 검증할지 등의 선정 기준은 물론이고 어떤 시설을 어떻게 설치할지, 지역 광고는 어디에 얼마를 써서 할지 등을 모두 주민들로 구성된 '손수가게 기획단'이 주도하게 했다. 심지어 예산 사용도 상점당 최대 금액만 제한하고 나머지는 기획단이 알아서 결정하고 사용하도록 했다.

손수가게를 만드는 이유를 주민에게 설명할 때는 '동네 아이들이 안심하고 갈 수 있는 가게를 주민의 손으로 만드는 사업'이라고 했다. 2019년, 서울 강동구에서 시범 사업을 추진할 때 어린 자녀를 둔 주부가 기획단장을 맡아 단원들과 함께 하나 하나 배워가며 사업을 추진했다. 그 과정에서 서울시는 기획단의 요청이 있을 때만 자문을 했을 뿐 전혀 개입하지 않았다. 처음하는 일이라 모두 어려워했으나 사업이 종료된 후에는 "한 번 더 하면 잘할 수 있다."는 소감을 남겼다.

'커뮤니티 스토어'는 원래 한글로 '자주가게'로 이름 지으려 했으나 손수가게와 혼란을 빚을 듯해서 영어로 했다. 주민 생활 편의 서비스를 방문 동기로 제공해 커뮤니티가 일어날 정도로 자주 찾는 가게를 만든다는 의미다.

주민에게 필요한 서비스를 발굴하는 절차는 사업의 추진 주체가 주민에게 의견을 물어 정하도록 했고, 조사 방법에 관해 전문가의 도움은 받되 용역 계약으로 조사 업무 전체를 맡기는 것은 제한했다. 조사 과정에서 배운 지식이 지역에 남아야 하기 때문이다.

서울 송파구 가락동 생활상권에는 골목 삼거리가 있는데 모퉁이에 작은 카페와 유치원 버스 정거장이 있다. 거기엔 벤치나 나무 그늘도 없어서 학부모들이 뙤약볕에서 아이들을 기다리곤 했다. 가락동 생활상권 추진 위원회는 그 카페를 비롯해 십여 개의 커뮤니티 스토어를 섭외하고 가게마다 '우리동네 보물상자'를 설치했다. 상자에는 기증받은 동화책, 공구 등을 비치해 필요한 주민들이 언제나 무료로 사용할 수 있도록 했다. 삼거리의 작은 카페에는 보물상자와 함께 유치원 버스를 기다리는 부모들이 앉을 수 있는 작은 데크deck 계단도 만들었다. 카페 사장님이 데크가 허전해 화분을 몇 개 놔두었는데 부모들이 자발적으로 화분을 가져오면서 이쁜 화단이 만들어졌다.

손수가게와 커뮤니티 스토어가 된다고 당장 그 가게의 손님과 매출이 폭발적으로 증가하진 않는다. 그러나 동네에 이런 가게들이 계속 늘어나면 점차 동네를 걷는 사람이 늘어나고 이곳저곳 들르며 한 사람이 걷는 보행량도 늘어난다. 이렇게 동네 전체의 보행량이 늘어나면 골목의 다른 가게들도 손님을 데려오기 위해 주민 편의 서비스를 제공하고 상품의 경쟁력을 높이려는 동기가 생긴다. 주민 입장에서는 좋은 상품을 살 수 있는 가게가 늘어나서 좋고, 가게를 오가는 길에 소소한 편의를 누릴 수 있는 동네살이가 시작된다.

방향은 완성이 아니라 과정

사람은 쉽게 변하지 않고 모든 일은 사람이 한다. 따라서 방향이 명확하다고 곧바로 사업의 성과가 나타나지는 않는다. 변화를 요구하는 측과 변화의 당사자 간 속도 간극이 있다. 요구자는 빠른 결과를 바라고 당사자는 상대적으로 느린 이 간극 때문에 실망, 불신, 좌절, 갈등이 생긴다. 한번 듣고 이해했다고 실행으로 옮겨질 거라 여기면 불편한 감정만 생길 뿐 우리의 작은 세상은 바뀌지 않는다. 우리는 사업 지향점에 얼마나 도달했는지가 아니라 방향대로 가고 있는지를 한발 떨어져 관찰하고 점검해야 한다. 마치 산에 오르는 것처럼, 방향대로 가다 보면 어느샌가 목적지에 도달해 있는 것이 변화의 길이다.

생활상권 사업은 6개월의 예비 선정 과정을 거쳐 3개년의 본사업 지역을 선정하도록 설계했다. 예비 선정 기간 동안 손수가게와 커뮤니티 스토어를 만드는 과제가 주어지고 그 수행 과정을 바탕으로 본사업을 선정한다. 선정 기준은 가게의 방문객이나 매출 증가량이 아니라 사업을 추진하는 주체들의 주민 의견 수렴 활동이다. 즉, 손수가게의 매출 변화가 미미하거나 커뮤니티 스토

우리는 사업 지향점에 얼마나 도달했는지가 아니라 방향대로 가고 있는지를 한발 떨어져 관찰하고 점검해야 한다. 마치 산에 오르는 것처럼, 방향대로 가다 보면 어느샌가 목적지에 도달해 있는 것이 변화의 길이다.

어의 편의 서비스를 이용하는 사람이 없을지라도 귀를 열고 주민들과 대화를 했는지가 사업 선정 기준이었다. 반면 사업 주체들이 자신의 의견만으로 판단하거나 외부 전문가에게 의존했다면 심사에서 높은 점수를 받지 못했다.

열 개의 예비 선정 지역 중 다섯 개를 선정하는 심의위원회에서도 사업을 잘한 1위부터 5위까지를 선정한 게 아니라, 사업 방향의 이해도가 낮은 10위부터 6위를 제외하고 남은 지역을 선택했다. 그러니까 6개월의 예비 선정 기간은 3개년 본사업 동안 함께 갈 파트너를 찾는 기간이었지, 사업 성과가 좋은 지역을 선정하는 절차가 아니었다. 이해하기도 어려운 사업을 단번에 잘할 수 있는 사람은 없으므로 공공과 지역이 속도를 맞추어 변화를 만들려면 서로에게 좋은 파트너가 되는 게 우선이었기 때문이다.

3개년의 본사업 과정에서도 매년 사업 과정을 평가해서 다음 해의 예산 규모와 사업의 자율성을 정하되, 그 기준은 일관되게 '주민 수요에 따른 사업 추진 성과'에 중점을 두었다. 지역 내 다양한 이해관계자의 의견을 잘 수렴해서 사업을 추진했으면 다음 해에 예산과 지역의 자율성을 확대하고, 일부 이해관계자 의견에 집중되었다면 예산을 줄이고 서울시가 제시하는 손수가게, 커뮤니티 스토어 등의 사업을 수행하게 했다. 지역의 사업 추진 당사자 입장에서는 불쾌할 수 있지만, 주민 생활 향상이라는 사업 방향을 지키는 것은 시민의 세금을 쓰는 행정의 의무였다.

4부

사는 곳의 사는 재미

“ 만년필을 사는 이유는 그놈의 필기감이 아니라 좋은 글이었고
좋은 글은 좋은 생각에서 나온다.
TV를 사는 이유는 재미와 정보였으나
느끼고 배울 것은 TV 밖에 더 많았다.
냉장고를 사는 이유는 맛있는 음식이었으나
좋은 사람과 먹으면 뭐든 맛있고,
장난감을 사는 이유는 아이들의 재미였으나
아이들은 매일 야근하는 아빠와 노는 게 제일 즐겁다.
우리가 깜빡 잊은 것은 상품을 사는 이유가 아니라 삶을 사는 이유였다.
생각해 보니 우리 어머니는 칼 한 자루와 가스레인지로
세상 제일 맛있는 김치찌개를 끓이셨다. ”

10

사는 곳이 행복할 때

우리동네 행복지수

무기력감에 빠졌을 때 설거지를 하면 도움이 된다. 큰 결심과 준비가 필요 없고 조금만 움직여도 즉각적인 변화가 보이기 때문에 자신감을 얻어 다른 일을 하려는 마음이 생길 수 있다. 꼭 설거지가 아니어도 간단하고 곧바로 변화를 체감할 수 있는 일이면 된다. 우리가 영어 공부나 다이어트를 꾸준히 하지 못하는 이유도 여기에 있다. 열흘 동안 살을 빼고, 아무리 영어 단어를 외워도 그 변화를 체감하지 못하면 더 지속할 힘을 얻지 못한다.

우리 동네를 행복하게 만드는 변화도 마찬가지다. 그 누구도 행복을 쉽게 정의할 수 없고 어제보다 오늘이 더 행복해졌다고 단언할 수 없다. 그럼에도 불구하고 '우리동네 행복지수'가 필요한 이유는 체감도를 높여서 지향점을 향해 포기하지 않고 나아가기 위해서다. 모두를 만족시킬 만한 기준이 아닐 수 있고 전문가적 관점에서 보면 당연히 부족하다. 빈 땅에 새로운 것을 세우기 위해서는, 비판적 시각을 감내하며 대안의 밑거름을 만드는 누군가가 필요하다. 그런 취지에서 만들고 제안한다.

우리 동네 행복의 공급자

경제는 공급자와 수요자의 상호작용으로 생성되는 순환 체계다. 공급자는 수요자에게 가치 있는 상품과 서비스를 제공하고, 수요자는 그 대가로 공급자에게 돈과 정보 등의 경제적 가치를 제공함으로써 상호 교환이 일어난다. 작은경제에 행복이란 개념을 사용하면 자칫 경제적 교환은 멀리하고 상인과 주민이 좋은 이웃으로 살아가는 아름다운 얘기로 들리기 쉬울 듯하다.

좋은 상품이란 가게 주인이 아니라 고객에게 쓸모 있는 상품이다. 상인이 계속 좋은 상품을 공급하면 고객과 관계가 좋아지고 점차 단골로 발전한다. 좋은 상품을 팔아 관계를 만들자는 게 작은경제이지, 관계를 매개로 상품을 팔자는 게 아니다. 과거의 상품이나 서비스는 물건이나 행위 그 자체에 한정되었지만 최근의 상품은 그것을 둘러싼 많은 요소들을 포함하고 있다는 점을 알아야 한다. 쉬운 예로, 과거에는 음식점에 맛만 보고 갔지만 지금은 그 집의 분위기, 서비스 체계, 청결을 다 보고 결정한다. 스타벅스는 커피를 파는 곳이 아니라 공간을 파는 곳이란 말이 이런 의미다.

우리동네 행복지수는 동네가게들이 주민에게 행복을 제공하는 공급자로서의 역할을 강조하고 있다. 가게에서 다루는 상품의 질이나 가격은 차치하고 즐거운 이벤트를 하자는 게 아니라 상품의 정의를 새롭게 할 필요가 있다는 말이다. '야채를 파는 곳'에서 '건강한 밥상을 파는 곳'으로, '동네 슈퍼'에서 '생활 편의를 제공하는 곳'으로 역할을 전환함으로써 주민들에게 더 가치 있는 상품을 제공할 수 있다.

좋은 상품이 많은 동네는 주민들에게 가게를 둘러보는 재미를 준다. 이것도 사고 싶고 저것도 사고 싶은 마음을 주기도 하고 가게에 진열된 상품이나 가게 앞의 입간판을 보는 것만으로도 재미있는 동네 산책이 된다. 가게 앞을 지날 때 반갑게 인사를 주고받는 상인이 많아지면 아이들이 혼자 다녀도, 우리의 늦은 밤 퇴근길도 안심이 된다.

수요자로서 주민의 역할

행복지수를 구성하는 '행복한 식탁', '걷기 좋은 길', '인사하는 이웃', '함께 하는 돌봄', '마음 편한 동네'는 각기 독립적으로 작용하기도 하지만 서로를 보완하며 순환 체계를 이룬다. 좋은 식재료를 살 수 있는 동네가게가 많으면 그 길을 자주 걸을 테고, 자주 찾고 마주치면 단골과 이웃이 생기며, 아는 사람이 많으면 안심할 수 있는 동네가 된다. 이웃이 많아지면 동네 음식점에서 자주 만날 테고, 상인과 주민이 함께 마을과 사람을 돌보게 되며, 안전하고 맛있는 가게가 많으면 보행이 늘어난다.

우리동네 행복지수가 높아지면 가장 먼저 혜택을 보는 사람은 주민이다. 지수와 지표의 구성도 주민이 느낄 수 있는 척도로 되어 있다. 주민에게 행복감을 주는 장소와 공간이 동네가게라면 주민들이 그 가게를 찾지 않을 이유가 없다. 즉, 상인이 자신의 역할을 재정립함으로써 먼저 주민이 좋아지고, 주민이 좋아지면 동네를 이용하는 사람이 늘어나므로 결국 동네 가게들로 혜택이 돌아온다. 아주 간단하면서 누구나 알고 있는 사실이지만 실천하는 사람이 드물다.

이 순환의 고리를 만들기 위해 먼저 행동해야 하는 사람도 주민이다. 상인은 '10원의 이익을 위해 10리를 가는 사람'이며, 고객의 요구를 살피는 데 익숙하고 뛰어난 사람이다. 다만 고객의 깊은 속마음까지 헤아리기가 어려울 뿐이다. 동네가게의 고객은 동네 사람이다. 그러므로 동네 사람이 고객으로서 상인에게 요구하면 상인은 그 수요를 만족시키기 위해 행동할 수밖에 없다. 그래야 장사가 잘된다는 게 상인에게는 상식이다. 따라서 우리동네 행복지수는 공급자인 상인이 주로 행동해야 하는 지표들로 구성되어 있지만 그것을 요구하는 주체는 주민이어야 한다. [6장 '경제정책이 가야 할 길' 참조]

자립이라 말할 수 있을까

우리동네 행복지수는 주민과 상인의 상호작용과 순환을 통해 지역 내에서 자생적 경제를 갖추는 데 중점을 둔다. 자생적이라는 말은 외부 자원은 최소한만 들어가고 지역 내의 힘으로 작동된다는 뜻이다. 공공의 지원은 마중물 역할을 하고, 전문가의 도움은 지역의 주체성을 높이기 위한 밑거름으로 활용한다. 자생력에 관해 더 깊이 이해하기 위해 다른 사례를 살펴보자.

'위기 청소년'이라 불리는 아이들이 있다. 주로 폭력, 절도 등의 범죄로 소년원까지 다녀온 아이들을 일컫는다. 이들은 스무 살이 넘어 사회로 나오면 학력이 부족하고 전과도 있어 취업이 쉽지 않다. 아르바이트 자리도 대학생을 선호하거나 경력을 따지는 경우가 많아서 이들이 할 수 있는 일은 대부분 임금이 낮은 단순 노동이다. 과거를 뉘우치고 성실하게 살아보려 애쓰는 친구들에게도 세상의 기회는 쉽게 주어지지 않았다.

2016년, 사회적기업을 운영하는 후배 두 명과 이 문제를 해결하기 위해 '브라더스 쿨' 프로젝트를 기획했다. 대상은 생활임금의 40% 이하를 버는 스무 살 이상의 위기 청년이었고 목표는 생활임금• 100% 수준으로 향상시켜 경제적 자립을 돕는 것이었다. 우리는 다양한 사례 연구를 통해 이들이 자립하기 위해 핵심적으로 필요한 것이 일자리, 교육, 주거임을 알았다.

이들에게 일자리는 단순히 돈을 버는 곳이 아니라 일을 하고 월급을 받는 체계를 배우는 학습의 장이다. 함께 프로젝트를 했던 '자리주식회사'의 신바다 대표와 '오티비컴퍼니'의 최근준 대표가 아이들을 고용해서 경험하고 배워나갈 수 있도록 했다. 이와 병행할 교육 프로그램도 필요했다. 대학을 다니고 아르바이트를 했던 경험자와 이 친구들의 교육은 달라야 했다. 직장 생활을 위한 대인 관계법, 업무를 위한 PC 사용법 등을 익히는 실무교육과 자존감을 높이고 동기부여를 하는 상담 프로그램도 운영하기로 했다. 위기 청소년 대부분이 불안한 가정 환경에서 자란다. 알코올중독이나 폭력적인 부모, 잦은 부부 싸움과 한부모 가정 등이 아이들에게 부정적인 영향을 미쳤을 것이다. 직장에서 성심으로 배우고 일했는데 퇴근해서 들어간 집이 불안정하면 이들의 마음은 원상태로 돌아갈 수 있다. 그래서 '브라더스 쿨'은 일자리와 함께 숙소도 제공하기로 했다.

기획이 끝나고 다시 우리 스스로에게 물었다. 일자리, 교육, 주거가 해결되면 이 친구들이 자립했다고 할 수 있을까? 자립이란 혼자 설 수 있는 힘이다. 혼자 서 있는 상태가 아니라 넘어져도 스스로 다시 설 수 있는 힘에 방점이 있다. 그러나 우리가 제공하는 자립은 혼자 서 있는 상태를 잠시 인위적으로 만드는 것이었다.

그래서 만든 게 '자립지수'와 '지표'다. 지수는 과거와 현재 시점의 값을

• 생활임금: 근로자가 실제 생활이 가능한 수준의 임금. 보통 최저임금보다 20~30% 높다.

비교해 변화의 폭, 속도, 방향성을 살피기 위한 수치이며 지표는 해당 시점의 지수를 파악하기 위해 관련된 활동들의 결과를 측정한 결과값이다. 예를 들어, 직장인의 독서 양상을 알기 위한 독서 지수가 있다고 가정하자. 여기에 지표로써 연간 책 구매량, 완독 비율, 책 구매 주기, 일평균 독서 시간 등을 사용하면 3년 전과 지금 시점의 독서 패턴의 변화를 읽을 수 있다.

'브라더스 쿨'의 자립지수에 사용한 지표는 '행복한 삶', '사회적 지지', '학습 역량'이었다. 위기 청년들이 자립의 힘을 가지려면 무엇보다 자신도 행복하게 살고 싶다는 건강하고 강렬한 욕구가 있어야 한다. 문득 포기하고 싶을 때 행복한 삶에 대한 욕구는 다시 설 수 있는 내적 동기가 된다. 둘째로 어떤 상황에서도 그들을 믿고 응원해 주는 지지자가 필요하다. 많은 성공 사례에서 공통적으로 나타난 게 단 한 명의 의지할 수 있는 존재였다. 이런 존재는 자신의 내적 동기가 발휘되지 못할 때 그들을 다시 일으키는 힘이 된다. 마지막으로 지속적인 성장을 위해 스스로 공부하는 습관이 필요했다. 세 가지 지표를 측정하기 위해 오른쪽 표처럼 5개씩 질문을 구성했다.

'브라더스 쿨' 프로젝트를 준비하며 우연한 계기로 소년원에 강의를 갔었다. 나중에 사회 나와서 자기소개서를 쓸 때 자신을 어필하는 법을 주제로 두 시간 교육을 했다. 소년원은 사방이 차단된 시멘트와 철창으로 되어 있어 몹시 싸늘했다. 정신을 차리고 강의를 시작하자 아이들은 해맑은 눈으로 나를 바라봐주었다. 교육을 마치고 잠시 교도관님과 얘기를 나누며 아이들 표정과 눈이 맑다고 했더니 의외의 답이 돌아왔다. 성인 교도소는 한 번의 실수로도 갈 수 있지만 소년원은 범죄를 반복적으로 일으킬 때 온다고 했다. 그러니까 방금 내가 본 해맑은 아이들이 폭력, 성매매, 절도 등의 범죄를 멈추지 않아서 그곳에 들어왔다는 거다.

'브라더스.쿨'의 자립지수

[자신의 삶에 책임을 지고, 더불어 사는 **행복한 삶**을 지향하고 있는가?]	
▪ 자신의 미래에 대한 구체적인 상을 그리고 있는가?	Yes / Not yet
▪ 일에서 벗어나 온전하게 자신을 위한 시간을 갖고 있는가?	Yes / Not yet
▪ 자신의 존재에 대해 고민하고 탐구하고 있는가?	Yes / Not yet
▪ 행복에 대한 자신만의 정의를 생각하며 살고 있는가?	Yes / Not yet
▪ 자신을 즐겁고 기쁘게 하는 것이 무엇인지 알고 있는가?	Yes / Not yet
[그들을 믿고, 기회를 제공하며, 용기를 주는 **사회적 지지**가 있는가?]	
▪ 언제든 밥을 사달라 할 수 있고, 그렇게 하고 싶은 사람이 있는가?	Yes / Not yet
▪ 냉정하게 꾸짖지만, 그 사람의 말은 수용할 수 있는 사람이 있는가?	Yes / Not yet
▪ 업무상에 필요한 지식을 즉시 전화로 물어볼 선배가 있는가?	Yes / Not yet
▪ 어떤 일을 할 때 도움/협업을 요청할 수 있는 동료, 선후배가 있는가?	Yes / Not yet
[지속적인 성장을 위해 스스로 질문하고 답을 구하는 **학습 역량**이 있는가?]	
▪ 수시로 읽을 수 있도록, 늘 책을 지니고 다니는가?	Yes / Not yet
▪ 깊게 공부하고 싶은 특정한 지식 분야가 있는가?	Yes / Not yet
▪ 자신에게 조언을 해주는 사람의 말을 경청하는가?	Yes / Not yet
▪ 자신의 적성과 조화를 이루는 '하고 싶은 일'이 있는가?	Yes / Not yet
▪ 자신의 장/단점 또는 강/약점을 잘 알고 있는가?	Yes / Not yet

생각해 보니 당시 고등학교를 다니던 내 조카와 같은 또래의 아이들이었고 어쩌면 조카와 친구들이 범죄의 피해자였을지 몰랐다. 며칠 후 조카에게 이런 사실을 말하고 "삼촌이 계속 이 아이들을 위해 교육해도 될까?"라고 물었다. 지혜로운 나의 조카는 이렇게 답했다. "사람은 누구나 백지로 태어난다고 생각해. 어렸을 때는 가족들로부터 색이 입혀지고 커서는 사회와 친구들로부터 색이 입혀지지. 그 친구들 대부분은 자신이 선택하지 않은 색이 입혀졌을 뿐이니까 스스로 좋은 색을 선택할 기회는 줘야 하는거 아닐까?"

작은경제는 과거에 존재하지 않던 관점이자 모델이다. 백지에서 출발한다고 해도 과언이 아니다. 각자의 동네에 어떤 색이 입혀질지는 오직 동네 사람들에게 달려 있다.

이어지는 우리동네 행복지수와 관련된 얘기도 기회와 선택의 관점에서 바라보기 바란다. 작은경제는 과거에 존재하지 않던 관점이자 모델이다. 백지에서 출발한다고 해도 과언이 아니다. 지금 제시하는 우리동네 행복지수는 동네에 더 나은 색을 입히기 위한 스케치에 불과하다. 각자의 동네에 어떤 색이 입혀질지는 오직 동네 사람들에게 달려 있다.

행복한 식탁

정성지표	• 우리 동네 식재료 상점은 언제나 믿고 살 수 있다 • 동네가게 몇 곳을 돌면 아이들 반찬 걱정이 사라진다 • 아이와 함께 가도 안심되는 동네 맛집과 메뉴가 다양하다 • 우리 동네 음식점은 배달보다 직접 가서 먹는 게 더 맛있다
정량지표	• 식탁점유율: 식탁에 오른 식재료 중 동네가게 구매 비율

먹거리는 소비의 중심에 있다. 누구나 매일 끼니를 먹고 매번 뭘 먹을지 고민하며 먹거리는 생명과 건강, 다이어트에 직결되는 민감한 문제이기도 하다. 동네 보행의 가장 빈번하고 주요한 동기로 작용하는 것 또한 먹거리 구매다. 야채 가게, 정육점, 슈퍼, 음식점을 오가는 길에 카페도 가고 과일 가게와 세탁소에도 들른다. 최근 배달 음식과 가정간편식이 급증하는 현상이

우려되는 이유도 이 때문이다. 온라인 주문과 배송이 전반적인 보행량을 감소시키면서 다른 동네가게와 시설의 방문객 유치에도 영향을 미친다.

또한 먹거리에 대한 선택의 폭이 매우 넓어져서 메뉴, 장소, 시간에 따른 대체재가 많다. 예컨대 과거에는 집밥과 음식점 사이에서의 선택이었다면 지금은 배달, 밀키트, 레토르트, 반찬 구매, 편의점, 대체식, 빵과 샐러드, 카페 중에서 선택을 한다. 그만큼 경쟁이 복잡하고 치열해졌다는 의미다.

이런 경쟁 속에서 동네가게가 '행복한 식탁'을 만드는 원천은 투명성에 있다. 모든 걸 누구나 쉽게 볼 수 있게 한다는 건 상당한 모험이다. 의심의 여지를 없애려다 오히려 오해나 편견이 생길 수도 있다. 그러나 투명성을 높임으로써 상인 스스로 상점 경영의 눈높이를 올리게 되는 긍정적인 효과가 더 크다.

보이는 것과 보이지 않는 것

음식점이나 식료품 가게에는 눈에 보이는 것과 보이지 않는 것이 있다. 위생이나 청결이 대표적으로 눈에 보이는 것이고 상품은 눈에 보이지 않는다. 왜 상품이 보이지 않느냐면, 고객은 상품 그 자체가 아니라 상품의 가치를 보고 구매를 하는데 그 가치가 눈에 잘 보이지 않기 때문이다. 푸른색의 배추는 잘 보인다. 그러나 그 배추를 기른 흙과 비와 농부는 보이지 않는다.

식재료의 투명성을 드러내는 것은 음식의 가치를 높이는 가장 쉽고 근본적인 방법이다. 단순히 국산과 수입산을 가르는 원산지 표시에 그치지 않고 더 깊이 들어가서 어떤 농부가 어디에서 어떻게 기른 재료를 사용했는지를 알려야 한다. 현실적인 어려움도 있다. 음식점은 보통 중간 유통상에게서 또는 도매시장에서 재료를 구입하는데 그 과정에서 생산 농가나 생산

과정을 알기가 쉽지 않다. 모든 재료에 도입할 수 없다면 가게의 대표 메뉴나 상품에만이라도 시도해 보자.

농가와 생산 정보는 그 자체로 스토리가 된다. 요즘 믿지 못할 먹거리가 많지만 이 땅의 농부는 여전히 정직하고 믿을 수 있는 사람들이다. 그들의 이야기를 가감 없이 담아내기만 해도 맛있고 정직한 이야기가 된다. 한식 밥집 '소녀 방앗간'은 시골 농부가 기른 재료로 음식을 만든다. 가게 한쪽 벽에는 경북 청송에서 농사짓는 할머니의 이야기와 사진이 걸려 있고, 메뉴판의 산나물밥을 설명하는 문구에는 '일포댁 취나물, 진보정미소 도정 30일 이내 햅쌀, 방위순 할머니 간장, 장순분 어르신 들깨로 짠 들기름, 우도영 할머니 오징어 무말랭이 된장 젓갈'로 만든다고 되어 있다. 장순분 어르신이 누군지 몰라도 왠지 정성이 들어가 있을 듯하고 맛깔스럽게 느껴진다. 건강을 생각하는 중장년이 즐겨 찾을 듯한 '소녀 방앗간'은 20대 소녀들이 더 좋아하는 곳이다.

예전에 페이스북에서 어느 농부가 자신의 토마토를 먹고 있는 벌레 사진을 올린 적이 있다. 사진을 본 사람들이 댓글로 토마토 주문을 해서 순식간에 동이 났다. 누군가는 벌레 먹어서 지저분하다 생각할 수 있겠지만 많은 사람들은 무농약 농산물로 검증된 토마토라 여겼다. 농산물은 해와 비, 그리고 사람이 기른다. 야채나 과일 가게라면 단 하나의 품목이라도 그 친구가 어떤 땅에서 누구의 손에 의해 길러졌는지 알려보자.

재료의 투명성 못지않게 조리 과정도 중요하다. 가정간편식과 배달 음식은 요리의 결과물만 보인다. 이럴 때 오히려 조리 과정을 공개하는 게 차별화다. 김밥 하나를 말더라도 어떤 과정을 거치는지 상세하게 알려주자. 어떤 김을 고르는지, 왜 그 김을 고집하는지, 당근과 오이는 어떤 게 입맛을 돋우는지, 계란 지단은 어떤 계란으로 어떻게 부치는지를 담백하게 적어서 메뉴판 옆에 붙이면 된다.

특별한 재료나 조리 방법이 없다고 할 수 있겠지만 음식 만드는 사람은 대부분 자신만의 고집이 있다. 그 고집을 그대로 사람들에게 알리면 된다. 그로 인해 손님들의 솔직한 평가와 조언도 얻을 수 있고 자신의 조리법을 돌아보며 더 나은 방법을 연구하게 된다. 그런 노력의 과정이 동네 사람들의 믿음과 안심으로 이어지고 '행복한 식탁'을 만드는 방법이다.

식탁점유율

생활상권 사업을 기획하며 서울 시민 1,000명에게 조사한 동네가게 식탁점유율은 25%였다. 대형마트, SSM, 백화점 등이 70%, 온라인은 5%였다. [1장 '사는 곳이 사는 곳' 참조] 여기에서 식탁점유율은 말 그대로 식탁에 올라오는 식재료들의 구매 비율이다. 동네 보행을 유발하는 요소로서 식재료 구매 패턴을 알고자 했기 때문이다.

지역에서 식탁점유율을 조사하려면 음식점을 포함하되 방문 이용과 배달 이용을 구분해서 살펴보아야 한다. 음식 배달앱은 도보 10분 거리를 넘는 가게를 포함하고 있어서 보행과 연관된 식탁점유율과는 동떨어진 결과가 나올 수 있다. 걸어서 이용할 수 있는 음식점을 배달해서 먹는다면, 앞서 밝힌 투명성을 높여 걸어서 방문하도록 전환해 줄 때 주변 가게에까지 긍정 영향을 미칠 수 있다. 뒤집어 말하면, 동네 음식점의 배달 이용이 늘어날수록 작은경제와 보행 환경은 악화될 수밖에 없다. 그만큼 먹거리 소비는 작은경제 전반에 영향을 미치는 중요한 요소다.

나는 '식탁점유율'보다 '밥상점유율'을 더 좋아한다. 같은 의미지만 식탁

서울 시민 식탁점유율

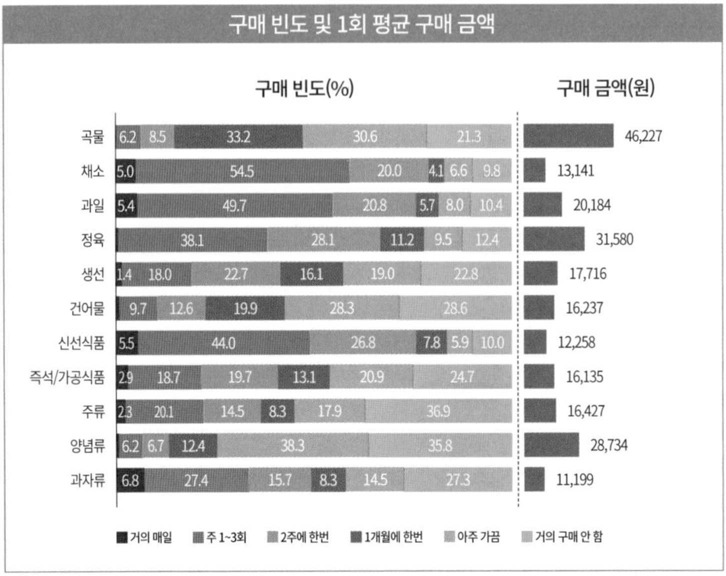

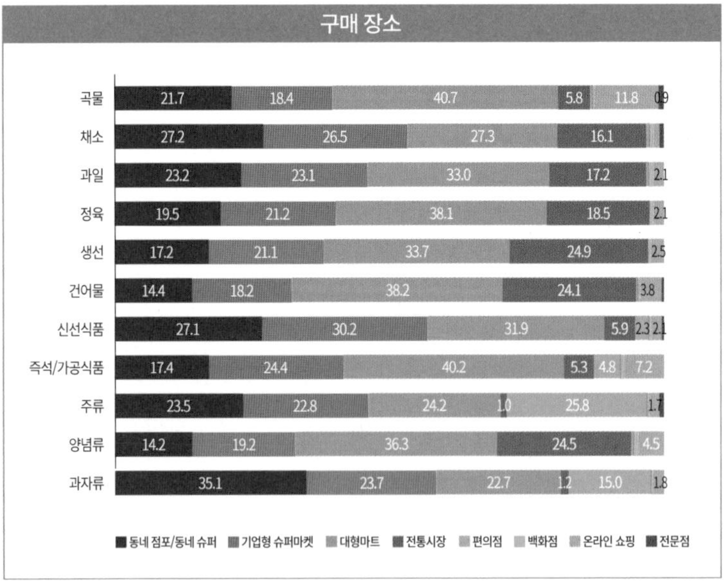

출처: 서울시 홈페이지

보다 밥상이 더 우리 삶에 가깝게 느껴진다. 서울시청에서는 점유율을 조사하기 위해 전문 기관에 의뢰해 1:1 대면 설문 조사를 했는데 지역에서는 이럴 필요가 없다. 설문 조사 자체가 주민과 접촉하는 계기가 되므로 상인들이 직접 나서서 조사할 것을 제안한다.

추천하는 조사 방법은 주민들에게 오늘 먹은 밥상 사진을 찍어서 설명해 달라고 하는 것이다. 식재료의 구매처와 선택 이유, 해당 재료를 고르는 방법, 조리하는 방법과 주안점 등을 듣다 보면 우리 가게가 해야 할 일들이 저절로 보인다. 처음부터 수십 명의 주민을 섭외할 필요도 없다. 동네 이용을 활발하게 하는 사람부터 시작해 조사층을 넓혀가면 된다. 전업으로 살림을 하고 초등학생 이하의 자녀를 둔 사람이 대체로 동네 이용률이 높다. 그 사람의 기준이 까다롭고 세심할 확률이 높으므로 그 사람이 만족하면 다른 유형의 사람도 만족할 가능성이 높다.

인사하는 이웃

정성지표	• 우리 동네 상인은 믿을 만한 이웃이라 생각한다 • 우리 동네엔 이웃들과 편하게 수다 떨 수 있는 공간이 많다 • 물건을 빌려주고 나눌 수 있는 동네가게나 이웃이 있다 • 새로 이사 온 사람도 쉽게 이웃을 사귈 수 있는 기회가 많다
정량지표	• 방가방가량: 동네에서 마주친 사람과 반갑게 인사하는 횟수

옆집 숟가락 개수를 알려는 이웃이 있다면 사생활 침해로 고소를 당할 만

한 세상이다. 어쩌면 동네에서 이웃 관계를 만들자는 주장이 '옛날로 돌아가자'는 말로 들릴 수도 있겠다. 우리동네 행복지수에서는 상인과 주민의 소비 활동이 이웃 관계로 진화하는 동네경제를 만들어가려 한다.

상인의 역할은 크게 세 가지다. 첫째, 주민끼리 이웃 되기 어려운 세상이라면 상인이 이웃 하면 된다. 서로의 숟가락 개수와 이름은 모를지언정 가게에 갈 때마다 나를 아는 듯 반갑게 인사하는 것만으로도 이웃이 될 수 있다. 이 책의 첫머리에 소개한 이해룡 상인도 처음엔 그렇게 시작했다.

몇 년 전 서울시 관계자와 함께 어느 서울시의원의 지역구에 상점가 활성화 대책을 논의하기 위해 간 적이 있다. 그때는 내가 서울시청에 입사하기 전이라 시의원이 어떤 지위인 줄도 모르는 천방지축이었다. 서울시 관계자는 이런 저런 공공 지원사업을 설명했고 함께 자리했던 전문가는 여러 사례를 들어 대책을 조언했다. 시의원께서 잠자코 있던 나도 한마디 하라고 해서 시건방을 떨며 입을 열었다. "제가 하라는 대로만 하면 돈 한푼 안 들이고 여기를 살릴 수 있습니다. 지금부터 사장님들은 모두 가게 앞으로 나와서 지나는 사람들에게 방긋방긋 웃으며 인사를 하십시오." 그 말을 들은 시의원은 상인들에게 "모든 지원사업 필요 없으니 저 사람 말대로만 하시라."고 했다. 장사가 안 되면 상인의 표정은 어두워지고 그런 곳에서 밥 먹고 물건 사고 싶은 사람은 별로 없다. 안 될수록 더 밝고 싱그럽게 웃어야 가게 분위기가 좋아지고 손님이 온다는 걸 그 의원께서 알아주셨다. 웃고 인사하다 보면 이름을 알게 되고, 이름을 알면 사는 얘기를 나누게 되며, 그렇게 이웃이 된다.

상인의 두 번째 역할은 이웃 관계의 매개를 만드는 일이다. 경기도 부천 역곡동에는 '용서점'이라는 작은 책방이 있다. 동네 서점이 소멸된 이 시대에 4년째 자리를 지킨 비결은 다양한 모임이다. 글쓰기 모임, 작가와의 만남, 음식 나눠 먹는 포트럭 파티, 와인 모임 등을 하며 동네 사람들이 서점을 찾는 이유와 서로 사귈 수 있는 계기를 만들었다.

서울 성북구 하월곡동, 속칭 '미아리'에 있는 '건강한 약국'도 이웃의 중심에 있다. 동네에서 27년째 약국을 운영 중인 이미선 약사는 동네 사람들의 마음 건강까지 챙기기 위해 사회복지 공부를 하고 1급 자격증도 취득했다. 약국 안에 심리 상담 공간을 만들고 지나는 사람들이 쉽게 들르라고 추울 때나 더울 때나 유리문을 열어놓는다. 문을 여는 것이 의외로 부담스러운 행위이지만 문을 열어놓으면 지나는 사람이 고개를 삐죽 내밀고 "상담 받을 수 있어요?"라고 묻는단다. 약국 안에 작은 책장을 두고 책도 누구나 무료로 빌려갈 수 있게 했다. 동네 사람들은 이 약국에서 마주치며 인사하다 아는 사이가 되기도 하고, 약사를 중심으로 서로 아는 사이가 되기도 한다.

마지막 세 번째 역할은 항상 그 자리를 지키는 것이다. 365일 24시간 영업을 하라는 게 아니라 오랜 세월을 견뎌낸 가게가 되어야 한다는 의미다. 믿고 살 수 있는 가게, 항상 웃으며 반겨주는 가게, 친구를 만드는 가게로서 10년, 20년이 지나면 그 자체로 든든한 이웃이다. 언제나 반갑게 나를 맞이해 주는 사람과 공간은 우리에게 작지만 묵직한 위안을 준다. 빠르게 변하는 세상에서 변하지 않는 가치를 주는 곳이 동네라면 우리가 사는 곳은 더 안락한 곳이 될 것이다.

콜롬비아 보고타시는 지속가능한 도시, 평등한 삶의 질을 만드는 도시로 전 세계의 모범이 되고 있다. 보고타시의 변화를 주도한 엔리케 페날로사Enrique Penalosa 시장은 "우리의 과업은 단순히 능률적인 도시를 창조하는 것이 아니라 다수의 사람이 지속가능한 행복을 창조할 수 있는 환경을 만드는 것"이라고 했으며, "모든 소득 구간의 사람들이 공공장소에서 만나는 사회가 보다 통합된 사회이며 건강한 사회"라고 했다. 동네가게가 이런 공공장소의 역할을 해낸다면 우리가 사는 곳이 더 살기 좋은 곳이 될 것이다.

함께하는 돌봄

정성지표	• 우리 동네엔 나와 아이들이 함께 좋아하는 가게가 많다 • 우리 동네가게들은 아이들에게 친절하고 믿을 만하다 • 급할 때 잠시 아이를 맡길 수 있는 동네가게나 공간이 있다 • 우리 동네가게들은 어르신들을 위해 다양한 편의를 제공한다
정량지표	• 돌봄배려율: 동네가게들이 우리 아이를 배려한다고 여기는 비율

안전한 동네의 척도는 아이들이다. 아이들이 안심하고 다닐 수 있는 동네는 어르신과 여성도 안심할 수 있는 곳이고 아이들에게 즐거우면 어른들도 즐겁다. 한 동네에서 아이들과 가장 많은 접점을 가진 시설은 공공 기관도 종교 단체도 놀이터도 아닌 동네가게다. 수백에서 수천 개에 이르는 동네가게는 호기심 많은 아이들에게 생생한 놀이와 학습의 공간이고 그 가게의 주인은 수백 대의 CCTV보다 든든한 지킴이가 될 수 있다.

2016년, 신창시장 인근의 아이들을 위해 '튼튼스쿨' 프로그램을 운영했다. 편식하는 자녀에 대한 부모의 걱정을 덜어주고, 아이들에게는 우엉, 연근, 브로콜리, 양파 등의 채소를 친근하게 여기게 하는 프로그램이다. 먼저 교실에서 채소에 대해 알려주면서 장보기 카드와 스티커를 나눠주었다. 공부를 마친 아이들은 사전에 '키즈 매대'를 준비해 둔 상점에 가서 장보기 카드에 적힌 채소를 직접 산다. 상인은 아이들의 눈높이에 맞춰 싱싱한 채소 고르는 법을 알려주고, 아이들은 상인이 알려준 대로 직접 채소를 골라 쿠폰으로 가격을 지불했다. 교실에 돌아온 아이들은 자신이 구매한 재료로 미니 버거를 직접 만들어 먹었다. 평소에 먹지 않던 채소 버거를 조금의 거리낌 없이 입에 넣는 '기적'을 목도한 부모님들은 프로그램 만족도 평가에 100점을 남겼다.

이 프로그램에는 세 가지 경제적 효과가 있었다. 첫째, 상인에게 시장과 장사의 역할을 새삼 깨닫게 했다. 매일 같은 곳에서 같은 상품을 판매하는 반복적인 생활을 하다 보면 자신의 일이 타인에게 어떤 의미인지 느낄 새가 없다. 튼튼스쿨은 상인에게 장사의 초심을 환기시키는 계기였다. 둘째, 상인이 아이를 돌보는 게 아니라 아이들이 상인에게 미소를 주었다. 키즈 매대가 있던 상점뿐 아니라 그 옆의 상인들도 '아빠 엄마 미소'로 행사를 지켜봤다. 셋째, 시장은 자녀와 가도 재밌는 곳임을 부모들에게 알려주었다. 프로그램을 마친 부모들에게 4주간 사용할 수 있는 장보기 카드와 스티커를 제공해 이후로도 양파를 먹는 '기적'을 만들어갈 수 있게 했다.

우리는 경제적 효과라는 말을 돈과 직결시킨다. '그래서 얼마를 벌었는가?', '매출의 상승 효과는 어느 정도인가?', '고객이 몇 명 늘었는가?'와 같은 질문으로 변화의 시작점을 놓치는 우를 범한다. 돈은 발이 없다. 제 스스로 고객의 지갑에서 걸어 나와 계산대로 들어가지 않는다. 돈을 가진 사람의 마음이 열리면 돈은 그 명령을 따라 이동할 뿐이다.

> 돈은 발이 없다. 제 스스로 고객의 지갑에서 걸어 나와 계산대로 들어가지 않는다. 돈을 가진 사람의 마음이 열리면 돈은 그 명령을 따라 이동할 뿐이다.

아이들을 이용해 고객의 마음을 움직이라는 말이 아니다. 장사하는 사람의 마음이 닫혀 있는데 어찌 손님의 마음이 움직이겠는가. 아이들은 사람의 마음을 움직이는 절대 명약이다. 상인의 마음을 웃게 하고 길을 밝게 한다. 이것이 동네가게들이 동네 아이를 돌봐야 하는 이유다.

눈을 낮추면 오르는 가치

경기도 화성에는 자폐 장애 자녀를 둔 부모들이 모여 '꿈고래놀이터 협동조합'을 운영하고 있다. 모든 자폐 자녀의 부모는 아이보다 하루만 더 살기를 바란다. 의사소통과 관계 맺기가 어려운 자폐증의 특성 때문에 부모나 주변의 돌봄을 하루라도 비울 수 없기 때문이다. 임신화 이사장은 "자폐 장애 아이들에게는 덧셈, 뺄셈보다 신용카드 사용법이 더 유용하다."고 한다. 꿈고래놀이터는 방학 중 원룸을 임대해 세탁기 돌리는 법, 전자레인지 사용법 등 아이들이 살아가는 데 필요한 것을 몸에 익히도록 가르친다.

꿈고래놀이터에 사업 컨설팅을 하며 임신화 이사장과 이런 프로그램을 구상한 적이 있다. 동네 슈퍼, 병원, 약국, 문방구, 식당에 자폐 장애인을 대할 때 중요한 수칙 몇 가지를 알려준 후 아이들이 홀로 가서 이용하게 하는 거다. 그 후에 꿈고래놀이터가 있는 지역이나 내가 관여했던 상점가 사업에서 실현에 옮겨보려 했으나 복잡한 사정으로 끝내 이루지 못했다.

다시 상상을 해보자. 자폐 장애 아이들에게 안전하고 편리한 동네라면 모든 아이와 어른들에게도 편리한 곳이 아닐까. 셈이 부족한 아이들에게 정직한 가게는 우리 아이에게도 정직하다. 의사소통이 어려운 아이도 알아듣기 쉽게 상품을 설명한다면 어르신들에게는 더 쉬울 것이다. 자폐 아이들이 공포심을 느끼지 않게 배려하는 가게는 타지에서 자취하는 젊은 여성에게도 안심을 줄 수 있다.

상점 운영의 기준을 낮추면 상점이 품을 수 있는 고객 범위가 넓어진다. 아이들도 쉽게 이해할 수 있는 수준으로 상품 정보와 사용법을 알려주면 상인은 모두에게 친절한 전문가가 된다. 휠체어가 편리하고 안전하게 다닐 수 있으면 유모차도 편하며, 누구나 부담없이 들를 수 있는 가게라면 모두가 자주 찾는 곳이 될 수 있다. 모든 아이와 어르신이 좋아하는 가게를 만들면, 그 손을 잡고 부모와 친구도 함께 다니는 가게가 된다.

마음 편한 동네

정성지표	• 동네가게들 덕분에 밤길을 걸어도 안전하다고 생각한다 • 우리 아이의 등하굣길은 크게 걱정되지 않는다 • 우리 동네 상인은 동네 사람들의 건강을 지키기 위해 노력한다 • 우리 동네는 반려동물과 살기에도 편하고 좋다
정량지표	• 가족안심률: 우리 가족 중 동네 이용에 불안을 느끼지 않는 비율

우리동네 행복지수 측정을 위한 설문 조사의 답변은 보통의 경우처럼 '예, 아니오, 잘 모르겠어요'로 설계하지 않았다. '네, 맞아요', '그러면 좋겠어요', '관심 없어요'로 답변을 구성해 응답자에게 긍정적 생각이 자리 잡도록 설계했다. 설문 조사는 객관적 사실이나 현상을 분석하는 데 주목적이 있지만 간혹 홍보를 목적으로 활용하기도 한다. 설문에 답하다 보면 자연스레 내용에 대해 상세히 알 수 있게 된다. 그러니까 행복지수는 측정을 위한

도구이면서 동시에 지향점에 대한 공감대를 만들기 위한 도구로 쓰일 수도 있다는 말이다. 이런 의미에서 '아니오'라는 답변을 남기는 것보다 '그러면 좋겠어요'로 답변을 남겨 긍정적 공감대를 만들고자 했다. 다섯 가지 지수 중에서도 '마음 편한 동네'는 특히 동네 구성원의 공감대가 더 중요한 항목이다.

'마음 편한 동네'는 범죄, 사고, 질병으로부터 안전한 동네를 뜻한다. 세 가지는 모두 국가기관이나 법률의 영역이지만 이들의 역할은 사후 해결에 중점을 두고 있다. 폭력 사건이나 교통사고가 일어나면 범인을 잡고, 코로나 감염자가 발생하면 확산을 억제한다. 그러나 사람들의 불안은 언제 어디서 일어날지 모르는 상황이나 환경에서 기인한다.

동네가게의 역할은 이런 불안한 환경을 해소해 주는 것이다. 골목의 상점들이 가게 앞에 커다란 광고물을 세우거나 불법 주차를 하면 도로폭이 좁아지면서 자동차나 오토바이가 붐비게 된다. 그로 인해 사람들은 보행이 불편해지고 사고가 날 것 같은 불안을 느낀다. 이런 불안한 환경을 동네가게들이 앞장서서 해소해야 한다. 건강과 질병도 마찬가지다. 코로나 사태로 그 어느 때보다 위생과 청결에 대한 요구 수준이 높아졌지만 여전히 많은 가게들이 예전의 방식으로 영업을 한다. 내가 자주 가던 음식점 한 곳은 코로나 이후에 여러 사람의 손이 닿을 수 있는 수저통을 없애고 수저 세트를 종이에 낱개 포장해서 테이블에 세팅하는 방식으로 바꿨다. 모든 사람이 눈치채지 못할 수도 있지만 이런 노력들이 모이고 쌓여 동네 사람들에게 안심을 준다.

상인은 손님의 불편을 모를 때가 많다. 장사에 집중하다 보면 세심하게 챙기기 어려운 점도 있고, 불만을 가진 사람 대부분이 어지간해선 말을 하지 않기 때문이다. 영국 브리티시항공이 고객의 불만을 조사했더니 전체 불만 고객의 8%만 회사에 불만을 표출했다고 한다. 23%는 주변 사람들에게 불평을 털어놓았고 69%는 아무 말도 하지 않았다. 불만 고객 중 92%는 회사 입장에서 수면 아래 숨겨진 빙산과 같다는 의미로 이를 '불만자 빙산 이론'이라고 한다. 불만을 제기하지 않은 고객 대부분은 이후에 경쟁사 제품을 구매하지만 회사는 그런 사실과 이유를 알기 어렵다. 뒤집어 보면 고객 불만을 계속 보완하면 더 좋은 제품이 될 수 있기에 회사에 불만을 표출하는 8%는 유능한 컨설턴트와 같다.

서울에서 가장 '핫'한 망원시장도 변화의 시작점에 고객 불만이 있었다. 2013년부터 망원시장 상인회장으로 활동했던 서정래 회장은 임기 초반에 인근 주민의 불만을 듣는 자리를 만들었다. 주민과 상인을 한 자리에 모아서 주민들이 불편한 점을 마음껏 토로하도록 했다. 처음엔 상인들이 어쩔 수 없는 상황이라며 자기 합리화를 하고 일부 상인은 거부 반응도 보였으나 똑같은 불만이 반복 언급되자 점차 귀를 열기 시작했다. 고객의 불만을 개선점으로 받아들이고 시장 전반에서 하나씩 바꿔간 결과 오늘날의 망원시장이 만들어졌다.

거리를 점령한 불법 주차와 여러 사람이 휘적거리는 수저통에 불안을 느낀 고객은 말을 하지 않는다. 그곳에 가지 않을 뿐이다. 수면 아래에 있는 주민의 불만과 불안을 쉽게 얘기할 수 있어야 한다. 무슨 얘기든 우선 경청한 후에 동네가게들이 할 수 있는 일은 앞장서서 하고, 할 수 없는 일은 공공이나 외부에 도움을 요청해야 한다. 실현되지 못하더라도 동네 사람들은 그런 행동에 마음을 열고 믿음을 주기 시작한다.

낯익은 사람들

예전에 살던 아파트에 처음 보는 사람에게도 오랜 지인처럼 말을 거는 아랫집 아저씨가 있었다. 한번은 같이 엘리베이터를 탔는데 갑자기 툭 말을 걸어왔다. "오늘 기온이 뚝 떨어져서 어제처럼 입고 나갔다가 감기 걸릴 뻔했어요." 나는 무심결에 "그니까요. 오늘 정말 춥더라고요." 하고 답을 했다. 그 아저씨와 나는 이전에 단 한 번도 말을 나누거나 인사를 한 적이 없다. 그 뒤로 그 아저씨가 1층 엘리베이터 앞에 있으면 밖에서 기다리다 들어갔다. 다음에 마주치면 그분이 동네 호프집으로 데려갈 것 같은 '불안'을 느꼈다.

동네가게 중에도 엄청난 친화력을 뿜어내는 사장님이 있다. 일곱 살 딸을 둔 여자 후배는 동네 슈퍼에 갔다가 기겁했다고 한다. 한번도 아이의 이름을 알려준 적이 없는데 어느 날 주인 아저씨가 아이의 이름을 부르더란다. 아빠랑 갔을 때 이름을 얘기한 적이 있다는 말을 듣고 안심했지만 험악한 세상을 살아가는 부모 입장에선 당연한 불안일지 모른다.

타인과의 심리적 거리는 물리적 거리에 비례한다. 10년 지기 친구는 옆에 딱 붙어 앉아도 부담 없지만 새로 부임한 직장 상사는 부담스럽다. 미국의 인류학자 에드워드 홀Edward T. Hall은 이런 상관관계를 '근접학Proxemics'이라 정의하며 관계의 정도에 따라 네 단계의 물리적 거리를 둔다고 했다. 먼저 45cm 이내에 들어올 수 있는 사람은 가족, 부부, 연인, 아주 가까운 친구 등이다. 반경 45cm는 자신의 모든 것을 개방하고 공유할 수 있는 사람이 들어갈 수 있는 공간이라는 의미다. 보통의 친구나 친한 직장 동료 등은 45cm~1.2m 사이의 거리를 두고, 사회적 관계는 1.2m~3.7m, 공적 관계는 3.7m~7.6m의 거리를 둔다. 사회적 관계인 동네 슈퍼 주인이 1.2m 이

내로 다가오면 부담스럽거나 긴장하며 때로는 위협을 느끼기도 하고, 반대로 7.6m를 넘으면 서로에게 아무런 영향을 주지 않는 수많은 사람 중에 하나가 된다. 일면식도 없던 아파트 아랫집 아저씨도 근접 단계를 무시하고 '훅' 들어오는 바람에 내가 불안을 느꼈던 거다.

골목 가게나 전통시장 상인들이 가게 앞에 나와서 매대를 지켜야 하는 이유도 근접학에 있다. 보통 인도 폭은 2m~4m, 골목은 3m~8m쯤 된다. 가게 안에 들어가 있으면 아무런 관계가 생기지 않지만 가게 앞에 나와 있으면 사회적 관계 또는 공적 관계의 거리 안으로 들어오게 된다. 매일 같은 길을 지나는 동네 사람들은 점차 낯익은 사람이 되고 한 번의 거래로도 쉽게 익숙한 관계가 만들어질 수 있다.

낯익은 사람들이 지키는 등하굣길은 경찰이나 CCTV가 지켜주는 길 못지 않게 아이들이 안심할 수 있는 길이다. 범죄에 노출될 우려도 줄어들고 교통사고가 발생해도 곧바로 조치를 취할 수 있다. 한 발 더 나아가 사고를 방지할 수 있는 환경을 만들고 등하교 시간만이라도 상인들이 가게 앞에서 길을 지켜준다면 그보다 더 든든한 동네가 어디 있겠는가.

걷고 싶은 길

정성지표	• 우리 동네 골목길은 어린아이와 걷기에 쾌적하고 안전하다 • 유모차나 휠체어 등으로 다니기에 장애물이 없고 편리하다 • 동네를 걷다 보면 동네 상점을 둘러보는 재미가 쏠쏠하다 • 동네를 걷다 보면 계절이 바뀌는 걸 알 수 있다
정량지표	• 동네보행량: 평일, 주말별 동네 보행 시간, 횟수 등

걷고 싶은 길은 도시계획 분야에서 자주 다루는 주제다. 주로 인도 폭을 넓히고 장애물을 제거하며 녹색 환경을 조성하는 등의 하드웨어에 중점을 둔다. 이런 물리적 환경이 좋아지면 당연히 걷기 좋은 길이 되겠지만 즐거운 보행목적이 있어야 그런 환경도 제 몫을 발휘한다.

아동과 노인은 보행 환경의 기준이 된다. 그들이 편하고 안전하게 걸을 수 있다면 다른 계층의 사람도 그렇기 때문이다. 특히 유모차를 끌고 다니기 편하면 부모도 걷기에 편하고 휠체어를 타는 사람에게도 큰 불편이 없다. 장애인에만 초점을 맞춘 디자인이 아니라 장애 유무와 관계없이 누구나 사용할 수 있는 디자인을 '유니버설 디자인Universal Design'이라고 하는데 보행의 물리적 환경에도 이 관점이 적용되어야 모든 사람이 누릴 수 있는 작은경제가 된다.

보행 인구와 보행량

지금까지 언급한 네 가지 행복지수는 모두 보행과 연결된다. 각각의 항목이 보행목적이 되기도 하고 보행 환경을 즐겁고 안전하게 하는 요소이기도

하다. '걷고 싶은 길' 지수도 마찬가지다. 제철 과일과 야채를 판매하는 가게, 제철 재료로 만드는 음식점을 보면 계절이 바뀌는 걸 알 수 있고 그 재미로 동네 상점을 둘러보기도 한다.

사실 이것은 보행목적과 보행 환경으로 구분하는 것보다 목적 보행과 여가 보행으로 구분하는 게 더 적절할 수 있다. 가게를 둘러보는 것이 특별한 목적을 지니고 걷는 목적 보행으로 분류될 수도 있지만 마치 백화점에서 하는 아이쇼핑eye shopping처럼 둘러보는 재미를 느끼는 여가 보행이 될 수도 있다. 숲길이나 강변 산책만큼은 아니더라도 동네 구경이 간편한 여가가 될 수 있다면 우리 동네가 그만큼 살기 좋다는 방증이다.

보행 인구와 보행량의 구분은 있어야 한다. 보행 인구는 걷는 사람의 수이고 보행량은 걸어서 이동하는 양이다. 예를 들어, 1시간 동안 어떤 길을 지나는 사람을 측정할 때 A라는 사람은 한 번만 지나고 B라는 사람은 세 번 지났다고 가정해 보자. 보행 인구는 두 명이고 보행량은 네 번이다. 보행 인구는 동일 인물의 왕복 횟수를 누적해서 카운트하지 않고 보행량은 누적해서 측정한다.

동네의 보행 인구 증가에는 한계가 있다. 직장이나 학교를 다니던 사람이 집에만 머무르거나 갑자기 동네 인구가 증가하면 보행 인구가 늘겠지만 그런 일이 발생할 확률은 매우 낮다. 작은경제에서는 보행 인구의 증가보다 보행량 증가를 더 눈여겨봐야 한다. 보행량이 늘었다는 건 한 사람이 이용하는 동네가게와 시설의 수가 늘었다는 의미다. 만약 그 한 사람이 가게 살림을 주도하는 사람이라면 가족 전체의 소비로 확대되기 때문에 작은경제의 활력은 보행량의 몇 배로 증가할 수도 있다.

보행량의 증가는 우리동네 행복지수 전반의 향상으로 만들어진다. 동네

가게들이 좋은 상품을 제공하고, 이웃이 늘어나며, 모두에게 안전한 보행길이 되면 보행량은 늘어날 수밖에 없다. 여기에 공공이 제공하는 보행 목적이 추가된다면 주민 입장에서 동네 이용의 다양성이 확대되고 보행량은 더욱 증폭된다. 더 재미있고 안전한 놀이터, 세대별 테마별 마을 도서관, 재택근무 센터, 생활체육 시설, 작은 박물관과 미술관 등이 대표적인 공공시설이다. 이런 시설을 한 곳에 크게 만들지 않고 여러 곳에 분산해서 만들면 마치 거미줄처럼 얽힌 이동 경로가 생기고 골목마다 활기를 띠게 된다. 서울과 같은 대도시는 빈 땅이 없어서 힘들다고 여기겠지만 최근의 경기 여파로 생긴 빈 점포나 기존 상가를 임차해서 만들 수도 있고 공공이 가진 유휴 시설도 수없이 많다. [9장 '작은경제와 10분' 참조]

11

단골 가게가 사는 법

왜, 굳이 단골인가

외국인이 들으면 경악하는 한국 음식 이름이 '할머니 뼈다귀 해장국'이란다. 전 세계에서 브랜드에 친족 관계를 내세우는 곳은 우리나라가 유일하지 않을까 싶다. 한글을 배우는 어느 미국인은 음식점의 손님들이 '이모', '어머니'라고 해서 모두 가게 주인의 가족인 줄 알았단다. 요즘은 어떤지 모르겠으나 예전의 자기 소개서는 '1남 2녀 중 장녀로 태어나…'로 시작했다.

서양인과 달리 동양인, 특히 우리나라 사람들은 관계 속에 존재한다. 소크라테스는 "너 자신을 알라."고 했지만 공자는 인仁과 예禮를 익혀야 한다고 했다. 관계 속에서 잘 살기 위해 어진 마음을 갖고 법도를 지켜야 한다고 본 것이다. 나 혼자 무인도에 살면 인이고 예고 뭐가 중요하겠냐만 사람들과 어울려 살려면 서로 지켜야 할 질서와 규칙이 필요하다. 열 받는 상황에서도 마음을 진정시켜야 하고 즐거운 일도 과시하지 말아야 한다. 규칙을 어기면 남이 불편하고 규칙을 지키자니 내가 피곤할 수 있는 게 관계다.

핸드폰이 없던 고등학생 시절, 친구 집에 전화를 했는데 아버님이 받으셨다. "안녕하세요, 영미네 집이죠?"라고 공손하게 여쭈었으나 아버님은 "여긴 내 집이다!"라고 하셨다. 서양의 존재론적 사상을 실천하셨던 그분은, 관계론적 사고에 매몰되었던 나보다 스트레스가 없었을 거다.

집 전화 시절엔 관계의 폭이 좁았지만 '단톡방' 시대엔 피로감을 느낄 만큼 폭이 넓어졌다. 페이스북과 인스타그램은 원래 알던 지인뿐 아니라 생면부지의 삶까지 연결하고 보여준다. 온라인 시대에 우리는 항상 연결되어 있다는데 정작 우리는 더 외로움을 느낀다. OECD의 'Better Life Index더 나은 삶의 질' 조사에서는 사회적 연계나 외로움을 알기 위해 "곤란한 상황에서 도움을 청할 가족이나 친구가 있는가?"를 묻는 항목이 있다. 2017년 조사 결과, 대한민국은 41개국 중 41위였다. 관계의 폭이 좁은 세상에선 나의 존재감을 쉽게 느낄 수 있지만 폭이 넓어질수록 존재감이 떨어지면서 인정욕구가 높아진다. 나 하나 없어도 잘 돌아가는 세상, 존재감 없는 사회에서 우리는 더 외롭고 불행해지기 쉽다.

지인들에게 '사람들 속에 있는 것'과 '혼자 있는 것' 중 무엇이 더 좋은지 물었다. 둘 중 하나만 골라야 할 때는 거의 모두 선뜻 답하지 못했지만 51 대 49로 무엇이 더 좋은지 묻자 쉽게 답했다. 각기 장단점이 있고 놓여진 상황에 따라 필요가 달라진다는 의미다. 그러나 관계는 상호작용이어서 내가 원하는 때에 원하는 만큼만 취할 수 없다. 관계의 균형을 유지하는 것도, 관계 속에서 나를 지키는 것도 모두 어려운 일이다. 그래서인지 요즘 서가에는 심리학, 자존감, 관계론이 인기라고 한다.

소비가 관계로 이어지는 동네

우리나라 쇼핑앱 월간 순이용자 수[MAU] 1등은 쿠팡[2,504만 명]이고 2등이 당근마켓[1,518만 명]이다.[30] 어마어마한 대기업이 운영하는 11번가[965만 명]와 G마켓[630만 명], 이마트몰[181만 명]보다 당근마켓의 이용자 수가 더 많다. 코로나 사태로 동네에 머무는 시간이 늘어난 배경도 있고, 중고 거래로 쓰지 않는 물품을 처분하면서 소소한 재테크 수단으로 활용하는 사람이 늘어난 이유도 있다. 그런데 당근마켓의 김용현 대표는 "이웃을 연결해 주는 커뮤니티"를 고성장의 비결로 꼽는다. 온라인에서 '좋아요'만 누르다가 동네에서 취향, 관심이 비슷한 사람과 연결되는 점이 당근마켓에 사람이 몰리는 이유라는 거다.

중고 거래에서 시작된 당근마켓은 최근에 '동네생활' 카테고리를 추가했다. 여기에는 전시회, 등산, 반려동물 산책, 독서 토론 등을 같이 하자는 사람, 침대 매트리스 옮기는 걸 도와달라는 사람, 분실물을 수소문하는 사람, 동네 사건 사고를 알리는 사람들이 보인다. 우리 동네 사용자 중에 그네를 같이 타자는 사람도 봤다. 댓글을 보니 금세 누군가와 위치를 주고받고 함께 그네를 타기 시작했다더라. 아이가 쓰던 장난감을 아이와 함께 나와서 건네면 어떤 아이가 썼는지 알게 되고, 책을 나누면 생각의 주제가 비슷한 사람이 마주치는 경험이 있기에 이런 일들이 가능하다.

쿠팡, 11번가, 이마트몰 등에는 사람을 볼 수가 없다. 판매자는 상품과 쇼핑앱 브랜드에 가려지며 기업은 그들이 전면에 나서는 것을 선호하지 않는다. 택배로 주고받는 '중고나라'는 더 좋은 가격에 팔려는 사람과 사기를 당하지 않으려는 사람들 간의 신경전이 치열하다. 이런 앱에서 생활을 주고받는 커뮤니티 게시판이 있다 한들 그네를 함께 타자는 사람이 나올 수는 없을 거다.

당근마켓에는 스팀다리미 8,000원, 오피스 자켓 9,000원처럼 택배로 주고받기엔 너무 낮은 가격의 상품을 쉽게 볼 수 있다. 유명 브랜드 옷을 9,000원에 내놓는 이유는 그만큼 옷이 낡아서가 아니다. 자신은 입지 않지만 동네 사람 중 누군가 잘 입어주길 바라는 '유료 나눔'의 마음이 들어 있다. '2020년 당근마켓 돌아보기'에 따르면 한 해 동안 총 1억 2,000만 개의 연결 중 무료 나눔은 213만 건이었다. 현명한 나의 조카는 스무 번의 당근 거래 후 "디지털로 된 인간을 아날로그로 끌어내주는 느낌"이라는 소감을 남겼다. 당근마켓으로 동네 친구가 생긴 건 아니지만 지역 안에서 구성원 간의 감정적 교류와 소속감이 생겼다고 한다.

관계 혹은 외로움 속에서 우리에게 필요한 건 연결 그 자체보다 연결감이다. 누군가와 이어져 있는 느낌은 외로움을 무디게 하고 과도한 관계 속으로 들어가지 않게 한다. 동네 사람들 사이에는 이 연결감이 잠재되어 있어서 우연히 만난 누군가가 한동네에 살고 있다면 그렇게 반가울 수가 없다. 과거에는 동네 사람들과 주로 마주치는 곳이 단골 가게였다. 장사하는 사람과 동네에 사는 사람의 구분 없이 다 같이 한동네 사람이었다. 매일 얼굴 보는 사람끼리 제값을 다 받을 수도 없었고 정직하게 물건을 팔지 않을 수도 없었다. 소비가 관계로 이어지며 단단한 연결감을 주었다. 그러나 대기업과 온라인이 우리를 더 나은 상품과 빠른 배송에 집중시키면서 소비와 관계는 분리되었다. 한동안 우리는 그 함정에 매몰되어 있었으나 코로나 바이러스가 오히려 우리의 연결 욕구를 깨워주었다. 코로나 이후 급증한 당근마켓의 1,500만 사용자가 그 방증이다.

'소비가 관계로 이어지는 동네', 상인이 만들고 변화해야 할 방향이다. 온라인 쇼핑이 늘어날수록, 세상이 온통 디지털로 바뀔수록 우리의 연결감은 더욱 결핍된다. 언론과 전문가들은 당근마켓을 쇼핑앱으로 구분하지만 정작 당근마켓은 자신들을 지역 기반 커뮤니티 서비스라고 한다. 만약 당근마켓이 자신을 쇼핑앱으로 정의했다면 더 나은 상품과 더 빠른 배송을 하기 위한 '경쟁의 늪'에 매몰되었을 것이다. 사라져간 동네 단골 가게들처럼.

마음 장사꾼

고객은 좋은 상품을 사는 게 아니라 알맞은 상품을 산다. 디자인이 아름답고 성능이 월등하더라도 자신에게 알맞지 않으면 구매하지 않는다. 디자인이 구매 기준일 수도 있으나 이때도 그 상품이 놓일 자리와 조화를 고려하며 최고의 성능이 필요한 경우라도 상품이 쓰일 상황이나 재정 여건의 한도 내에서 선택을 한다. 이렇게 알맞은 상품을 우리는 무의식 중에 '마음에 든다'라고 한다.

그러므로 평범한 상인은 상품을 팔고, 현명한 상인은 고객의 마음을 산다. 상품을 파는 상인은 상품의 좋은 점을 얘기하고, 마음을 사는 상인은 사람들에게 무엇이 필요한지 알려고 한다. 장사가 잘되고 안 되는 이유도 여기에 있다. 가게를 주로 찾는 사람의 '마음에 드는' 상품을 갖추려면 그들의 마음이 무엇인지 알아야 한다. 우리 동네에 어떤 사람이 사는지, 가게에 들어와 어디부터 둘러보는지, 어떤 선택의 갈등을 하는지, 사람에 따라 어떻게 다른지를 관찰하고 묻고 들으려 한다.

> 평범한 상인은 상품을 팔고, 현명한 상인은 고객의 마음을 산다. 상품을 파는 상인은 상품의 좋은 점을 얘기하고, 마음을 사는 상인은 사람들에게 무엇이 필요한지를 알려고 한다.

그런 수고가 내 집에 오는 사람의 마음을 헤아리는 값이다.

서울의 목동깨비시장에 있는 '할범 탕수육'은 1,000원 탕수육으로 유명한 집이다. 몇 년 전부터 재료비가 너무 올라 2,000원으로 올렸으나 시작은 1,000원이었다. 업무차 만난 원용록 사장님에게 떡볶이나 만두도 아닌 탕수육을 굳이 골라서 1,000원으로 판매한 이유를 물었다. 처음에는 "학생들이 뭔 돈이 있어?"라고 단답으로 끝내버렸다. 뒷이야기가 궁금해 더 물으니 그제서야 속에 있는 말씀을 하셨다.

"이 골목에는 학생과 일용직 일꾼이 많이 다녀. 이 사람들을 배불리 먹이고 싶었는데 원래 싼 음식보다 좋은 음식을 싸게 먹이고 싶었어. 옛날엔 탕수육을 잔칫상에서나 먹었거든. 그걸 천 원으로 먹으면 얼마나 기분이 좋겠어. 돈 없는 사람의 설움을 나는 알거든." 중식을 해본 적이 없어서 탕수육 잘하는 맛집을 찾아다니며 사정사정해서 요리를 배우며 재료비를 낮췄다. 이 집에서 파는 잔치국수는 아직도 1,000원이다. 양도 푸짐하고 국물도 시원하다. 이 가격에 맛을 내기 위한 포인트는 육수라고 한다. 그래서 다른 재료는 아껴도 육수는 반드시 통영 멸치를 고르고 골라 쓴다. 원용록 사장님은 아침에 오는 손님을 유심히 관찰한다. 첫 숟가락을 뜬 손님의 표정을 보며 오늘 만든 소스나 육수의 맛을 가늠한다. 표정이 신통치 않으면 국수를 직접 먹어보고 잘못된 점을 찾아서 다시 육수를 내린다.

마음 헤아리는 마음

2005년 어느 여름 아침에 거래처 과장에게 전화가 왔다. 점심 때 우리 사무실 앞을 지나는데 같이 밥을 먹자고 했다. 그러자 하고 전화를 끊었는데 내 지갑엔 달랑 1만 원이 있었다. 몇 년 전에 명의를 잘못 빌려준 바람에 어느 날 갑자기 내 개인과 법인의 통장과 신용카드가 일시에 정지되어 있던 때였다. 매일 아침 출근을 해서 돈 빌리는 게 일이었다. 관계를 끊고 싶은 사람이 있으면 돈을 빌려달라 하면 깔끔하게 정리된다는 걸 그때 배웠다. 큰 액수를 말하면 안 된다. 10만 원, 20만 원처럼 자잘한 액수를 말해야 한 방에 끝난다.

거래처 과장이 올 시간이 됐다. 마침 사무실 근처에 맛있는 순두부찌개 집이 있었는데 1만 원으로 밥값을 해결하려면 반드시 그 식당에 데려가야 했다. 주차장에서 올라오는 엘리베이터는 하나밖에 없다. 그 앞에 서서 바쁜 통화를 하는 척 전원이 꺼진 핸드폰을 귀에 대고 있었다. 엘리베이터에서 내리는 그에게 살짝 고개를 숙이며 양해를 구하는 척하고 거절할 수 없는 제안을 해야 한다. "뭐 드실래요?"라고 물으면 지옥문이 열린다. "순두부찌개 어떠세요?"는 다른 메뉴에 대한 여지가 보인다. 자신감 있게 "순두부찌개 맛집이 있는데 괜찮으시죠?"라고 하면 반박이나 대안 제시의 여지가 줄어든다. 혹시 모를 틈조차 주지 않기 위해 잽싸게 다시 통화하는 척했다. 순두부찌개 집은 왜 이리 멀리 있는지, 혼잣말하는 핸드폰을 도착할 때까지 놓지 않았다. 드디어 밥과 찌개가 나오고 그도 나도 정신없이 먹기 시작했다. 내가 반쯤 먹었을 때 그는 밥 한 공기를 다 비우고 내게 동의를 구하지도 않은 채 외쳤다. "공깃밥 하나 추가요." 그날 밤, 잠실대교 위에서 한강을 바라보니 그렇게 포근해 보일 수가 없었다. 순간적으로 그 품에 안기고 싶었다.

내가 공깃밥 1,000원에 목이 메인 것처럼 우리 회사의 고객도 그렇게 번 돈으로 우리에게 일을 맡겼으리라. 1,000원으로 쌓인 수백, 수천만 원의 값어치를 뼈저리게 느꼈다. 1,000원 탕수육에 담긴 원용록 사장님의 마음도 다르지 않았다. 내 안의 '돈 없는 설움'으로 다른 이의 마음을 본다. 가난을 겪은 사람만 다른 이의 가난을 알 수 있는 건 아니다. 달라이 라마는 "우리는 모두 같은 존재"라고 했다. 우리는 서로의 차이점에 주목하지만 행복을 갈망하고 고통을 피하길 원한다는 점에서 우리 모두는 같은 존재다.[31] 겉으로 드러나는 행동과 생김새, 직업은 달라도 우리의 마음은 같다.

그러므로 현명한 상인은 나의 마음으로 다른 이의 마음을 헤아린다. 내가 잘살고 싶은 만큼 손님도 잘살고 싶다. 내가 정직한 대우를 받고 싶은 것처럼 손님도 정직한 상인을 만나고 싶다. 내 마음이 다른 것으로 채워져 있으면 다른 이의 마음이 들 수 없다. 어떻게 하면 재고를 잘 처리할까, 어떻게 더 큰 이익을 남길까, 이런 생각을 비워야 손님의 마음이 들어올 자리가 생긴다. 마음 장사꾼은 자신의 마음 자리를 내주어 다른 이의 마음이 들 수 있게 하는 사람이다.

대한민국엔 서울상인

상인이 바뀌면 동네가게가 바뀌고, 동네가게가 바뀌면 우리의 동네 생활이 바뀐다. 그런데 상인은 어떻게 변화할 수 있을까? 공공의 많은 정책이 여기서 실패를 한다. '상인 교육'이란 이름으로 상인 정신과 고객 응대 방법론을 알려준다. 사람은 교육만으로 바뀌지 않는다.

심리학자 제임스 프로차스카James Prochaska와 카를로 디클레멘트Carlo Diclemente는 "범이론적 행동변화단계 모형"에서 사람의 행동은 다섯 단계를 거쳐 바뀐다고 했다. 첫 번째는 아직 변화의 필요성을 느끼지 못하는 '심사숙고 전 단계'이며 변화에 대한 의지나 동기가 없는 상태다. 금연을 예로 들면, 담배로 폐가 검게 변하는 건 알지만 이론적으로 아는 것이며 나의 현실로 여기지 않는다. 그러던 어느 날 담배 냄새 때문에 아빠가 싫다는 딸의 말을 듣고 고민에 빠진다. 이때를 '심사숙고 단계'라 한다. 아직 결심은 서지 않았으나 변화가 필요한 이유를 인식했다. 며칠의 고민 끝에 드디어 결심을 하고 금연 방법을 알아보는 '준비 단계'를 거쳐 지인들에게 금연 사실을 알리고 금연 패치를 붙이는 '행동 단계'에 이른다. 몇 달이 지나도록 담배를 멀리하자 아침에 일어날 때 상쾌하고 딸이 매일 아빠를 기다린다. 이런 만족과 기쁨을 더 누리기 위해 운동도 하고 지인들에게 금연을 권유한다. 행동 변화를 통해 얻은 이익의 '유지 및 강화 단계'이다.

교육은 변화의 동기나 의지가 있는 '심사숙고 단계' 또는 '준비와 행동 단계'에서 효과적인 수단이다. 변화의 필요성을 느낀 사람은 구체적이고 효율적인 방법을 알고 싶어 하며 그런 조언에 대해 수용적이다. 그러나 동기가 없는 사람은 교육 당시에만 고개를 끄덕일뿐 행동으로 옮기는 계획을 세우지 않는다. 동네의 변화를 이끄는 주체인 상인에게는 교육 이전에 변화의 동기가 필요하다.

변화의 옷

정장을 입고 구두를 신으면 어깨 펴고 곧게 걸으려 하고, 추리닝에 슬리퍼를 신으면 나도 모르는 사이에 '헐렁한 스웩'이 생긴다. 상황에 따라 옷을 입기도 하지만 입는 옷을 바꾸면 행동이 바뀌기도 한다. 상인의 변화 역시 그들의 옷이 변화의 동기가 될 수 있다. 그래서 서울시 지역상권활력센터장을 맡고 처음 기획한 사업이 '서울상인' 이었다.

싱인은 스스로 '어렵다, 어렵다' 하고 공공과 전문가는 그들이 '바뀌어야 하고 교육이 필요하다'고 한다. 나는 많은 상인에게 이미 잠재력이 있으며 그걸 깨워주기만 하면 된다고 믿었다. '나도 저렇게 되고 싶다'는 롤 모델Role Model을 보여주면 스스로 의지를 굳히고 방법을 찾아가리라 믿었다.

'서울상인'은 서울의 수십만 상인 중에서 다른 상인의 롤 모델이 될 수 있는 상인을 발굴하고 보여주는 사업이다. 누군가는 백종원 대표처럼 유명인을 거론했으나 그런 사람은 거리가 너무 멀었다. 손을 뻗으면 닿을 듯한 거리에 있어야 더 쉽게 동기와 성취욕이 생긴다. 흔히 볼 수 있는 1, 2, 3위를 가리는 방식은 소모적인 경쟁을 일으키고 1등에 오르려는 욕망을 부추길 수 있다. '서울상인'은 상점 경영에 필요한 요소를 나누고 그에 따라 변화의 방향을 구체적으로 제시했다. '경쟁력 있는 〈상품〉', '마음을 끄는 〈광고〉', '발길을 잡는 〈집객〉', '정이 오가는 〈대화〉', '안부를 묻는 〈단골〉', '시선을 끄는 〈진열〉', '장사의 기본 〈청결〉', '상생의 〈상인 정신〉', '따듯한 〈직원 복지〉' 총 아홉 개 분야별로 '서울상인'을 선정하고 그들의 철학과 노하우, 스토리를 사람들에게 보여주고자 했다.

서울을 네 개 권역으로 나누어 권역별 설명회를 열고, 서울의 상점가와 전통시장 200여 곳에 이벤트팀을 보내서 사업을 홍보했다. 상점가 방문객과 이웃 상인에게 추천을 받아서 1차 후보를 선정한 후, 소비자 단체에 의뢰해 관련 전문가와 지역별 소비자로 팀을 꾸려 현장 조사를 했다. 롤 모델로서 사람들에게 깊은 인상을 남길 스토리가 있는지 확인하기 위해 방송작가팀을 별도로 꾸려 인터뷰도 했다. 이 과정을 거친 최종 후보를 대상으로 10여 명의 전문가 심의와 3만 8,000명의 온라인 시민 투표 결과를 합산해 최종 8인을 선정했다. 아홉 개 분야인데 8인을 선정한 이유는 직원 복지

분야에 후보는 있었지만 다른 상인의 롤 모델이 될 수 있는 절대 기준에는 못 미쳐서 선발하지 않았기 때문이다. 즉, 상대적으로 우수한 상인일지라도 다른 상인들에게 자긍심을 줄 수 없다면 '서울상인'으로 선정하지 않는 게 우리의 원칙이었다.

이제 서울의 67만 상인을 대표해 선정된 8인의 '서울상인'을 발표하고 시상하는 자리를 만들어야 했다. 보통 공공 기관에서 이런 행사를 하면 기관장, 국회의원, 시의원 등을 초청해 인사말과 시상을 한다. 우리도 시장님을 모시는 관례를 따라야 했고 그래야 조직 내에서 사업의 힘을 받을 수 있었다. 이승진 주무관과 나는 처음부터 끝까지 상인이 주인공인 자리를 만들고 싶었다. 시장 비서실에 아는 분을 통해 시장님 일정을 체크하고 시장님이 참석할 수 없는 날만 골라 '서울상인 페스티벌' 일정을 보고했다. 시장님이 참석하지 못하면 실장님이나 국장님이라도 모시는 게 조직의 룰이었으나 국장님께도 사전 보고를 하지 않았다. 나중에 언론 기사를 보고 행사를 알게 된 국장님께 욕을 한 바가지 먹었다.

8인의 '서울상인' 시상자로 무대에 오른 사람은 시장님도 의원님도 아닌 그들의 가족이었다. 누구에게 인정받을 때 가장 뿌듯할까 생각하니 상인의 아내와 자녀가 떠올랐다. 수십 년간 장사하느라 미처 돌보지 못했던 가족이 내게 상을 준다면 삶의 어느 한 순간이 아니라 전부가 보람되리라 여겼다. '서울상인'에 선정된 사람뿐 아니라 행사에 참석한 객석의 상인들에게도 그 보람을 안겨주고 싶었다. 그래서 상인들 몰래 미리 제작한 영상을 보여주었다.

"가장 존경하는 사람이 누구냐고 묻는다면"으로 시작하는 영상은 자녀들이 바라본 아버지, 어머니의 모습을 그린다. 새벽에 나가 육수를 만들고

[서울상인 페스티벌] 상인 자녀 인터뷰

출처: youtu.be/yw6YiP4I134

밤늦게 들어오시는 부모님이지만 친구들에게 그 모습을 보이긴 싫었다. 그러나 내가 크고 보니 얼마나 치열하게 살아온 것인지, 얼마나 대단한 분인지 알게 되었다. 가장 존경하는 인물이 누구냐고 묻는다면 당연히 아버지이며, 나의 아들과 딸에게도 그런 아버지가 되기 위해 열심히 살 거라고 한다. 그리고 영상 말미에 "상인이라는 이름을 자랑스럽게 만든 여러분, 감사

합니다."로 끝을 맺는다.

페스티벌에 참석한 100여 명의 상인은 행사를 마친 후 "장사 처음 시작할 때의 마음을 돌아보게 되었다."며 "우리를 위한 행사를 열어줘서 고맙다."고 하셨다. 그리고 "나도 서울상인이 되고 싶다."고 하셨다. '서울상인' 중 한 분이 지역의 정치적인 일에 휘말리는 바람에 사업이 중단되고 있지만 또 다른 롤 모델을 발굴하고 보여준다면 더 많은 상인들에게 변화의 영감을 주리라 믿는다.

'서울상인'의 슬로건은 '고려시대엔 개성상인, 대한민국엔 서울상인'이다. 일반 시민들에겐 공감되지 않을 수 있으나 상인들은 이 문구를 좋아한다. 망원시장 상인회장이자 서울시 상인대표 명예시장이셨던 서정래 님은 술자리에서 늘 건배 대신 이 슬로건을 외쳤다. '서울상인'은 상인들에게 교육받아야 할 대상이라고 말하지 않는다. 여러분은 이미 대한민국을 대표하는 상인이라고 한다. 그들에게 새로운 옷을 입히면 그에 맞게 변화해 가리라 믿는다.

또 다른 서울상인 _ "카탈로그 세 박스를 외웠어요"

이 책의 첫머리에 소개된 강북종합시장 신흥마트 이해룡 사장님도 서울상인 <단골> 분야에 선정된 상인이다. 사업 관계자들 사이에서 이해룡 님은 '미담 공장'이라 불릴 만큼 얘깃거리가 많았다. 다른 분야의 서울상인도 그에 못지않지만, 여기서는 몇 분의 사례만 소개하려 한다.

<대화> 분야에 선정된 만호종합상사의 진성자 님은 30년 전 급작스레 그릇 장사를 시작하게 되었다. 장사는커녕 그릇에 대해 아무것도 몰랐던 진성자 님은 손님에게 구박받기 일쑤였다. 손님이 생선 찜통을 달라고 하면 빨래 삶는 들통을 내놓고, '다라이'를 달라고 하면 '그게 뭐예요?'라고 되물었다. 당시에 많이 쓰던 은어는 하나도 알아들을 수 없었고 그릇의 이름과 용도도 제대로 몰랐다.
모르는 걸 묻는 것보다 모르는 걸 외면하고 장사하는 게 더 창피한 일이라 생각하며 손님에게 핀잔을 들어도 주춤하지 않고 손님에게 물었다. 그렇게 손님에게 배운 말을 사용해서 다른 손님에게 설명하다 보니 지금은 어떤 전문가보다 더 쉽게 손님에게 얘기할 수 있게 되었다. 그리고 매일 밤 카탈로그를 공부했다. 소설책도 읽다 보면 지루한데 카탈로그는 오죽하겠는가. 카탈로그에 용량이 몇 리터로 되어 있으면 그 크기에 몇 말을 찔 수 있는지를 공부했다. 손님은 몇 리터로 찾지 않고 몇 인분으로 찾기 때문이다. 그렇게 30년 동안 외운 카탈로그가 라면 상자로 세 박스다.
머릿속이 온통 그릇으로 차 있어서 다른 것들은 매번 깜빡하고 잊어버렸다. 그래서 세금 납부 일정, 집안의 경조사, 지인의 생일 등은 달력에 적어놓거나 메모지에 써서 책상에 붙여놓는다. 가게 문고리에는 자물쇠와 함께 '전기방석 전기난로 OFF'라는 문구가 붙어 있다. 사람의 기억 용량에는 한계가 있음을 체감하고 그릇에 관한 것만 머리에 집어넣기 위한 그의 집념이 가게 곳곳에 붙어 있는 셈이다.

<진열> 분야에 선정된 우리들청과야채 정봉석 님도 집념의 화신이다. 과일과

야채는 일조량과 온도에 민감하다. 하루 종일 가게에 들어오는 햇볕의 각도를 고려해, 각각의 상품마다 좋은 자리를 찾아 시행착오를 거듭하며 지금의 진열 구도를 갖추었다. 그의 수첩에는 그간의 과정이 고스란히 담겨 있으며 지금도 그때그때 떠오르는 아이디어를 놓치지 않기 위해 빈 박스의 뒷면에 새로운 매대 위치를 그려본다.
정봉석 상인은 냄새와 소리에도 민감하다. 가게 옆에 튀김 집이 있어서 기름 냄새가 가게로 들어올 때가 많다. 손님들에게 과일 향을 충분히 느끼게 해주고 싶은 마음에 가게 입구에 선풍기를 달아서 튀김 냄새가 못 들어오게 막았다. 장사를 하는 중간에도 수시로 과일 향을 점검해서 상하기 시작하는 상품은 미리미리 빼놓아 손님은 늘 신선한 과일만 볼 수 있게 한다. 과일이 상하기 시작하면 냄새가 달라진다고 한다. 가게 한쪽에 쌓아둔 상자에서 그 냄새가 나기 시작하면 귀신같이 찾아서 조치를 취한다. 그는 좋은 자리가 좋은 상품을 만든다고 믿는다.

서울상인 사업을 기획하며 <광고> 분야는 온라인을 잘 활용해 동네 사람들과 소통하는 상인을 상상했었다. 토종한우명가의 박선종 님은 '동네 장사는 얼굴로 한다'는 말씀으로 우리의 예상을 완전히 뒤엎었다. 그는 온라인은커녕 전단지 한 장 돌리지 않는다. 그 대신 오토바이에 비타민음료를 가득 싣고 동네를 돌아다닌다. 공원, 경로당, 미용실 같은 곳을 찾아가서 음료수를 나눠드리며 인사도 하고 대화도 나눈다. 그는 주머니에도 항상 음료수를 넣어 다니며 길을 걷다 만난 고객들에게 나눠드린다.
20여 년 전, 생선 노점을 할 때 건너편 양말 가게에서 큰 싸움이 났다. 손님은 1만 원을 냈다 하고 주인은 받은 적이 없다 하며 큰 소리가 오갔다. 지나던 사람들이 걸음을 멈추고 구경하며 골목이 어수선해졌다. 보다 못한 박선종 님은 자기 주머니에서 1만 원을 꺼내 양쪽에 5,000원씩 나눠주고 싸움을 끝냈다. 이를 지켜보던 동네 사람들이 며칠 뒤 생선 노점을 찾아왔고 정육점으로 바꾼 후에도 발길이 이어져 지금까지 단골로 남아 있다. 박선종 님은 광고는 상품이 아닌 사람을 알리는 일이고, 고객의 가슴에 신뢰를 심는 일이며, 믿을 만한 사람이 되면 그 믿음이 상품으로 이어지는 일이라고 믿는다.

12

사는 일의 가치

5,000만의 로컬 브랜드

자전거 탈까요, 라이딩 할까요? 주방장에게 먹을까요, 셰프에게 먹을까요? 같은 의미인데 이상하게 라이딩이 더 멋져 보이고 셰프가 만든 음식이 더 고급스러워 보인다. 요즘 핫하게 떠오르는 '로컬'도 마찬가지다. 동네 혹은 지역이라 하면 그닥 솔깃하지 않는데 로컬이라 하면 뭔가 있어 보인다. 그래서 이번 장은 로컬 창업을 부추기기 위해 가급적 동네 대신 로컬을 쓰기로 한다.

대한민국 5,000만 인구 중 동네, 아니 로컬에 살지 않는 사람은 없다. 아침이면 로컬의 홈에서 나와 학교와 직장에 가고 저녁이 되면 다시 로컬로 돌아온다. 로컬 슈퍼에서 간단한 찬거리를 사고 로컬 카페에서 커피를 마신다. 크든 작든, 많은 시간을 쓰든 아니든 누구나 로컬 라이프를 산다. 뭔가 어색하지 않은가? 라이딩과 셰프처럼 동네보다 로컬이 더 있어 보이는데 '동네 생활'을 '로컬 라이프'라 하기엔 가슴 깊은 곳에서 인정하기 힘든 괴리감이 느껴진다. 이것이 로컬 창업을 부추기는 첫 번째 이유다.

우리 눈은 높아졌으나 우리가 사는 동네는 그에 비해 허름하다. 인스타그램에서 연남동의 말차 브라우니를 본 사람은 동네 빵집의 단팥빵이 눈에 들어오지 않는다. 수많은 사람들이 SNS와 '~리단길'에서 이쁘고 좋고 맛난 것을 봤으니 이제 동네에 그런 가게가 들어오면 매우 반갑고 동네의 격이 달라지는 듯하다. 불과 몇 년 전만 해도 유기농 빵과 농산물은 차를 타고 백화점이나 전문 매장에 가야 살 수 있었는데 지금은 동네 곳곳에 들어서고 있다. 동네 사람들은 더 높은 가치를 요구하지만 그 요구를 충족할 동네가게는 여전히 부족하다. 이 간극이 사업의 기회이자 시장이다.

동네 장사는 시장이 작다고 할지 모르겠다. 서울은 1개 행정동에 2만 3,000명, 지역의 중소도시는 1개 행정동에 1만 명쯤 사는데 동네 장사는 이보다 작은 인구를 대상으로 한다. 게다가 인구는 점차 줄어들고 지방 소멸의 위기까지 다가오고 있다. 그러나 사업의 시장 규모는 인구가 아니라 소비를 기준으로 봐야 한다. 인구 1인당 1일 1빵을 사먹다가, 1일 2빵으로 늘어나면 시장 규모는 두 배가 된다. 책 읽는 사람은 줄고 대형 서점이 문을 닫는 시국에 독립 서점과 북카페는 점차 늘어나고 있다. 대형 서점을 소비하는 인구는 줄고 독특한 콘셉트의 책 문화를 소비하는 인구가 늘어나기 때문이다.

급격히 성장하는 로컬 시장 규모가 창업을 부추기는 두 번째 이유다. 코로나 사태를 겪으며 슬리퍼를 신고 다니는 '슬세권'이 부상했다. 동네를 다니다 보면 추리닝을 입고 다니는 사람이 확연히 늘어났고 동네 슈퍼와 생협 매장은 코로나 이전보다 매출이 늘어나 남모르게 웃고 있다. 어느 기자

온라인 쇼핑 거래액 및 가계 소비지출

	2017년	2018년	2019년	2020년
온라인 쇼핑 거래액 (백만 원)	94,185,765	113,314,010	136,600,838	159,438,356
온라인 거래액 전년 대비 증감률		20.3%	20.6%	16.7%
가구당 월평균 소비지출 (원)	2,556,823	2,537,641	2,456,678	2,400,123

출처: 국가통계포털

가 코로나로 어려움을 겪는 상인을 영상에 담으려고 전통시장에 갔더니 사람이 너무 많아 찍을 수 없었다는 해프닝도 있었다. 동네 소비가 늘어난 건 코로나로 인한 일시적 현상이 아니라 이미 오래전부터 시작된, 그리고 앞으로도 이어질 큰 흐름이다. [4장 '코로나가 알려준 희망' 참조]

1인 가구가 늘어나면서, 대형마트에서 대량으로 구매하는 것보다 동네에서 그때그때 필요한 소량을 구매하는 패턴도 증가한다. 은퇴 연령이 낮아지고 고령화가 가속화될수록 중장년들의 동네 여가와 소비도 늘어난다. 코로나 사태 초기부터 재택근무를 했던 어느 대기업 임원은 재택근무를 통해 두 가지를 배웠다고 한다. 첫째는 "우리 회사에 이렇게 많은 사무실이 필요 없구나."였고 둘째는 "우리 회사에 이렇게 많은 사람이 필요 없구나."였다고 한다. 재택근무는 꾸준히 확대되고 집과 동네에 머무르는 사람이 더 늘어날 것이다.

코로나 사태로 온라인 쇼핑이 대폭 늘어났다고 하지만 통계는 다르게 말한다. 국내 온라인 쇼핑 거래액은 2017년부터 2019년까지 매년 20%씩 늘어났는데 코로나가 극심했던 2020년은 전년보다 16.7% 늘어났다.[32] 가계 지출에서 차지하는 비중도 꾸준히 늘어나고 있으나 여전히 오프라인 지출이 더 크다. 2020년 온라인 쇼핑 거래액은 159조 원으로 2,000만 가구당 매월 66만 원씩 쓴 셈이다. 즉, 가구당 월평균 소비지출 240만 원 중 온라인으로 쓴 금액은 27.5%에 불과하다. 온라인 소비가 늘어나고 있지만 여전히 72.5%는 오프라인에서 쓰고 있다는 말이다. 설사 온라인 거래가 늘어난다고 할지라도 오프라인 상점들이 전멸하는 일은 없을 거다. 오히려 모두가 뛰어든 온라인은 경쟁이 치열해지고 동네가게들은 온라인과 대비되는 차별점으로 경쟁력을 유지할 확률이 높다. [9장 '작은경제와 10분' 참조]

로컬에서 글로벌로

로컬 창업을 부추기는 세 번째 이유는 확장성이다. 동네 한 곳의 지리적 범위는 작지만 상품과 서비스를 테스트하며 사업 모델을 완성하기에는 충분히 넓다. 오히려 미세한 고객의 행동 패턴을 관찰하고 학습하기에는 더 좋은 테스트베드Test Bed다.● 널리 알려진 것처럼 당근마켓은 경기도 판교의 IT기업 종사자들을 대상으로 서비스가 시작돼 인근 지역과 전국으로 확대되었다. 대기업도 특정 지역에서 시범 서비스를 출시해 시장의 반응과 효과성을 검증한 후 전국 서비스로 확대하는 경우가 많다.

로컬 브랜드가 '전국구'로 확대되는 경우도 어렵지 않게 찾을 수 있다. 국내 여행이 늘어나고 SNS로 입소문을 타면서 골목의 작은 가게도 더 이상 로컬에 머물지 않는다. 성심당 베이커리 매장은 대전에 있지만 전 국민이 아는 브랜드가 되었고 전국에서 온라인으로 주문할 수 있다. 서울 최대 규

● 새로운 기술 제품, 서비스의 성능이나 효과를 시험할 수 있는 환경을 뜻하며 시험 무대, 시험 공간으로 대체될 수 있다.

> 도시의 작은 가게들이 로컬 브랜드와 문화로 성장할 수 있는 건 사람들의 소비를 '물건 사는 일'에서 '삶을 사는 일'로 바꾸었기 때문이다. 내가 입는 옷이 나를 표현하듯 내가 소비하는 모든 것이 나를 대변한다.

모의 백화점 '더 현대 서울'의 식당가에는 힙스터들에게 널리 알려진 테일러커피, 금옥당, 게방식당, 탐광 등 로컬 맛집들이 입점해 있고 다른 백화점이나 복합 쇼핑몰에서도 로컬 브랜드는 귀한 대접을 받는다.

과거에는 정부나 대기업이 산업을 주도했으나 21세기는 지역 문화를 기반으로 시작된 작은 가게들이 글로벌 기업이 되고 창의적인 산업을 주도하기도 한다. 커피업계의 애플이라 불리는 '블루보틀커피'는 오클랜드에서 시작했고, 글로벌 부티크호텔 체인을 운영하는 '에이스호텔'은 시애틀과 포틀랜드에서 탄생했다. 특히 포틀랜드는 자유로운 독립 문화를 바탕으로 '스텀프타운 커피Stumptown Coffee', '코아바 커피Coava Coffee', '드슈츠 브루어리Deschutes Brewery', '파웰스 북스Powell's Books' 등의 로컬 브랜드가 힙스터 문화로 자리 잡으며 미국은 물론 전 세계 소비문화와 기업에 영향을 미치고 있다.

도시의 작은 가게들이 로컬 브랜드와 문화로 성장할 수 있는 건 사람들의 소비를 '물건 사는 일'에서 '삶을 사는 일'로 바꾸었기 때문이다. 내가 입는 옷이 나를 표현하듯 내가 소비하는 모든 것이 나를 대변한다. 대전 성심당과 포틀랜드 에이스호텔을 찾는 이유는 단지 빵 맛이 좋고 인테리어가 이뻐서가 아니다. 성심당은 서울의 유명 백화점에서 입점 제안을 해도 대전을 떠나지 않고 전국 프랜차이즈 사업도 하지 않는다. 더 많은 사람들이 대전을 찾아와 대전의 문화를 즐기며 지역 전체가 함께 잘되기를 바라서다. 에이스호텔은 스텀프타운 커피 등 지역의 다른 로컬 브랜드와 함께 가난한 창작자들이 모일 수 있는 공간을 만들었고 그 덕분에 호텔을 찾은 손님들은 에이스호텔만의 독특한 감성을 느낄 수 있다. 그곳에 가면 지역의 자부심을 느낄 수 있고 그곳에서 소비하는 나는 더 가치로운 삶을 살 수 있다.

로렌 아이슬리Loren Eiseley의 에세이 《불가사리를 던지는 사람The Star Thrower》에 나오는 노인과 소년의 대화가 인상 깊다. 어린 소년이 동틀 무렵의 해변을 걷다가 어느 노인이 모래사장에 흩어진 불가사리를 집어 바다로 던지고 있는 걸 발견했다. 소년은 노인에게 왜 그런 일을 하는지 물었다. 노인은 이제 곧 해가 솟으면 이 불가사리들이 말라 죽을 것이라 했다. 소년은 수 킬로미터나 되는 해변에 수백만 개의 불가사리가 있는데 그중 몇 마리를 돌려보낸다고 무엇이 바뀌는지 되물었다. 노인은 다시 불가사리 한 마리를 집어 바다로 던지며 소년에게 말했다. "이 녀석에게는 세상이 바뀐 거야."

하나의 소비가 모여 한 사람의 삶이 되고, 한 사람이 모여 로컬 문화가 만들어진다. 대한민국 5,000만 인구 중 누구도 로컬, 아니 동네에 살지 않는 사람은 없다.

미래에서 온 오늘

"껍데기는 가라, 알맹이만 오라"

서울 망원동 제로웨이스트숍Zero Waste Shop '알맹상점'의 슬로건이다.● 이곳은 화장품, 세제, 커피, 차 등의 생필품을 보통의 상점에서처럼 개별 포장

● 제로웨이스트: 모든 제품, 포장 및 자재를 소각하지 않고 환경이나 인간의 건강을 위협할 수 있는 토지, 해양, 공기로 배출하지 않으며 책임 있는 생산, 소비, 재사용 및 회수를 통해 모든 자원을 보존하는 것 (출처: Zero Waste International Alliance)

알맹상점의 리필 스테이션

된 상품으로 판매하지 않는다. 소비자는 가게에 마련된 리필 스테이션Refill Station에서 자신이 가져온 용기에 필요한 만큼 담아서 구매한다. 여기에는 대나무 칫솔, 실리콘 빨대, 나무 수저, 폐식용유 세척 비누, 유기농 비누망, 천연 수세미 등 500개가 넘는 친환경 제품군을 개별 포장 없이 상품만 진열해서 판매하고 있다. 손님은 자신이 가져온 에코백이나 가방에 물건을 담아 간다.

알맹상점은 지역의 '알짜알맹이만 원하는 자' 모임에서 오랫동안 활동하던 세 사람이 공동으로 운영한다. 동네 사람들끼리 모여 환경 운동을 하면서 이런 상점이 있었으면 좋겠다며 1년 동안 말로만 하다가 실천에 옮겼다고 한다. 처음엔 망할 수 있다는 생각에 세 명이 월세를 부담할 수 있을지를 심각하게 고민했다. 그런데 지금은 동네 사람들뿐 아니라 멀리서도 찾아오는 핫플레이스가 되었고, 월세는 물론 운영 수익까지 내고 있다고 한다.

영업을 하는 곳인지 환경 운동을 하는 곳인지 모를 이런 가게들이 늘어나고 있다. '무포장 가게 네트워크'는 알맹상점처럼 일회용과 플라스틱을 제한하고 소비자가 용기를 가져와 담아가는 상점 연합체인데 카페, 꽃집,

베이커리, 생활 소품, 반찬 가게 등 전국에 70개가 넘는다. 당근마켓은 '우리동네 친환경 지도' 서비스를 오픈해 동네 사람들이 직접 등록하고 공유할 수 있도록 했다. 친환경 식품, 업사이클 제품, 제로웨이스트 용품 등을 판매하는 곳과 다회용기를 환영하는 가게, 일회용품을 사용하지 않는 가게 등을 등록할 수 있다. 이 서비스는 2021년 6월에 시작했는데 내가 살고 있는 서울 구의동 인근에만 열 곳이 넘는다. "우리 재킷을 사지 마세요" 광고로 유명한 '파타고니아'나 동물실험을 하지 않는 '더바디샵' 등 일부 기업이 선도하던 소셜 캠페인이 로컬에서도 확산되고 있다.

치킨은 가라. 혁신만 오라

'은퇴 후 치킨집'이란 '옛말'이 있다. 퇴직한 중장년이 주로 찾는 창업 아이템이 치킨 프랜차이즈였을 때 생긴 말이다. 모 치킨 프랜차이즈 업체에 따르면, 2020년 신규 매장 교육 수료자 중 48%가 2030세대라고 한다. 2014년 21%에서 2016년 30%, 2018년 35%로 꾸준히 늘었다. 특히 20대 비중이 2014년 21%에서 2016년 30%, 2018년 35%로 늘었다고 한다.[33]

충심으로, 나도 치킨을 사랑한다. 그러나 지금은 잠시 닭다리를 내려놓고 우리 삶에 닥친 위기를 헤쳐 나갈 대안을 논해야 할 때이다. 기후변화, 감염병, 외로움과 마음의 병, 양극화와 갈등, 인구 감소와 고령화, 지방 소멸 등은 지구 반대편이 아니라 우리가 사는 로컬에서 벌어지고 있다. 주방장이 아니라 셰프로 불리고 싶다면, 복제된 가맹점이 아니라 로컬 브랜드가 되고 싶다면, 알맹상점이 보여준 것처럼 우리의 길이 다름을 보여주어야 한다. 세상은 그 길을 받아들일 준비가 되어 있다.

소수의 전문가만 알고 있던 지구의 변화를 동네 사람들이 체감하기 시작했다. 탄소 중립의 뜻을 정확히는 몰라도 2020년의 따듯한 겨울, 2021년의 마른 장마와 열돔 현상을 겪으면서 지구온난화를 걱정하기 시작했다. 코로나 이후 또 다른 감염병이 올 것이라는 전문가들의 말에 많은 사람들이 고개를 끄덕인다. 성별, 연령, 노동, 인권, 소득의 차별과 갈등이 불현듯 나의 일이 되고 지인의 일이 되었다. 내 일이 되면 요구하고 변화하기 시작한다.

MZ세대는 변화를 '힙'하게 이끌고 있다. 인스타그램에서 '제로웨이스트' 또는 'zerowaste'를 검색해 보면 이쁘고 고급스러우며 건강하게 느껴지는 사진들로 채워져 있다. 그들에게는 동물 가죽으로 만든 명품백보다 식물성 재료로 만든 인조가죽 가방이 자신의 정체성을 더 멋지게 표현하는 방법이다. 간혹 에코백을 일회용 봉투처럼 남발하고 텀블러를 몇 번 쓰다 버리는 일부는 있을지언정 변화를 문화로 만든 것은 그들이다.

정작 이런 변화를 이끌었어야 할 공공은 역량과 자원의 한계를 느끼게 되었고 로컬의 참여가 절실해졌다. 플라스틱의 경우, 기업의 생산과 제조에서도 변화가 필요하지만 제품이 소비되는 생활 속에서도 참여가 필요하다. 한국의 분리수거율은 60%를 넘으며 독일, 오스트리아 등과 함께 세계 최정상권에 속한다. 그러나 분리수거한 플라스틱의 절반이 재활용되지 못한다. 일례로 병뚜껑, 빨대 등 작은 플라스틱은 경제성이 낮아서 재활용 공장에서 다시 버려진다. 그래서 알맹상점은 이런 작은 플라스틱을 가져오면 쿠폰을 주고, 회수된 플라스틱은 플라스틱 방앗간에서 치약 짜개, 컵, 화분으로 재탄생시킨다. 공공의 입장에서 알맹상점 같은 로컬 브랜드와 시민의 역할이 더 절실해질 수밖에 없다.

아이들과 고령자 돌봄, 장애인 복지도 마찬가지다. 지방 소멸을 막기 위해 지자체마다 출산과 육아를 장려하고 있지만 예산과 기초 인프라에 한계가 있으며 효과적인 대안도 찾지 못했다. 중장년의 은퇴 시기가 앞당겨지면서 공공이 감당하기 힘든 속도로 일자리와 복지 수요가 증가하고 있다. 우리보다 먼저 고령화 사회를 맞이한 유럽과 일본은, 공공 복지와 연계해 관련 산업을 육성함으로써 그 대안을 찾고 있다. 쉽게 말해, 어차피 복지에 들어갈 예산을 관련 기업과 기술 개발에 투자함으로써 공공의 부담은 줄이고 정책의 효율성은 키우는 전략이다. 우리나라도 2019년 보건복지부가 '돌봄경제 정책포럼'을 열면서 돌봄을 복지의 대상에서 기술과 일자리의 경제적 시각으로 전환하기 시작했다.

다만 공공의 시각 전환이 사회적 경제 정책에서 했던 것처럼 목적과 수단을 전도하는 일이 아니기를 바란다. 사회적 경제는 불평등과 빈부 격차, 환경 파괴 등 시장경제가 낳은 사회문제의 대안으로 등장했다. 사회적 경제의 목적은 주주의 이익이 아니라 사회의 이익이며, 문제를 해결하는 수단으로서 혁신적인 제품을 만들고 기업을 경영한다. 그러나 정부는 본질을 외면한 채 제도를 만들고 예산을 쏟아부으며 사회적 기업과 협동조합의 양적 성장만을 추구했다. 그로 인해 3,000개의 사회적 기업과 2만 개의 협동조합이 생겼는데 과연 세상은 무엇이 변했는가. 목적을 잃어버린 공공 주도 사업은 지원금 사냥꾼만 양산할 뿐이다.

우리 삶에 가장 가까운 곳에서 우리를 위협하는 문제를 해결하는 가운데 창의롭고 혁신적이며 대체 불가능한 비즈니스 모델이 탄생한다. 경쟁력이란 남들이 하지 않는 걸 하는 게 아니라 남들이 하지 못하는 걸 해내는 힘이기 때문이다.

로컬 브랜드는 다른 길을 걸어야 한다. 우리 삶에 가장 가까운 곳에서 우리를 위협하는 문제를 해결하는 가운데 창의롭고 혁신적이며 대체 불가능한 비즈니스 모델이 탄생한다. 경쟁력이란 남들이 하지 않는 걸 하는 게 아니라 남들이 하지 못하는 걸 해내는 힘이기 때문이다. 많은 사람들이 사회문제에 체감하고 공감하며 소비자로서 책임 있는 행동을 하려는 변화가 시작되었다. 치킨 대신 혁신을 꿈꾸기에 이만큼 더 적절한 시기와 환경은 없다. 로컬 브랜드 하나가 세상을 바꾸지는 못 하지만 세상을 바꾸는 사람들을 이끌 수는 있다. 그 사람들이 로컬에 살고 있고 대한민국 5,000만 인구 중 로컬에 살지 않는 사람은 없다.

손수 기른 장어

우리는 생선을 고를 때 자연산인지 양식인지를 신중하게 살펴보고 선택한다. 일반적으로 자연산이 더 건강하고 맛있기 때문이며 양식은 건강에 좋지 않은 사료를 쓸 것 같다는 우려가 있다. 그런데 일본의 어느 상인은 자신의 양식장 장어를 '30년 장인이 손수 기른 장어'라고 했단다. 이 카피를 보고 나니 왠지 양식이 더 나은 게 아닌가 싶고 자연산보다 더 건강하고 맛있을 듯하다. 한편으론 그토록 정성스럽게 길렀다는데 함부로 먹어도 되나 싶다.

장인의 물건이 매력적인 이유는 그 안에 자신을 담았기 때문이다. 내가 존중받기를 바라는 마음으로 내 물건이 소중하게 쓰이길 바라고, 내가 세상에 필요한 존재이기를 바라는 마음으로 내 물건이 한 사람에게 꼭 필요한 존재이기를 바란다. 내 자식이 세상에서 빛나길 바라듯 내 물건을 쓰는 사람이 빛나기를 바라며, 내 이름이 오래 남기를 바라듯 내 물건이 오래오래 쓰이길 바란다. 그러니 물건을 만들며 작은 부분도 신중하고 한순간도 소홀할 수 없다. 장인의 손은 장인의 바람을 담아 물건을 빚는다.

장인의 물건이 매력적인 또다른 이유는 장인이 사라졌기 때문이다. 공장에서 찍어낸 상품이 시장을 장악하니 살아남은 장인의 물건이 오히려 귀해졌다. 내가 고등학교를 다닐 때는 모든 학생이 수학 참고서는 《정석》, 영어는 《맨투맨 종합영어》로 공부했다. 기억이 가물가물한데, 당시 《맨투맨 종합영어》 저자 서문에 이런 글이 있었다. "나는 우리나라 영어 학습의 1인자다. 내가 잘해서가 아니라 나만 남았기 때문이다. 대학에서 함께 공부했던 친구들은 취업하고 결혼하고 나이를 먹으며 하나둘씩 다른 길로 갔고 결국 나만 아직도 이 길을 가고 있다. 그래서 내가 1인자다."

인공지능과 3D프린터 시대에 미국 뉴욕 한복판에서 쇠를 달구고 두드리는 대장간이 있다. 아버지를 이어 대장장이가 된 '첼시 밀러Chelsea Miller'는 말 편자를 갈 때 쓰는 줄을 소재로 주방용 칼을 만든다. 칼을 쓰는 사람이 주로 쓰는 식재료와 만드는 음식, 원하는 손잡이 형태와 길이, 무게에 맞춰 주문 제작을 하는데, 뉴욕의 미슐랭 스타 셰프들도 6개월 이상을 기다려야 받을 수 있다고 한다. 그녀는 "칼은 지극히 개인 취향이 반영된 도구라서 마트에서 아무렇게나 고를 수 없다."고 한다. 마트에서 버젓이 판매되는 칼을 두고 이런 말을 할 수 있는 사람이 1인자다.

장인은 시장의 수요나 유행을 따르지 않고 자신의 철학으로 물건을 만든다. 대량생산 시대에 살아남은 사람이 장인이 아니라 흔들리지 않는 철학으로 존재하는 사람이 장인이다. 흔히 고집이라 불리는 그들의 철학은 평생을 관통하며 조금씩 더 나은 기술로 진보한다. 세상이 장인이라 부르는 사람들은 평생 그 일을 하고도 완성이라 말하지 않는다. 20세기 첼로의 거장, 첼로의 성인이라 불리는 파블로 카잘스Pablo Casals는 95세의 나이에도 하

첼시 밀러의 주방용 칼

출처: ChelseaMillerKnives.com

첼시 밀러

출처: 페이스북 Chelsea Miller Knives

루 6시간씩 연습을 했다. 어느 날 기자가 "선생님은 80년을 연주하셨고 이제 첼로의 거장으로 꼽히는데 아직도 그렇게 연습하는 이유가 무엇입니까?"라고 묻자 파블로는 이렇게 답했다. "요즘도 실력이 조금씩 좋아지고 있는 걸 느끼기 때문입니다."

울타리 없는 브랜딩

브랜드brand와 브랜딩branding이 있다. 브랜드는 기업, 제품, 서비스를 나타내는 이름, 심볼, 용어, 사인sign 등을 말하고, 브랜딩은 그 브랜드에 대한 고객의 인식, 이미지, 정체성을 만들고 유지하는 과정을 뜻한다. 예를 들면, '오뚜기'와 'LG'는 브랜드이고, 그 브랜드가 '갓뚜기', '바보LG'와 같은 이미지를 갖게 된 여러 선행들이 브랜딩이다. Brand에 ing를 붙여 Branding이 된 것처럼, 브랜드의 정체성은 한순간의 기교나 행운이 아니라 일관되고 지속적인 행동의 결과로 만들어진다. 그 결과는 끝이 아니라 현재진행형의 어느 순간에 불과하다. 그러므로 장인과 브랜딩에 완성은 없다.

장인 브랜드가 되려면 장인다운 행동을 완료 없는 현재진행형으로 해야 한다. 매일 수련하고 단련하며 고도의 기술을 연마해도 좋겠지만 첫걸음은 지금 내가 하는 일을 드러내는 것이다. 공장은 물건 만드는 과정을 감추려 하고 장인은 서슴없이 드러내려 한다. 드러내면 게으를 수 없고 성의를 다 하게 되며 꾀를 부릴 수 없고 진심을 다듬게 된다. 이렇게 만든 게 정직한 상품이며 우리의 사는 일을 가치롭게 한다.

> 장인은 비법을 금고 속에 간직하지 않는다. 모든 것을 드러내고 알려줘도 따라 할 사람이 드물기 때문이다. 수천 번을 두드리고 깎아내고 다듬으며, 그러고도 성에 차지 않으면 가차없이 깨트리는 일을 누가 쉽게 할 수 있겠는가.

장인은 비법을 금고 속에 간직하지 않는

다. 모든 것을 드러내고 알려줘도 따라 할 사람이 드물기 때문이다. 수천 번을 두드리고 깎아내고 다듬으며, 그러고도 성에 차지 않으면 가차없이 깨트리는 일을 누가 쉽게 할 수 있겠는가. 경쟁력이란 남들이 하지 않는 걸 하는 게 아니라 남들이 하지 못하는 걸 해내는 데서 생긴다.

1942년에 개업해 올해로 79년이 된 일본 도쿄의 '펠리칸 베이커리'는 식빵과 롤빵 두 가지만 만드는 동네 빵집이다. 1955년부터 일하기 시작한 2대 사장 와타나베 카즈오는, 그 당시 우후죽순으로 생겨난 빵집들이 서로 비슷한 빵을 팔며 경쟁하는 모습을 보았다. 빵 재료가 다양해지면서 개성 있는 빵을 만들었지만 옆집에서 금세 따라 해 다시 새로운 빵을 만드는 일이 반복되었다. 그는 펠리칸 베이커리에서 기존에 팔던 잼빵, 크림빵 등을 모두 없애고 식사용 식빵과 롤빵에만 집중하기로 했다. 그럼에도 불구하고 100종류가 넘는 빵을 파는 곳과 비슷한 고객수와 매출을 유지하며 4대째 사랑받는 빵집으로 운영되고 있다.

이곳의 빵은 은은한 짠맛, 빵 본연의 단맛, 쫀득쫀득한 식감, 갓 구운 바삭함이 어우러져 쌀밥처럼 매일 먹어도 질리지 않고 잼이나 버터와도 잘 어울린다고 한다. 그럼에도 불구하고 펠리칸 베이커리만의 비결은 없다. 빵에 들어가는 재료는 이스트, 밀가루, 소금, 버터, 설탕으로 보통의 빵집과 같다. 다만 계절과 날씨, 온도와 습도를 고려해 배합을 달리한다. 누군가는 그 배합이 비결이라 하겠지만 그건 매일 실험하고 비교하면 누구나 알 수 있는 유리 금고 속의 비결이다. 40년째 근무 중인 제빵사 나토 히로유키는 "샌드위치는 중간의 재료가 빵 맛을 숨길 수 있지만 식빵은 그럴 수 없다."며, 매일매일 고민해서 지금의 빵을 만들었다고 한다. 그는 한사코 자신을 장인이 아니라 보통의 인간이라 한다. '내가 장인이오'하는 사람은

펠리칸 베이커리

출처: 영화 〈펠리칸 베이커리〉

장인이 아니라며 사람들이 매일 먹어도 질리지 않는 빵을 만들기 위한 공부는 완성이 없기에 자신은 장인이 아니라 한다.

어떤 분야에서 탁월한 전문성과 권위를 인정받는 사람을 대가大家라고 한다. 한자로 큰 대, 집 가를 쓴다. 세상에서 가장 큰 집은 어떤 집일까? 중국 명나라의 4대 선승인 감산대사는 '아집의 울타리가 없는 사람'이 대가라고 했다.[34] 수십 년을 일해서, 기술이 뛰어나서 장인이 아니다. 동네 빵집, 동네 슈퍼도 사랑받는 장인이 되고 대가가 될 수 있다.

미친놈 두 명

조그만 동네에서 무슨 친환경 가게를 하고, 장인이니 대가니 그런다고 대기업과 온라인에 이길 수 있을 것 같은가. 지구를 구하겠다는 뜬구름 잡는 소리 그만하자. 이런 말을 듣는다면 낡은 규칙에 균열을 가하기 시작한 신호로 생각하라. 세상은 그런 소리를 듣는 미친놈이 바꾼다. 가치혼합경영연구소 김재춘 소장은 "세상을 바꾸는 방법을 바꾼다"는 사명감으로 비영리, 사회복지, 사회적 경제에서 활발한 활동을 한다. 그는 "세상을 바꾸는 건 세상을 바꿀 수 있다고 믿는 미친놈과 그 미친놈이 세상을 바꿀 수 있다고 믿는 더 미친놈, 두 사람만 있으면 된다."며, "앞에 미친 사람이 더 심각하게 미쳐 있을수록 뒤에 사람이 더 따른다."고 한다.

흔히 말하는 성공의 법칙은 많은 성공 사례에서 뽑아낸 공통점이다. 이런 법칙은 성공 사례를 만든 그때의 환경이 지금과 앞으로도 동일하다는 조건하에서 유효하다. 세상은 쉼 없이 바뀌고 변화의 속도는 점점 더 빨라지고 있다. 변화 속에서 누군가는 기존의 법칙을 따르고 누군가는 새로운 세상을 만든다.

전 세계에서 사용되는 영어를 총망라해 체계적으로 정의하고 통일한 '옥스퍼드 영어 사전'은 말 그대로 미치광이 두 명이 주도해서 만들었다. 이 사전은 1857년 옥스퍼드대학교의 제안으로 영국 문헌학회에서 편찬을 시작했으나 22년이 지나도록 작업은 지지부진했다. 전 세계에 퍼져 있는 영어를 소수의 학자가 정리하기에는 양이 너무 방대했고 언어의 발전 속도를 작업 속도가 따라갈 수 없었다. 그때 학계에선 큰 명성이 없던 '제임스 머리James Murray' 교수가 나타나 영어를 쓰는 모든 사람들로부터 단어와 예문을 모으자는 제안을 한다. 권위적인 학자들로서는 상상도 못한 방식이었다. 전국의 학자와 자원봉사자들이 영어 단어와 적절한 예문을 여러 책에서 찾아 편지로 보내왔다. 그중 가장 많은 어휘와 예문을 보낸 사람이 윌리엄 마이너William Chester Minor였다. 그는 미국 군의관 출신으로 영국에 이주해 살다가 편집증적 망상으로 살인을 저지르고 정신병원에 수감되어 있었다. 우연히 사전 편찬 소식을 듣고 방대한 양의 고전문학에서 1만 개가 넘는 단어와 예문을 수집해서 보냈다. 두 사람의 '광기'에 힘입어 1888년에 옥스퍼드 영어 사전 'A' 파트가 출간되었고 1914년에는 'Q' 파트까지 출간될 수 있었다. 제임스 머리 교수는 그 이듬해 세상을 떠날 때까지 오직 사전 편찬에 매달렸다. 그로부터 14년 후 A부터 Z까지 완성된 옥스퍼드 영어 사전 초판이 출간되었다.[35]

1,000개의 좋은 생각

36년 동안 단어 하나마다 그 뜻을 정의하고 네다섯 개의 예문을 실어 사전을 만든다는 건 평범한 사람으로서는 도무지 상상이 가지 않는 작업이다. 거기에 동조해 1만 개의 단어에 적절한 예문을 찾기 위해서 얼마나 많은 책을 뒤졌을까. 열정, 끈기, 인내… 이런 말로는 다 담을 수 없는, 그냥 미친 사람들이다. 불광불급不狂不及, 어떤 일에 '미쳐야' 목표에 '미칠 수 있다'고 했다.

광기는 집중과 몰입으로 나타난다. 우리가 무엇에 집중하기 어려운 이유는 집중력이 부족해서가 아니라 유혹이 많아서다. 처음엔 이 길이 맞다 싶었는데 가다 보니 경치 좋은 샛길이 나타나고 더 쉬운 길이 보인다. 처음엔 굳은 결심으로 걸어가지만 절벽이 가로막고, 강을 건너다 보면 나도 모르는 사이에 묘안을 궁리하고 있다. 스티브 잡스는 "사람들은 집중할 것에 Yes라고 말하는 것을 집중이라 한다. 하지만 집중은 수백 개의 좋은 아이디어에 No라고 말하는 것이다. 혁신이란 1,000개를 퇴짜 놓는 일이다."라고 했다.

여기 밑동에 구멍 난 항아리가 있다. 어떤 이가 깨진 항아리 조각을 모아서 구멍을 메우려 한다. 지나는 사람이 그 광경을 보고 뭘 하는 거냐 묻는다. 구멍을 메우고 있다 하니 그게 되겠냐며 핀잔을 주고 지나간다. 며칠 후, 다시 그 길을 지나가다 여전히 구멍을 메우려는 사람을 보고 '미친놈'이라 생각하며 가던 길을 간다. 또다시 며칠이 지났는데 아직도 그 사람은 구멍을 메우고 있다. 그런데 가만히 보니 물은 여전히 새고 있으나 물 빠지는 속도가 처음보다 현저히 줄었다. '어쩌면 이게 가능하겠다….' 생각하며 구멍 메우는 사람에게 묻는다. "내가 뭐 좀 도와줄까요?" 사람들은 '다 된 일'보다 '될 것 같은 일'에 동참하기를 좋아한다. '다 된 일'은 내 역할도 별로 없고 그에 따라 기대되는 보상도 없다. 그래서 다 된 밥을 얻어먹으려 숟가락만 얹는다. '될 것 같은 일'에는 내가 조금만 도와주면 금방 일이 해결될 것 같고, 작은 투자에도 큰 보상을 기대할 수 있다. 밥하는 사람 옆에 서 있다가 밥 푸고 반찬 나르고 수저만 놓아도 밥상에 앉을 자격은 주어진다.

'미친놈'은 세상의 흔한 잣대로 판단하지 않는 사람이다. 그러니 세상의 유혹에 흔들리지 않고 몰입의 경지에 이를 수 있다. 오직 자신의 기준에 흡족한 결과가 나올 때까지 하고 또 하고, 하고 또 한다. 그런 사람을 보면 뭐라도 해낼 것 같고 도와주고 싶다. 결국 '미친놈'은 세상의 현명한 유혹으로부터 자신을 통제함으로써 사람들을 매료시키고 변화를 이끌어내며 리더가 된다. 리더는 타인이 아니라 나를 지배함으로써 세상을 바꾸어 간다.

13

금의환향 시대

지방소멸의 반전

지방소멸이란 섬뜩한 말은, 전체 인구가 감소하는 가운데 수도권 인구는 집중되고 지방 인구의 유출은 심화되어 결국 지방이 사라질 거란 뜻이다. 이 말을 듣고 걱정하거나 체감하는 사람은 우리나라 인구의 절반 정도일 듯하다. 서울과 경기도의 2,300만 명은 그와 반대로 사람들에 치여 살고 있으니까.

특정 지역의 소멸위험 정도를 알아보기 위해 '지방소멸위험지수'를 사용하는데, '한 지역의 20~39세 여성 인구 수를 해당 지역의 65세 이상 고령 인구 수로 나눈 값'이다. 0.5 미만은 '소멸위험 지역'으로 분류하며 그중에서도 0.2 미만은 '소멸고위험 지역', 0.2 이상 0.5 미만은 '소멸위험 진입' 단계에 속한다. 0.5 이상 1.0 미만은 소멸위험에 처할 수 있는 '주의' 단계에

전국 시도별 관내 시군구 소멸위험 지역(0.5 미만) 현황

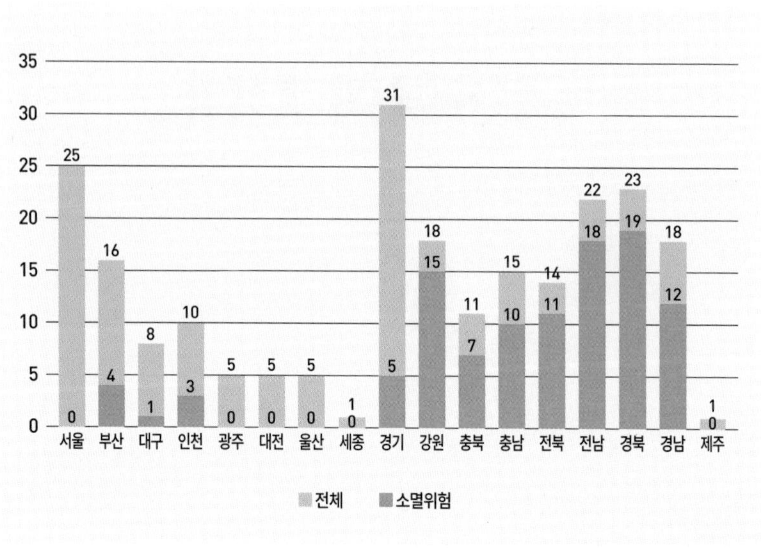

출처: NABIS. 2020년 5월 기준

있다고 보며, 1.0 이상은 '소멸위험 보통'으로 분류한다. 우리나라 228개 시군구 중 105개가 0.5 미만의 '소멸위험 지역'에 속한다. 내가 사는 곳의 위험지수가 궁금하다면 국가균형발전 종합정보시스템NABIS에서 확인할 수 있다.

지방소멸과 소멸위험지수는 2014년에 발표된 '일본창성회의日本創成会議'의 보고서 「성장을 이어가는 21세기를 위하여: 저출산 극복을 위한 지방 활성화 전략」에서 처음 언급되었다. 통칭 「마스다 보고서」로 불리는데, 2040년까지 사라질 가능성이 높은 일본의 896개 지역을 열거한 '마스다 리스트'가 담겨 있어 정치, 사회, 학계에서 큰 반향을 불러일으켰고, 이후에 우리나라에서도 그 개념을 그대로 활용하고 있다.

제목에서 보이는 것처럼 마스다 보고서는 지방 활성화가 아니라 저출산 극복을 위해 썼다. 도쿄는 인구밀도가 높고 인구 감소가 없지만 지방은 출산율이 낮아서 여러 가지 문제가 생길 수 있으니 지방을 활성화해서 출산율을 높이자는 뜻이다. 일본은 인구 문제를 국력의 관점에서 본다. 태평양 전쟁 이전에는 여성에게 자식을 교육하는 '현모賢母'의 역할을 맡겼으나 전쟁을 치르며 국가를 위해 헌신하는 '군국軍國의 어머니'로 그 역할이 바뀌었다. 국가총동원 체제에서 여성에게는 '낳자, 키우자, 국가를 위해'라는 슬로건 아래 출산의 역할이 강조되고 부과되었다. 이 관점은 전후 정부에서도 계속 이어져왔으며, 마스다 보고서의 모든 분석과 대책도 강대국 일본을 유지하기 위한 성장 엔진으로서 인구의 중요성을 말하고 있다.[36]

관점은 다르지만 우리나라도 지방소멸과 저출산 문제를 결부시키는 양상은 크게 다르지 않다. 2016년 12월, 행정자치부는 15세에서 49세의 가임기 여성 인구 분포를 바탕으로 '대한민국 출산지도'를 개설했다가, "여성이 애 낳는 기계인가?"라는 항의가 빗발치자 하루 만에 폐지했다. 최근 활발히 논의되는 지방소멸도 20세에서 39세의 여성과 65세 이상의 고령자 비율만으로 해당 지역의 소멸위험도를 평가하기 때문에 한 지역의 생명력을 인구의 증감으로만 평가하는 오류에 빠지기 쉽다.

예를 들어, 제주도의 소멸위험지수는 0.774로 '주의' 단계에 해당하지만 많은 사람들이 살고 싶고 머물고 싶어하는 제주를 '주의'해서 보기엔 너무 낭만이 없지 않은가. 에메랄드빛 바다와 아름다운 오름의 능선, 성산포의 해돋이와 판포리의 노을, 성게국수와 고등어조림, 해녀의 물질을 제외하고 어찌 제주의 생명력을 논할 수 있단 말인가. 마늘로 유명한 경북 의성군의 소멸위험지수는 0.135로 전국 2위의 '소멸고위험 지역'이지만 2020년 귀농 인구 규모에서는 전국 1위를 차지했다. 그렇다면 의성마늘을 사랑하는 20에서 39세의 인구를 의성마늘만 고집하는 65세 이상 인구로 나누어서 의성마늘사랑 소멸지수를 논할 수는 없는 건가 말이다.

인구 문제의 본질은 '먹고사니즘'이다. 땅을 딛고 장사하는 모든 가게는 그 지역에 사는 사람과 운명을 함께한다. 사람이 줄면 야채 가게, 과일 가게, 정육점, 음식점 등도 줄거나 떠나고 서로 경쟁하며 품질을 높이려는 의지가 떨어지고 주민에게는 선택의 다양성이 낮아진다. 이런 가게들은 보통 집에서 슬리퍼로 10분 이내에 있을 때 편리한데 인구가 줄면서 자동차로 10분을 가야 하는 거리로 멀어진다. 그래서 온라인 쇼핑이나 대형마트의 경쟁력과 지배력은 더 높아지고 그나마 남은 가게들마저 고사 위기에 처한다. 인구가 줄면 병원과 학교 같은 공공시설마저 유지가 힘들어진다. 예컨대 소아청소년과 의원은 주변에 최소 4,000명의 소아가 살아야 운영이 가능하다고 한다. 소멸위험 지역에서 출산율을 높이려 장려금을 지원하지만, 정작 아이가 다닐 학교가 없고 믿을 만한 병원 하나 없는데 지원금이 무슨 소용인가. 슈퍼나 병원이나 학교나, 모두 경제 논리로 움직이는 건 마찬가지다. 진정으로 지방소멸이 걱정된다면, 공공의 자원을 생활 편의 시설이나 공공서비스를 지탱하는 데 집중하는 것이 더 효과적이다.

귀농귀촌보다 금의환향

지방 인구의 유출은 20대에서 가장 크게 일어난다. 지역에서 태어나 고등학교까지 부모와 함께 지내다가 스무살이 되면서 수도권과 타 지역의 대학을 가거나 대도시에 있는 직장으로 취업을 한다. 대학을 졸업한 이후에도 고향으로 돌아오기보다 도시의 일자리를 찾아 정착하려 한다. 그곳에 일자리가 많기도 하지만 공부 잘하는 또래들이 서울에 있는 대학에 가고 번듯한 직장에 취업을 하니 고향에 남거나 돌아오는 사람은 낙오자처럼 바라보는 주위의 시선 때문이기도 하다.

흥미로운 사실은, 한쪽에선 청년을 빼앗기고 밀어내면서 다른 한쪽에선 청년을 '모시려고' 집을 마련해 주고 정착 지원금도 준다는 점이다. 여전히 '큰물에서 놀아야 한다'는 서울 중심 사고와 소멸의 위기의식이 함께 존재하기 때문이다. 다만 밀어내는 청년은 고향 사람이고 모시려는 청년은 타향 사람이라는 게 함정이다. 타향 사람을 모셔오는 것보다 고향 사람을 붙잡는 게 더 쉬울 텐데 말이다.

강원도 정선군 고한읍에는 스무 살에 고향을 떠났다가 서른 즈음에 돌아온 두 사람이 있다. 고한시장에서 '상상초콜릿'을 운영하는 박은주 대표는 서울에 있는 대학에 입학하며 정선을 떠났고, 졸업 후에는 서울에 있는 면세점에 취업했다. 결혼 후 아기가 22개월이 되었을 때 문득 고향에서 살고 싶다는 생각이 들어 남편과 함께 정선으로 돌아와 피자집을 열었다. 그 당시 박은주 대표는 주변의 시선에 스스로 자격지심을 가졌다고 한다. 서울의 대학까지 나온 사람이 고향에서 작은 피자집을 하는 건 서울에서 쫓겨나듯 돌아온 사람의 전형이었기 때문이다. 몇 년의 시간이 지나 2013년부터 지금의 상상초콜릿을 운영했는데 창업 초기에는 어려움이 많았다. 시골 전통시장 안에서 오리지널 초콜릿과 마카롱을 파는 카페가 잘될 리 없었다. 그러나 젊은 사람들이 지역에서 잘 살아갈 수 있다는 걸 보여주기 위해 이를 악물고 버텨냈다. 더 많은 친구들이 고향을 떠나지 않고 뿌리내리기를 바라는 마음이었다. 지금은 고한 관광객이 반드시 들러야 하는 맛집이 되었고 온라인 주문도 활발하다. 게다가 고한시장 상인회장까지 맡았었는데, 지역에서는 그녀가 회장이 된 후로 다 죽었던 시장이 되살아났다는 평판이 자자하다.

또 다른 한 사람은 2019년부터 들꽃사진관을 운영하는 이혜진 대표다. 그녀 역시 계명대학교 경찰학과에 입학하며 고향을 떠났고, 졸업 후 NGO 관련 일을 하다 8년 만에 돌아왔다. 이 대표가 문을 연 사진관은 탄광시절부터 장사를 해오다 2016년에 문을 닫은 '은혜슈퍼'가 있던 자리였다. 오랫동안 휑하니 비어 있던 자리를 메운 들꽃사진관과 이혜진 대표는 지역 주민들에게 무척 사랑을 받았다. 지역에 있는 유일한 사진관이기도 하고, 최근 도시재생의 모범 사례로 각광받는 '고한 18번가 마을호텔' 사업에서도 제 몫을 톡톡히 해냈기 때문이다. 그녀는 마을호텔협동조합 구성원과 지역의 어른들을 '삼촌'이라 호칭하며, 삼촌들과 마을에 대해 얘기하고 앞으로 할 일들을 의논하는 지금이 행복하다고 한다.

두 사람 모두 스무 살에 고향을 떠나 서른 즈음에 고향으로 돌아왔는데, 한 사람은 자격지심을 이겨내며 지금의 자리를 일궈냈고, 다른 한 사람은 지역에서 환영받는 행복한 청년으로 살고 있다. 두 사람의 차이는 없다. 모두 고향을 진심으로 사랑하고 지역 내 관계나 평판도 좋다. 다만 지방소멸의 시계가 자정에 가까워졌고 그에 따라 시대의 요구가 달라졌다. 박은주 대표가 돌아온 14년 전에는 귀농귀촌이 환영받는 시대였고, 이제는 청년이 환영받는 시대가 되었다. 더군다나 인구가 줄어 경제성이 맞지 않아 떠났던 가게들을 '큰물에서 놀았던' 청년들이 메우니 그야말로 금의환향이다.

지역 순환 경제

박은주, 이혜진 대표 두 사람이 사는 강원도 정선군에는 한국 사람이 유일하게 합법적으로 이용할 수 있는 카지노인 '강원랜드'가 있다.[●] 정선과 태백 일대는 탄광 개발로 마을과 도시가 생성된 곳이었으나 1980년대 말부터 석탄 산업이 무너지면서 지역경제 전체가 붕괴 위기에 처했다. 그 대책으로 정부는 1995년 '폐광지역개발지원특별법[폐특법]'을 제정하고 10년 기한으로 내국인 카지노 설립을 허용하는 특혜를 부여했다. 즉, 10년 이후에는 다른 지역에도 내국인 카지노를 허용할 수 있으니, 10년 내에 강원랜드를 통해 지역경제를 살리라는 의미였다. 그러나 여전히 지역경제가 어렵다는 명분으로 2005년과 2015년 두 번 기한 연장을 했고, 그사이 강원랜드는 호텔, 콘도, 골프장, 스키장, 워터파크 등을 개관해 국내 최대 규모의 '하이원 리조트'로 확장되었다.

강원랜드 한 곳의 매출은 국내 외국인 전용 카지노 16곳 전체의 매출과 맞먹는다. 2013년 강원랜드 매출은 1조 2,790억 원, 16개 외국인 카지노는 1조 3,685억 원이었고, 2015년 강원랜드는 1조 5,604억 원, 16개 외국인 카지노는 1조 2,454억 원의 매출을 올렸다. 강원랜드는 협력 업체 포함 약 5,300명의 직원 중 지역 주민 고용 비율이 75%에 달하며, 연간 300억 원을 투입해 교육, 복지, 경제, 문화 등에서 지역사회공헌 사업을 펼치고 있다. '고한 18번가 마을호텔' 사업도 정선군 도시재생지원센터를 통해 지

● 한국은 속인주의(屬人主義)를 적용하므로 한국인이 외국의 카지노에서 도박을 해도 불법이다. 따라서 원칙적으로 강원랜드는 사실상 전 세계에서 한국인이 이용할 수 있는 유일한 카지노 업장이다.

원되었는데, 이 센터의 사업비 전액을 강원랜드에서 지원하고 있다.

정선군의 소멸위험지수는 0.263으로 '소멸위험 지역'에 해당한다. 최근 5년간 정선군 전체 인구는 6% 감소했지만 20~39세 인구는 21%나 줄었다. 2020년 기준, 정선군의 40~59세 인구는 1만 2,000명으로 20~39세 인구 5,900명의 두 배다.[37] 지역경제를 살린다는 미션으로 1조 원이 넘는 매출을 올리는 강원랜드가 있음에도 왜 인구 감소와 경제 인구 노화의 어려움을 겪고 있을까. 그 와중에 2025년 기한 만료 예정이었던 폐광지역개발지원특별법은 세 번째 연장되어, 2045년까지 국내 유일의 내국인 카지노를 운영할 수 있게 되었다. 지난 20여년 간의 성적이 향후 20년 동안에는 바뀔 수 있을까.

정선군만의 문제가 아니다. 지방소멸에 대응하는 많은 지자체들이 대기업, 공공 기관, 큼지막한 시설 하나를 유치하면 일자리가 늘어나고 지역 경제가 살아나면서 인구가 증가할 것이라 생각한다. 그런 사례가 종종 있으나 일시적인 효과이거나 착시 현상일 뿐이다. 대기업 공장이 들어오면 일자리가 늘어나긴 하지만 관리직은 본사에서 내려오고 생산직을 지역에서 고용한다. 그리고 한편에선 로봇이나 인공지능으로 대체하기 위해 대규모 연구비를 투자한다. 강원랜드처럼 지역 고용 비율이 커도 청년들이 떠나가는데 다른 곳은 오죽하겠는가. 공기관이 들어온다고 달라질 건 없다. 세종시에 정부 기관을 몰아놨더니 아파트값만 뛰고 금요일 저녁엔 서울 집으로 퇴근하느라 KTX가 만석이다. 평일에 인근 식당에서 밥이라도 사먹어야 하는데, 최상의 직원 복지를 위해 마련된 구내식당에 밀린다. 구내식당 운영 업체도 대부분 대기업이라서, 지역 상인과 협업을 한다든지 인근의 농부에게 로컬푸드를 사는 일도 없다. 법인 카드를 갖고 다니는 고위직도 언제든 업무 추진비가 공개될 수 있기 때문에 대기업 브랜드의 도넛이나 몇 개 사 먹고 말아야 한다.

세금 걱정

스무 살이 되어 서울과 대도시로 유출되는 청년은 여러모로 지역에 손실을 가져온다. 많은 대학생이 아르바이트를 하고 장학금을 타며 열심히 살지만 여전히 많은 부모들은 학비와 생활비를 보낸다. 이렇게 공부한 인재들이 고향에 돌아오지 않으면 지역 인재를 유출한 것이 되고, 부모가 보낸 돈은 지역의 미래를 위한 투자가 아니라 수도권에 지불한 비용이 된다. 사람과 돈이 지역 안에서 순환되지 않으니 지방은 계속 작아진다.

돈은 경제의 핏줄이다. 돈이 계속 돌아야 시장이 살고 경제가 산다. 이 책을 통틀어 작은 가게와 작은경제를 주장하는 건, 동네가게는 아름답고 대기업은 악마라서가 아니다. 돈이 골고루 돌아야 우리 모두가 잘살 수 있는데 대기업 중심의 경제구조는 돈이 한쪽으로 흘러가서 고인다. 100억을 버는 사람이나 100만 원을 버는 사람이나 하루에 세 끼를 먹는 건 같다. 돈이 순환되려면 100억을 버는 사람은 하루에 3만 끼를 먹어야 한다. 그래야 음식점, 그릇 가게, 유통업자, 농부와 어부에게도 돈이 흘러가서 일자리가 늘어나며, 그 돈으로 다시 세 끼를 사 먹고 카페에 들른다. 그러나 100억을 버는 사람은 똑같이 세 끼를 먹고 남은 돈을 한쪽에 쌓아두었다가 더 많은 돈을 버는 데 쓴다. 이런 현상을 두고 동맥경화에 빗대어 '돈맥경화'라고 한다.

IMF 때 전 국민이 금을 모아 나라를 살리는 사이 현금 부자들은 싸게 나온 건물과 땅을 사들이며 부를 축적했다. 2020년 코로나 사태 때는 정부가 경기회복을 위해 사상 최저금리로 정책 자금을 풀었더니 시중의 부동 자금만 전년 대비 230조 원이 늘어나 총 1,198조 원이 되었다.[38] 우리 사회 한쪽에서는 방역 지침을 지키다 문을 닫고, 다른 한쪽에서는 현금, 예금, 펀드가 문을 걸어 잠그고 투자처를 찾고 있었다. 어려운 사람들 쓰라고 푼 정부 예산이 부자들의 금고로 들어간 이유는 신용 등급 때문이다. 돈이 필요한 사람은 신용이 낮아 돈을 못 빌리거나 큰돈을 빌릴 수 없고, 신용이 좋은 부자들은 큰돈을 빌려서 쌓아두어도 될 만큼 이자가 낮았다.

시민의 세금으로 운용되는 정부와 지자체의 예산이야말로 돈의 순환에 큰 영향력을 미친다. 특히 지자체는 국방이나 외교 등에 예산을 쓰지 않기 때문에 예산액 전부가 시민 생활과 연결된다. 2021년 기준으로, 인구 천만의 서울시 전체 연간 예산이 59조 원, 1,350만 명의 경기도는 70조 원이다. 경북 의성군은 인구 5만 2,000명에 5,800억 원이고, 강원도 정선군은 인구 3만 7,000명에 4,781억 원이다. 인구 1인당으로 계산하면 서울시 608만 원, 경기도 527만 원, 의성군 1,121만 원, 정선군 1,297만 원가량 된다.[39] 그렇다면 지역의 이 많은 예산은 정말 지역 내에서 잘 순환되고 있을까?

청년 창업을 위한 교육 예산 1억 원이 있다고 가정하자. 공무원들이 창업 교육을 직접 실행할 수는 없으니 전문성 있는 업체를 선정해서 사업을 추진한다. 그런데 만약 이 기업이 관내 기업이 아니라면 지역 주민의 세금은 지역 밖으로 유출된다. 관내 기업이라도 강사나 컨설턴트가 대부분 서울에서 왔다면 관외 유출은 마찬가지다. 모든 지자체가 차년도 예산은 사회 분야별로 얼마가 책정되었는지 친절하게 알리지만, 그 예산이 관내에서 얼마나 순환되는지 밝힌 적은 없다.

다행히 관내 기업이 사업을 추진한다고 하자. 그런데 이 업체가 해당 분야의 전문성이 아니라 공공조달에 익숙한 기업이라면 시민의 세금은 한쪽으로 고일 수밖에 없다. 공공조달은 각종 자격 제한과 행정 서류를 요구하다 보니 그런 업무에 익숙해진 기업이 계속 참여하는 경향이 있다. 실력 있는 기업은 일반 시장에서도 바쁘고 돈도 잘 버니까 굳이 피곤하게 공무원들과 일하려 하지 않는다.

서울시와 25개 자치구의 경우, 연평균 조달 규모는 9조 원에 달한다. 이 중 2,000만 원 이하의 거래, 즉 수의계약 거래는 1조 3,000억 원가량 된다. 일반적으로 수의계약은 엄격한 자격 제한이 없고 행정 요구도 많지 않아 소상공인도 쉽게 접근할 수 있다. 그러나 1조 3,000억 원 중 소상공인과의 거래는 3,000억 원 수준에 불과했고, 나머지 1조 원은 상위 실적 10%의 기업이 50~80%를 납품하고 있었다. [5장 '공공 정책의 선택' 참조]

지역의 경제가 살아야 청년과 시민도 살기 좋은 곳이 된다. 하나의 일자리라도 더 만들기 위해 대규모 시설을 유치하려는 지자체의 의도는 충분히 공감한다. 그러나 공공이 통제하기 어려운 외부 자원보다 지자체가 충분히 통제할 수 있는 예산으로 지역 순환 경제를 만드는 게 우선이어야 한다. 나의 스승님은 내가 본질에 충실하지 못하고 엉뚱한 곳에 매몰되어 있을 때 늘 이렇게 꾸짖으셨다.

"돈도 못 버는 놈이 세금 걱정하는구나."

스테디 로컬Steady Local

간혹 지방에 사는 분들과 대화할 때 '지방'이란 단어를 쓰면 지방 대신 지역이란 단어를 쓰라고 말씀하신다. 지방은 서울과 그밖의 지역을 나누는 단어지만 지역은 모두 같이 사용할 수 있기 때문이다. 지방도 서울 못지않게 살기 좋은 곳이라 자부하는 마음을 느낄 수 있다. 다만 국어사전에 지방은 '서울 이외의 지역'이고 지역은 '전체 사회를 어떤 특징으로 나눈 일정한 공간 영역'으로 정의되어 있으므로 여기에서는 지역 대신 지방을 쓰려고 한다.

인구 감소와 지방소멸에서 걱정하는 출산율은 지방이 수도권보다 높다. 한 여성이 15~49세에 낳을 것으로 기대되는 평균 출생아 수를 말하는 합계출산율은 2019년 기준으로 전국 평균이 0.918이다. 한 명을 채 낳지 않는다는 의미다. 시도별로 살펴보면, 서울 0.717, 경기도 0.943이며 강원도 1.082, 충북 1.050, 충남 1.112, 전북 0.971, 전남 1.234, 경북 1.089, 경남 1.046이다.[40] 서울에서 아이를 낳아 기르는 일이 얼마나 엄두가 나지 않는 일인지 잘 보여준다. 더불어 지방소멸의 원인을 저출산이 아니라 출산 후에 떠나는 사람에서 찾아야 함을 알려주기도 한다.

너무 당연한 말이지만 자신이 살아온 지역이나 고향이 서울과 타 지역보다 안정감을 준다. 같은 값에 더 넓고 풍경 좋은 집에서 살 수 있고, 친구나 지인 등 사회적 관계망도 탄탄하며, 일상생활이나 사업 등을 위한 정보도 쉽게 습득할 수 있다. 이런 환경을 두고 떠나는 사람의 마음은 오죽할까. 그럼에도 불구하고 많은 지자체들이 지역을 지역 주민이 머무르고 싶은 곳보다 관광객이 다녀가기 좋은 곳으로 만들려고 한다. 과거보다 국내 관광 수요가 많이 늘긴 했지만 관광객 유치가 지역사회를 흔들고 원주민이 살기 힘든 곳으로 만드는 결과를 어렵지 않게 찾을 수 있다. KTX가 개통되고 서울역 앞에 대형 병원이 생기자 부산의 병원을 찾는 환자가 줄었다고 하며, 서울양양고속도로가 생기면서 속초와 동해안의 아파트값이 천정부지로 치솟았다고 한다.

관광시설이나 특산물 등으로 지방을 브랜딩해서 경제를 살리려는 노력은 필요하지만 그보다 우선되어야 하는 건 지역 주민이 오래도록 살기 좋은 곳으로 만드는 일이다. 그래야 나는 물론이고 자녀들의 미래도 지역 안에서 꿈꾸고 기대할 수 있다. 스무 살이 되어 대학과 취업 때문에 어쩔 수 없이 지역을 떠난다고 하자. 그래서 대학이나 직장을 유치하는 것보다, 십 년 후 이십 년 후에 돌아올 수 있고 돌아오고 싶은 지역으로 만드는 게 더 지속가능한 해법이다. 가까이 있는 사람을 즐겁게 하면 멀리 있는 사람도 찾아온다고 하지 않았던가.●

유행이나 트렌드에 의해서 일시적으로 잘 팔리는 책이 아니라, 오랜 시간 동안 사람들이 꾸준히 찾는 책을 스테디셀러라고 한다. 지역경제가 스테디셀러와 같다면 오래도록 살고 싶고, 집 떠난 청년도 돌아오고 싶은 곳이 될 것이다. 막대한 예산이 들어가는 일도, 통제 불가능한 외부의 자원이 필요한 일도 아니다. 지자체의 정책을 융합하고 예산 운용 경로에 약간의 변화만 주어도 '스테디 로컬'을 만들 수 있다.

금의환향 펀드

지방소멸 대안의 모범 사례로 손꼽히는 일본 도야마시에는 '손자와 외출 지원'이라는 사업이 있다. 조부모가 손자나 증손자를 데리고 공공에서 운

● 춘추전국시대 초나라의 제후 섭공이 공자에게 물었다. "백성들이 날마다 국경을 넘어 다른 나라로 떠나니 인구도 줄고 세수도 줄어 걱정입니다." 이 말을 들은 공자가 근자열 원자래(近者悅 遠者來), 여섯 글자를 남겼다고 한다. (논어 자로편)

영하는 가족 공원, 박물관, 과학관, 민속 자료관, 어드벤처 등에 오면 입장료가 전액 무료다. 이런 정책을 만들고 지금의 도야마시를 있게 한 주역은 2002년부터 지금까지 연임하고 있는 모리 마사시 시장이다. 그는 손자와 외출 지원사업에 대해 "손자와 외출할 기회가 많아지면 고령자의 건강 수명이 늘어나서 미래의 의료비를 절감할 수 있고, 손자와 외출하면 음식점, 아이스크림 가게, 장난감 가게에서 부모보다 더 많이 지갑을 열어 지역 경제에 도움이 된다."고 말한다. 어느 지방의원이 이 사업에 대해 "손자가 없는 고령자에게는 불공평한 사업"이라고 하자 모리 시장은 "옆집 아이를 데려와서 '내 손자'라고 말하면 된다. 입장할 때 호적등본을 보여달라고 하지 않으니까"라고 답했다.[41]

매해 연말이 되면 모든 지자체가 차년도 예산 총액을 발표하면서 정책 분야별로 책정된 예산액도 설명한다. 사회복지에는 얼마, 도시 기반에 얼마, 지역경제 활성화에 얼마… 등으로 발표하며 어느 분야에 중점을 두었는지를 알린다. 그러나 도야마시의 사례에서 알 수 있듯이, 사회복지 예산이 사회복지에만 쓰이는 것이 아니고 지역경제 예산 외의 돈이 지역경제 활성화와 아무 연관이 없는 게 아니다. 그래서 공공 정책은 융합이 필요하다.

2014년, 경기도 화성시는 동탄2신도시 지역의 청소용역업체 선정 계획을 발표하며 입찰 참가 자격을 100명 이상의 화성 시민이 참여하는 사회적 협동조합으로 제한하고 조합원 중 40% 이상은 취약계층이어야 한다고 못박았다.• 이때 쓰인 예산은 도시 정비에 책정되어 있겠지만 시민의 참여를

• 사회적 협동조합은 지역 주민의 권익과 복리 증진, 취약계층 일자리 제공 등을 목적으로 하는 비영리 협동조합이다. 일반 협동조합은 이윤을 추구하며 조합원에게 이익을 배당할 수 있지만 사회적 협동조합은 조합원 배당을 금지하고 잉여금의 30%는 적립해야 한다.

이끌어내고 취약계층에 일자리를 제공하는 역할까지 하고 있다. 더불어 매년 터지는 지자체의 청소용역업체 비리를 근본적으로 해결하는 대책이기도 하다.

이처럼 지자체의 정책을 융합하고 예산 운용 경로를 재설계하는 방식으로 지역 청년의 귀향을 촉진하고 지역 기업을 육성하는 것도 가능하다. 예컨대 서울로 진학하는 청년에게 '귀향 장학금'을 지원해서 학자금 대출의 부담을 줄여주고, 졸업 후에는 지역으로 돌아와 지역 기업에 취업하거나 창업을 하도록 연계할 수 있다. 부득이하게 서울에서 직장을 다녀야 하면 월급의 일정 부분을 고향의 비영리단체나 후배들의 장학금으로 기부하는 방법도 있다.

지자체의 조달 예산을 활용해 '금의환향 펀드'를 조성할 수도 있다. 지역의 공공 기관이나 공기업이 필요로 하는 각종 용역 서비스나 제품 중에서 관외 기업 구매 품목을 선별해 귀향 청년 기업 구매로 전환하는 방식이다. 해당 제품을 생산하는 기업이 없거나 역량이 부족하면 그 분야의 전문가를 초빙하고 기술 개발을 지원하는 제도와 융합하면 된다. 지금의 창업 지원은 창업하려는 기업가를 우선 모집한 후 수요와 시장을 개척하는 형태라서 성공 가능성이 낮지만, 이 방식은 기존의 공공조달 수요를 기반으로 기업을 육성함으로써 성공률을 높일 수 있다.

공공에서 필요한 품목뿐 아니라 지역 주민의 생활 수요에 기반해서 기업을 육성할 수도 있다. 대표적인 분야로 돌봄 서비스를 들 수 있다. 어르신 돌봄을 위한 예산이 10억 원이라고 한다면, 창업 지원 예산 5억 원과 융합해서 지역 청년 기업이 돌봄 관련 제품이나 IT서비스를 개발하고 보급하는 데 지원할 수 있다. 지자체는 예산 효율성을 높이고 기업가는 안정된 시장을 확보할 수 있으며, 지역을 테스트베드로 활용해 타 지역이나 해외 진출도 노려볼 수 있다.

지방소멸은 기후위기만큼 심각하고 시급히 해결해야 할 과제다. 기후위기는 사회 전반에 위기의식이 있지만 지방소멸은 정부와 지자체의 몫으로 남아 있다. 우리가 함께 해결해야 하는 과제로 전환되려면 공공의 관점이 저출산과 인구 감소에서 삶의 질로 변화되어야 한다.

14

사는 사람의 힘

이걸 왜 샀을까

러시아가 소련이었던 시절, 미국은 자신들보다 소련이 먼저 인공위성을 쏘아 올리자 자존심이 상했다. 엄청난 예산을 쏟아부으며 우주와 관련된 모든 장비와 제품을 소련보다 먼저 개발하기 위해 열을 올렸다. 그중 하나가 우주에서 써지는 볼펜이다. 볼펜은 잉크가 중력에 의해 조금씩 아래로 내려와서 펜 끝의 볼을 적셔 글씨가 써지는 원리인데, 무중력 상태인 우주에서는 작동하지 않았던 거다. 미항공우주국NASA은 곧바로 '스페이스 펜Space Pen' 프로젝트에 착수했고 120만 달러를 투입한 끝에 소형 압축탱크가 달린 볼펜을 개발했다. 탱크에서 잉크를 밀어내 작동하는 원리로 무중력 상태에서도 글씨를 쓸 수 있었다. 미국 우주 비행사들은 120만 달러짜리 펜을 들고 소련 우주 비행사를 만나서 자랑했다. "이거 봐, 이게 바로 우주에서도 쓸 수 있는 볼펜이야." 소련 우주 비행사가 화답했다. "우와 신기하다. 근데 우리는 그냥 연필 쓰는데…." 실화는 아니고 우주 경쟁에 과도하게 몰입했던 미국을 풍자하는 유머라고 한다.●

고백하건대 이 유머는 남의 일이 아니었다. 나는 글재주가 없어서 머리로 구상한 내용을 곧바로 써내려가지 못한다. 이 책을 쓰기 시작하면서 매 꼭지마다 노트에 대략의 구상을 적은 후 노트북으로 원고를 써가기로 마음먹었다. 사각사각하는 필기감이 매력적인 만년필을 사고 만년필에 최적화된 노트도 샀다. 그러면 기분이 좋아지고 글도 잘 써질 것만 같았다. 교보문고에서 처음 산 만년필은 펜촉이 너무 두꺼워서 불편했고 그 다음에 산 것은 그립감이 좋지 않았다. 다섯 자루의 만년필과 일곱 권의 노트를 산 후에야 동네 문방구에서 산 연필과 집안에 넘쳐나는 이면지가 진리라는 걸 알았다.

만년필을 사는 이유는 그놈의 필기감이 아니라 좋은 글이었고 좋은 글은 좋은 생각에서 나온다. TV를 사는 이유는 재미와 정보였으나 느끼고 배울 것은 TV 밖에 더 많았다. 냉장고를 사는 이유는 맛있는 음식이었으나 좋은 사람과 먹으면 뭐든 맛있고, 장난감을 사는 이유는 아이들의 재미였으나 아이들은 매일 야근하는 아빠와 노는 게 제일 즐겁다. 우리가 깜빡 잊은 것은 상품을 사는 이유가 아니라 삶을 사는 이유였다. 생각해 보니 우리 어머니는 칼 한 자루와 가스레인지로 세상 제일 맛있는 김치찌개를 끓이셨다.

● 우주 비행사들이 사용하는 스페이스 펜은 실제로 존재하지만 NASA가 아니라 Paul Fisher가 개발해 NASA에 판매했다고 한다. 그리고 우주에서는 연필을 쓰지 않는다고 한다. 연필을 사용하면 흑연 가루가 떨어져 나오는데, 흑연의 탄소 성분이 공중을 떠다니다 기기에 달라붙어 고장을 일으킬 수 있기 때문이다.

좋은 것과 좋아 보이는 것

마케팅 격언 중에 '신규 상품을 런칭할 때는 좋은 상품보다 좋아 보이는 상품이 더 팔린다'는 말이 있다. 상품의 실제 효용성은 사용한 후에야 알 수 있으므로 고객의 첫 구매를 이끌어내기 위해서는 우선 겉으로 드러난 요소들이 좋아 보여야 한다는 의미다.

사람의 뇌는 모든 것을 관장하지만 머리 안에 있어서 직접 보고 듣고 느낄 수 없다. 눈, 귀, 코, 혀, 손 등에서 시각, 청각, 후각, 미각, 촉각의 외부 자극을 받으면 그 정보를 전기신호로 바꿔서 뇌로 보낸다. 뇌는 이 정보들을 분석해서 자극의 실체를 판단하고 그에 따른 반응 행동을 결정한다. 한마디로 오감의 자극으로 뇌가 작동한다는 뜻인데, 흥미로운 사실은 오감 중 시각의 정보 처리량이 압도적으로 많다는 점이다. 사람은 바깥세상의 정보 중 70% 이상을 시각에서 얻기 때문이다.

당신은 행복이 무엇이라고 생각하는가? 10초만 책을 덮고 생각해 보자. 대부분은 머릿속에서 글자를 타이핑하거나 냄새나 감촉을 느낀 게 아니라 행복한 순간의 이미지를 떠올렸을 것이다. 뇌는 그만큼 시각 정보를 처리하는 데 익숙하며 마케터는 이 점을 이용해 상품을 기획한다. 우리는 에어컨을 살 때 전자 부품의 결합체가 아니라 시원한 공기를 구매한다. 아무리 좋은 부품으로 조립되었더라도 시원하지 않으면 사지 않는다. 그래서 에어컨의 제품 요소인 브랜드명, 외관 디자인, 기능, 성능 등을 모두 시원한 느낌이 들게 기획한다. 왜냐하면 시원한 공기는 눈에 보이지 않으므로 눈에 보이는 제품 요소들로 시원함을 어필해야 하기 때문이다. 이름도 시원하게 짓고, 디자인도 시원하게 꾸미고, 기능도 시원한 공간이 상상될 수 있도록 설명한다. 마찬가지로 화장품은 아름다운 모습을 상상하게 하고, 에어프라이어는 맛있는 튀김 요리를 상상하게 하며, 장난감은 놀이에 푹 빠진 아이를 상상하게 한다.

그러므로 우리가 상품을 사는 본질적 이유를 깜빡했던 건 우리의 잘못이 아니다. 시각 정보에 취약한 뇌가 시켜서 한 일일뿐이다. 책상에는 그놈의 만년필이 놓여 있어야 했고 식탁에는 에어프라이어가 있어야만 했다. 또다시 뇌에게 당하지 않으려 해결책을 생각해 보니 의외로 간단한 방법이 떠올랐다. 뇌가 책상을 떠올리면 만년필을 지워보고 부엌을 상상하면 에어프라이어를 지워보는 거다. 글이 안 써져서 머리를 쥐어뜯거나 입맛이 없어 살이 쭉쭉 빠지는 장면으로 이어지지 않으니, 뇌는 더 이상 그것들에 집착하지 않는다. 이이제이以夷制夷, 이미지를 이용해 다른 이미지를 다스리는 방법이다.

이 해결책에는 약간의 부작용이 있다. 옷장에서 뱃살 커버용 티셔츠를 비우면 운동하는 시간이 늘어나고, 거실에서 TV를 비우면 책을 봐야 하는 시간이 늘어나며, 아이 방에서 장난감을 비우면 아이와 노는 시간이 늘어날 수 있다. 이런 현상의 원인은 상품을 얻기 위해 지불하는 건 돈이 아니라 돈 버느라 써버린 시간과 관계이기 때문이다.

밀당의 법칙

과소비하지 말자거나 있는 물건 다 버리고 미니멀리스트로 살자는 게 아니다. 소비의 주인은 나 자신이어야 한다. 기업과 마케터가 원하는 대로 이끌려가다 보면 나의 삶을 온전한 내 것으로 지키지 못할 수 있다. 상품이 삶을 풍족하고 편리하게 할 수도 있지만 그것이 없다고 해서 내 삶이 엉망진창으로 바뀌지 않는다. 오히려 삶의 본질에 다가가는 데 도움이 된다.

연인, 동료, 친구, 경쟁 관계에서 쓰이는 '밀당'은 소비생활에도 슬기롭게 활용할 수 있다. 밀당은 밀고 당기는 게 아니라 '당기기'와 '당기기의 멈춤'이다. 생각과 행동의 관성을 멈추면 냉철하게 현실을 바라보는 이성이 나타나며 그로써 내 삶을 온전히 사는 사람의 힘이 생긴다.

밀당은 소비생활에도 슬기롭게 활용할 수 있다. 밀당은 밀고 당기는 게 아니라 '당기기'와 '당기기의 멈춤'이다. 생각과 행동의 관성을 멈추면 냉철하게 현실을 바라보는 이성이 나타나며 그로써 내 삶을 온전히 사는 사람의 힘이 생긴다.

밀당을 잘하는 사람은 핸드폰을 멀리한다. 전화나 문자에 바로 응답하지 않기 위해서가 아니라 오롯이 자신의 시간에 집중하기 때문이다. 책을 볼 때는 책에 집중하고 운동할 때는 운동에 집중한다. 하다못해 집에서 드라마를 볼 때도 스토리의 흐름과 배우의 연기에 집중한다. 혹시 연락을 놓칠까 핸드폰을 끼고 사는 사람 치고 밀당 잘하는 사람 못 봤다.

현대인들은 하루에 1만 개가 넘는 직간접 광고에 노출된다고 한다. TV나 인터넷 광고는 물론이고 거리의 상점에 전시된 제품, 사람들이 입고 다니는 패션 브랜드에도 노출된다. 많은 광고가 성공하지 못하는 데서 알 수 있듯이 우리의 뇌는 대부분의 광고를 걸러낸다. 그런데 간혹 방어막을 뚫고 들어오는 인상적인 이미지와 메시지에 무너진다. 소비를 잘하는 사람은 이 유혹을 밀어내는 게 아니라 그 순간의 자신에게 집중한다. 내가 그놈의 만년필에 넘어간 건 자료를 찾다가 우연히 본 이쁜 글씨를 쓰는 유튜브 영상이 시작이었다. 그때 나는 만년필을 밀어내려 했으나 반작용으로 인해 나도 모르게 구매 타당성을 합리화하며 나 자신을 설득하고 있었다.

밀당을 잘하는 사람은 거절을 잘한다. 매번 Yes로 응하는 사람보다 아닐 땐 아니라고 하는 사람이 매력적이다. 상대방의 요청을 잘 거절하는 방법으로 '조건부 거절'이란 게 있다. 오늘 저녁을 먹자는 제안에 대해서 "내일까지 제출할 기획서가 있어서 어렵습니다. 혹시 이번 주말에는 시간이 어떠세요?"라고 다른 조건을 제안하며 거절한다. 혹여나 만년필의 유혹이 있다면 "원고지 300매를 쓴 후에 내게 주는 선물로 하겠어."라고 하거나, 이쁜 옷을 보면 "2주 안에 5kg을 빼고 입으면 더 이쁠 거야."라고 하면 누구나 밀당의 고수가 될 수 있다. 게다가 원고지 300매를 쓰면 이미 그 자체로 뿌듯해서 선물이 필요 없다는 걸 알게 되고, 다이어트를 성공하면 옷장 안의 무엇을 입어도 옷 태가 좋아지는 걸 체감하게 될 거다.

동네 친구를 사는 재미

동네에 친구가 있으면 동네살이가 즐겁다. 편한 차림으로 동네 식당에서 밥을 먹고 몇 발짝 떨어진 카페에서 차를 마시며 스트레스를 풀고 사는 얘기를 한다. 자연스럽게 주고받는 슈퍼의 할인 행사, 진료 잘하는 동물 병원, 새로 생긴 반찬 가게 등의 동네 정보는 서로의 생활에 도움이 되고 좋은 가게들이 오래 유지될 수 있도록 한다. 때로는 가족들에게 하지 못하는 슬프고 화나고 서러운 얘기를 하며 위로를 주고받기도 한다.

우리에겐 몇 명의 동네 친구가 있을까. 온라인 리서치업체 '엠브레인'의 트렌드모니터에 따르면, 10명 중 4명은 옆집에 누가 사는지도 모른다고 하며, 연령대가 낮고 가구 구성원이 적을수록 이런 현상이 두드러진다고 한다.●

● 이웃에 누가 사는지도 모른다고 답한 사람을 연령별로 보면 20대 50.8%, 30대 45.6%, 40대 32%, 50대 30.8%이며 가구 구성별로 보면 1인 가구 67.3%, 2인 가구 44.9%, 3인 가구 32.6%, 4인 이상 가구 35.6%이다.

또한 10명 중 8명은 이웃과 대화나 만남 등의 교류를 하지 않는데, 평소에 마주칠 일이 없고 57.9%, 중복 응답 교류하지 않아도 딱히 불편하지 않아서 51.6%를 주요한 이유로 꼽았다.[42]

> 어쩌면 우리가 사는 건 편리한 상품이 아니라 편리한 친구일지 모른다. 그러나 이런 편리한 '친구를' 사는 재미에 길들여질수록 '친구와' 사는 재미, 소속감, 유대감, 깊은 감정 교류와는 점점 멀어지게 된다.

동네 친구가 있던 자리는 다양한 상품들로 채워졌다. 친구와 밥을 먹던 자리에는 넷플릭스를 앉히고, 새로 생긴 맛집 정보는 배달앱의 별점과 후기를 찾아본다. 아이가 친구들과 뛰놀고 다투고 화해하던 놀이터는 스마트폰의 게임과 유튜브가 대신하고 있으며, 옆집과 나눠 먹던 음식은 커다란 냉장고가 오래도록 신선하게 보관하고 있다. 이런 상품은 친구보다 편리하고 간편하다. 많은 시간을 들이지 않아도 되고 감정 소모나 관계 스트레스도 없다. 내가 먹고 싶은 메뉴를 원하는 시간에 먹을 수 있고 프라이버시를 침범당할 우려도 없다.

어쩌면 우리가 사는 건 편리한 상품이 아니라 편리한 친구일지 모른다. 재밌는 드라마를 보여주는 친구, 얼굴은 모르지만 별점을 찍어주는 친구, 다투고 화해할 일이 없는 친구는, 홀로 있으되 대화할 수 있고 떨어져 있으되 연결감을 가질 수 있다. 그러나 이런 편리한 '친구를' 사는 재미에 길들여질수록 '친구와' 사는 재미, 소속감, 유대감, 깊은 감정 교류와는 점점 멀어지게 된다.

동네 친구와 사는 재미

친구와 동네 친구는 관계의 계기와 양상이 다르다. 친구는 학교, 직장, 동호회 등에서 만나게 되는데, 대부분 처음부터 먼 거리에 사는 사람들이 만나다 보니 멀리 이사를 가도 관계가 이어진다. 동네 친구는 아이의 어린이집과 학교, 교회, 문화센터, 체육 시설 등의 교류 매개가 동네 안에 있고, 가까이 살아서 빨리 친해지기 때문에 이사를 가면 자연스레 관계도 멀어진다. 이런 현실 속에서 국내외 기업, 주민, 공공, 시민단체는 어떻게 동네 친구를 만들어가는지 살펴보자.

미국의 '넥스트도어'는 당근마켓처럼 동네 사람을 연결하는 앱이다. 당근마켓은 중고 거래를 관계의 매개로 활용하지만 넥스트도어는 연결 그 자체를 목적으로 한다. 서비스 형태는 페이스북이나 인스타그램처럼 일상을 공유하는 것이지만 '우리 동네'라는 맥락이 있다 보니 사용자가 올리는 글의 양상이 다르다. 잃어버린 반려견을 찾는 글, 동네 공원에서 일요일마다 열리는 요가 교실 안내, 아파트 주차장에서 습득한 핸드폰 주인 찾기, 사거리 코너의 세탁소 주인, 지자체의 공원 공사예산 등 동네 생활에 밀착된 정보들이며 지역의 사건 사고를 경찰서와 주민들에게 알리는 기능까지 있다. 더군다나 실제 거주 여부를 확인하고 실명을 사용하다 보니 다른 SNS에서 느낄 수 없는 생동감도 있다고 한다.

한국에도 넥스트도어가 있다면 지금보다 쉽게 이웃을 만날 수 있겠다. 다만 넥스트도어나 당근마켓은 기업이 수익을 위해 제공하는 서비스라서 주민이 주도성을 갖거나 지속성을 보장할 수 없다. 또한 특별한 계기가 없으면 주민이 자발적으로 가입해서 활발히 활동하기까지 오랜 시간이 필요하다. 넥스트도어는 월간 순이용자 수 2,700만 명이 되기까지 10년이 걸렸다.[43]

일본의 '어린이식당'은 주민들이 자발적으로 모인 사례다. 도쿄 오타구의 야채 가게 '단단'은 가게 한쪽 공간을 활용해 주민들을 위한 문화 행사도 열고, 동전 하나로 누구나 이용할 수 있는 '원 코인 공부방'도 운영하고 있었다. 2013년 어느 날, 곤도 히로코 사장은 자원 활동을 하던 교사로부터 학교 급식 외에는 제때 끼니를 먹지 못하는 아이들이 많다는 얘기를 듣고 지인들과 함께 어린이식당을 열기로 했다. 가게에서 팔던 야채와 후원 받은 재료로 지역 주민과 상인 등 자원 활동가들이 음식을 만들고, 방과 후에 아이들이 찾아오면 무료 또는 적은 금액을 받고 저녁 식사를 챙겨주었다. 이후 일본은 빈곤아동대책법이 제정되고 결식아동에 대한 사회의 관심이 커지면서 단단의 어린이식당이 일본 전역으로 알려지고 전국적으로 유사한 활동이 급격히 늘어났다.[44]

초기에는 아이들이 대상이었으나 지역과 운영 주체가 다양해지면서 혼자 사는 노인, 아이와 함께 오는 부모, 지역 청년 등 이용 대상이 확대되었다. 공부방, 공작, 댄스, 핼러윈 파티, 요리 교실, 농촌 체험 등 연계 프로그램도 다양해지면서 어린이식당은 동네 사람들이 만나는 거점이자 지역 공헌의 구심점이 되었다. 2020년 말 기준, 일본에는 5,086개의 어린이식당이 있으며 최근 3년간은 해마다 1천 개씩 생기고 있다.[45]

어린이뿐 아니라 노인도 지역의 돌봄이 필요하다. 보건복지부는 독거노인 문제와 노인 일자리를 동시에 해결하는 '노노케어老老CARE' 사업을 운영 중이다. 타인을 도울 수 있는 노인이 이웃에 홀로 사는 노인을 정기적으로 방문해 말벗도 하고 생활 여건도 확인한다. 월 30만 원 정도의 생활비를 벌 수 있고 또래 친구도 생기는 사업이라서 참가 노인들에게 환영 받고 있다.

어린이식당과 노노케어는 특정 세대와 계층의 문제를 동네 친구와 이웃이 해결한다는 점에서는 같지만 이후의 진행 양상은 다를 수 있다. 어린이식당은 저소득층 아이들에게 낙인감을 주지 않기 위해 모든 동네 아이들에게 식사를 주었고 어떤 지역에서는 노인이나 청년까지 확대했다. 아이들은 또래 친구와 자원 활동가, 동네 어른들과 어울리며 동네라는 공동체를 느낄 수 있다. 반면에 노노케어는 지속성 확보와 세대간 어울림, 두 가지 과제를 안고 있다. 정부지원이 끊겨 돌봄 서비스를 제공하는 노인의 보수가 없을 때의 관계 지속성도 살펴봐야 하고, 고령 인구 증가에 따른 정부 예산도 지속적으로 늘려야 한다. 또한 특수학교가 발달장애 아동들에게 많은 도움이 되지만 일부 지역 주민들이 반대하는 것처럼, 노인 맞춤형 서비스가 오히려 노인을 다른 세대와 분리할 수 있는 상황도 고려해야 한다.

2013년, 프랑스 파리 14구는 국립 병원이 폐쇄되며 수년간 방치된 건물을 시민단체 오로르Aurore에 위탁해 노숙자와 이민자를 위한 복지시설로 만들었다. 당연히 반대하는 주민들이 생겼지만 오로르와 시민단체는 주민들을 만나 의견을 듣고 공간 운영을 논의했다. 그렇게 탄생한 '레그랑 브와장'에는 이민자 숙박 시설과 함께 지역에 없던 카페, 공연장, 체육 시설, 창업 지원 공간 등이 들어섰다. 매달 열리는 장터에는 입주한 창업 기업과 예술가들의 제품이 판매되고 이민자들이 만든 세계 음식도 먹을 수 있다. 프랑스어로 레그랑 브와장Les Grands Voisins은 '큰 이웃'을 뜻한다.[46]

동네 친구가 우리 앞에 놓인 문제를 해결하기도 하고, 그 문제가 우리를 동네 친구로 만들기도 한다. 경제, 육아, 돌봄, 고독, 가난, 다문화, 차별 등 우리 사회의 아픈 곳들이 우리를 동네 친구로 만들고 공동체로 성장시킨다. 우리에게 닥친 문제를 해결하고 밥상에 앉아 후일담을 나누는 시간, 21세기 지구에서 동네 친구와 사는 재미 아니겠는가.

동네 친구가 우리 앞에 놓인 문제를 해결하기도 하고, 그 문제가 우리를 동네 친구로 만들기도 한다. 우리에게 닥친 문제를 해결하고 밥상에 앉아 후일담을 나누는 시간, 21세기 지구에서 동네 친구와 사는 재미 아니겠는가.

행동하는 시민 지식

바다거북의 코에 나뭇가지처럼 생긴 막대가 박혀 있다. 한 사람은 거북이의 목을 잡아 몸을 고정하고 다른 한 사람은 플라이어[Plier]로 조심스럽게 막대를 뽑는다. 코에서는 새빨간 피가 흐르고 바다거북은 온몸을 비틀며 통증을 호소한다. 8분 만에 겨우 뽑아낸 막대는 나뭇가지가 아니라 플라스틱 빨대였다. 2015년 해양생물학 박사 과정 학생들이 올린 이 영상의 조회수는 2021년 9월 4,200만 회를 넘었고 다수의 언론과 SNS에 공유되었다. 많은 사람들이 이 영상을 본 후 빨대를 멀리하고, 카페들도 종이 빨대로 변경하거나 빨대가 필요 없는 컵을 권장하고 있다. 나도 그 후로 가급적 빨대를 쓰지 않는다.

사회 구성원의 생활 태도와 마음 자세를 시민 의식이라고 한다. 바다거북을 위해 플라스틱 빨대를 쓰지 않을 만큼 우리의 시민 의식은 성숙하다.

유튜브 <Sea Turtle with Straw up its Nostril - "NO" TO PLASTIC STRAWS>

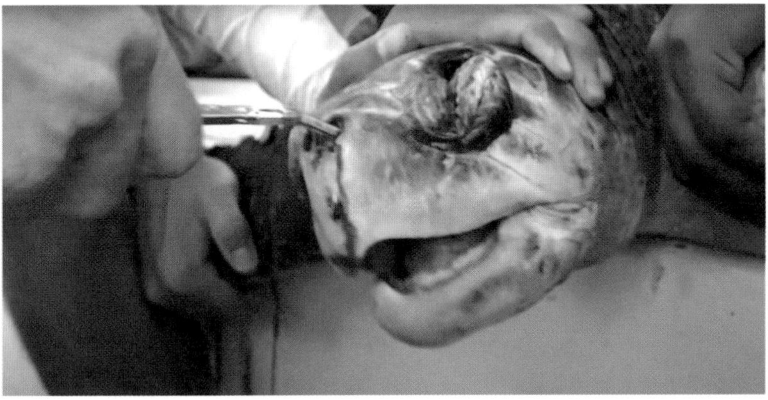

출처: youtu.be/4wH878t78bw

그러나 매년 바다로 흘러가는 플라스틱 쓰레기 900만 톤 중 절반은 어업 활동 후 버려진 폐어구그물, 스티로폼 부표, 낚시줄 등이며 플라스틱 빨대는 0.03%에 불과하다.[47] 어업에서 원래 잡으려던 어종이 아닌 다른 종이 잡히는 걸 '혼획bycatch'이라고 하는데, 해마다 바다거북 25만 마리, 돌고래 30만 마리, 상어 1억 마리가 혼획으로 생명을 잃는다.[48]

시민 의식이 세상을 바꾸려는 의지라면 시민 지식은 그 의지를 실현하는 전략이다. 전략 없는 행동은 효과성이 떨어지고 사람을 지치게 한다. 원하던 방향으로 도달한다는 보장도 없으며 시간이 지나 돌아보면 그동안 무엇을 한 건지 의심하게 될 수도 있다. 무엇보다 사람들의 동참을 이끌어내기 힘들고 작은 변수에도 방향을 잃을 수 있다. 드러난 현상보다 문제의 근원을 찾고, 더 나은 세상을 상상하며, 목적과 수단을 올바로 사용하는 것이 우리에게 필요한 시민 지식이며 전략이다.

시민 지식은 문제의 근원에 대한 고민으로 시작한다. 플라스틱 빨대에 대한 경각심과 거부 행동은 분명 의미 있는 변화의 시작이다. 우리는 빨대를 비롯해 일회용컵, 페트병, 비닐봉지 등 수많은 플라스틱을 최소한으로 줄여가야 하고, 사용 후에는 재활용 효율을 높이기 위해 제대로 버려야 한다. 그런데 그 일이 너무 힘들다. 애써서 플라스틱을 따로 모아 재활용에 넣었더니 칫솔, 즉석밥 용기, 색이 칠해진 샴푸통 등은 플라스틱에 다른 재질이 도포된 '플라스틱 OTHER'라서 일반쓰레기로 버려야 한단다. 기름이나 음식 양념이 묻은 플라스틱은 재활용이 안 되므로 물로 씻고 하루 동안 햇빛에 말려서 빨간 자국을 없앤 후에 버리란다. 음료수 병에 붙은 스티커와 비닐을 벗긴 후에 버려야 하고, 종이컵은 플라스틱 코팅 때문에 일반쓰레기로 버려야 한다. 거북이가 죽기 전에 내 머리가 터져 죽겠다.

이걸 손쉽게 해결하는 방법은 법과 제도로 플라스틱 사용을 제한하는 거다. 일거에 모든 플라스틱을 없앨 수도 없고 불가피하게 사용해야 할 때도 있다. 그러나 기업의 플라스틱 사용을 조절하면 우리가 해야 할 행동이 단순하고 명쾌해진다. 예를 들어, 세탁취급표시처럼 제품 포장에 분리수거 종류별 심벌을 표기하면 우리는 그 모양과 일치하는 수거함만 찾으면 되고 재활용 공장의 효율이 높아진다. 내 자신이 불편해서가 아니라, 물론 그런 부분도 조금 있지만, 문제의 근원을 해결해야 뒤따라오는 현상이 줄어든다.

시민 지식의 두 번째는 더 나은 세상을 상상하는 것이다. '잘못된 세상'만 생각하면 자칫 불평불만에 빠질 수 있지만, '더 나은 세상'을 상상하면 그걸 이루기 위해 할 일을 찾게 된다. '제도가 잘못됐어.', '뭐가 이리 복잡해.' 보다 '어떤 제도가 생겨야 할까.', '좀 더 간편한 방법은 없을까.'를 생각하는 거다. 저출산과 인구 감소의 문제를 '왜 낳지 않을까?'에서 '아이 키우기 좋은 환경은 무엇일까?'로 바꾸고, 나쁜 기업과 상품을 걸러내는 방식에서 착한 기업이 더 잘되게 하는 방식으로 바꾸는 거다.

시민 지식은 시민의 힘을 어느 방향으로 쓸 것인지에 관한 문제다. 불매운동으로 대변되는 네거티브 캠페인은 잘못된 것을 응징하는 데는 유용할 수 있으나, 우리의 에너지는 한정되어 있고 반칙과 변칙은 끝도 없이 생기고 진화한다. 소비자들이 착한 식당을 '돈쭐'내고 정직한 기업을 SNS로 소문낼 때, 우리 스스로 뭔가 해낸 것 같고 소모된 운동에너지는 재생된다. 기업의 현명한 마케터는 소비자의 생각에 전략 초점을 맞추면 회사에도 이익이 돌아오는 걸 안다. 소비자가 화려한 포장을 원하면 패키지 디자인에 투자하고, 제로웨이스트를 추구하면 패키지를 줄이는 데 투자한다. 여전히 많은 기업이 바다 쓰레기로 패키징을 하고 노동자를 부당 대우하며 불공정 행위를 하는 건, 그것을 막아내려는 우리 에너지가 부족해서가 아니라 에너지의 방향이 그쪽을 향했기 때문이다. 시민은 세상을 바꾸기에 충분한 힘을 지니고 있다. 잘못된 것을 찾아서 벌하는 방향보다, 더 나은 것을 찾고 확산시키는 방향으로 전환할 때 시민의 힘을 더 효과적으로 사용할 수 있다.

목적과 수단

기상예보는 왜 할까? 내일의 날씨를 미리 알아서 외출복을 선택하고, 폭풍이나 폭설에 대비해 안전을 지키기 위해 한다. 도로는 왜 있을까? 자동차나 버스로 먼 거리를 편하고 안전하게 이동해, 일을 하거나 친구와 가족을 만나기 위해 있다. 기업은 왜 식품을 만들고 정부는 왜 관리를 할까? 건강하고 맛있는 식품을 안전하게 먹어서 몸의 에너지를 충당하거나, 밥상에 둘러앉아 즐거운 시간을 보내기 위해 있다.

이 세상에 존재하는 모든 일은 결국 우리의 행복을 위해 존재한다. 기상 관측 시설을 개발하기 위해 기상예보를 하지 않고, 자동차를 위해 도로가 존재하지 않으며, 기업의 이익을 위해 밥을 먹지 않는다. 그러므로 우리는 이 모든 일들에 주인 의식을 가져야 한다.

목적과 수단을 전도하지 않고 올바로 사용하는 것이 세 번째 시민 지식이다. 정부, 지자체, 기업, 사회적 경제, 비영리단체 등이 하는 모든 일은 그들이 아니라 우리 자신을 위해 존재함을 인식하고 잊지 않아야 한다. 때때로 그들은 자신의 존재를 위해 일한다. 그들이 조직의 생존을 위해, 리더의 지위를 위해, 자신들의 영역을 지키기 위해 존재할 때, 우리의 행복은 멀어지고 세상은 바뀌지 않는다. 목적과 수단을 올바로 사용하기 위해 시민은 늘 깨어 있어야 하며 때때로 힘을 사용해서 지켜야 한다.

그리고 숲과 바다는 인간을 위해 존재하지 않음을 알아야 한다. 우리는 바다거북과 함께 자연이 품은 수많은 생명 중 하나이며, 우리가 만든 수단들이 거꾸로 이들을 위협하고 있음도 알아야 한다. 마지막으로 이것은 시민 지식이 아니라 자연의 이치이며 보통의 상식임을 알아야 한다.

어떤 사람이 도끼 자루로 쓸 나무를 베기 위해 숲으로 갔다. 어떤 나무가 도끼 자루로 좋을지, 이 나무 저 나무 훑어보았으나 하나를 정하기가 어려웠다. 한참을 헤맨 뒤에야 나무 베려 가져온 자기 손의 도끼가 가장 좋은 본보기임을 깨닫는다. 진리는 멀리 있지 않다. 목적과 수단을 올바로 확립하고 실천하는 가운데 있다.

'도끼 자루 베려하네, 도끼 자루 베려하네. 그 법칙이 멀리 있지 않다네(伐柯伐柯, 其則不遠)'

《시경(詩經) 빈풍(豳風) 벌가(伐柯)》

에필로그

세 사람이 길을 걸으면

한 사람의 역량은 수용성受容性이 좌우한다. 손님이 많은 가게에선 발길을 끄는 이유를 배우고 적은 가게에선 하지 말아야 할 일을 배운다. 수용성이 높은 사람은 교실 밖의 모든 것에서 배움을 찾고 그렇지 않은 사람은 순간을 흘려보내거나 불평불만을 늘어놓는다. 내가 이 책을 끝까지 쓸 수 있었던 것은 아버지가 키워주신 수용성 덕분이다.

중고등학교 시절, 사고 치고 집에 들어가면 친구들의 아버지는 "나가!"라고 외치셨는데 내 아버지는 "안방으로 들어와라."라고 하셨다. 몇 시간 동안 무릎을 꿇려놓고 한자를 써가며 명심보감과 삼강오륜을 말씀하셨다. 다른 집처럼 "나가!"라고 하시면 "네!" 하고 나갈 자신이 있었다. 그 와중에 너무 많이 들어서 무슨 뜻인지도 모르고 외운 말이 '三人行 必有我師'였다. 세 사람이 길을 걸으면 그중에 반드시 스승이 있다. 나보다 나은 사람이든 그렇지 않은 사람이든, 배우려 하는 사람에게는 모두 스승이다. 다행히 내게는 좋은 스승이 많았다.

평생 음식 장사를 하셨던 어머니는 그중 최고의 스승이시다. 장사하는 주인장의 마음은 물론이고 장사하는 부모의 마음도 보여주셨다. 중학교 때 장사는 안 되고 우환도 있었다. 버스비도 아끼려던 어머니는 지하철역에 내려서 뻥튀기로 배를 채우며 30분을 걸어 집에 오셨다고 한다. 그럼에도 불구하고 자식들 기죽지 말라고 평소처럼 용돈을 주시며 내색을 않으셨다. 장사하는 어르신을 보면 어머니가 걸으셨던 멀고 외로운 그 길이 보인다.

주민이 가야 할 길을 보여주신 분은 이소영 성북의료복지사회적협동조합 부이사장님이다. 생활상권 사업의 기획 방향을 '주민이 이끄는 상인의 변화'로 잡았으나 확신이 서지 않았다. 조직 내부에서도 '시민운동을 왜 시청에서 하느냐'며 핍박(?)받을 때 이소영 선생님께 전화를 드렸다. 아무도 가지 않은 길이지만 공동체를 위한 일이라며 마지막 1%의 확신을 채워주셨다. 지역을 위해 후배들과 나란히, 후배들처럼 활동하시며 '젊은 어른'의 길을 보여주신다.

올바른 공무원의 상을 알려준 사람은 곽종빈 서울시 재정기획관이다. 그는 정책 이해관계자 모두의 생각을 고루 듣고 이해하며 더 나은 시민의 삶을 위한 방향을 모색한다. 소상공인지원담당관 시절에 전통시장 정책을 혁신해야 한다며 나를 꼬셔서 전국 시장 투어를 했다. 이틀 동안 원주, 천안, 광주, 전주, 오산을 거쳐 서울에 왔다. 무려 1,000km를 돌며 상인들의 얘기를 경청하는 모습에 감탄했다. 그리고 우리는 '브라더'가 되었다.

부드러운 카리스마와 리더십을 알려주신 분은 문진수 사회적금융연구원 원장님이다. 서울신용보증재단 상임이사를 지내며 재단의 방향과 구조를 혁신하는 일을 하셨다. 그런 일은 내부의 저항에 부딪힐 수밖에 없는데 진수 형님은 직원들과 격의 없이 지내며 물 흐르듯 일을 추진하셨다. 나에게 책쓰기 동기부여와 코칭해 주시는 모습에서 어떻게 그런 일이 가능했는지 배울 수 있었다.

언제나 나를 믿고 아낌없이 도와주시는 손성희 교수님에게는 어른이 무엇인지 배웠고 나도 교수님처럼 멋진 어른이 되고 싶은 목표를 갖게 하셨다. 세상을 보는 관점을 문제중심에서 해결중심으로 전환해 주신 분은 차준 솔루션스쿨 대표님이다. 형님과 밥 먹으며 대화를 나누면 늘 내가 한 뼘 성장한 느낌이 든다.

사회적경제와 비영리의 정신을 심어주신 분은 김재춘 가치혼합경영연구소 소장님이다. '세상을 바꾸는 방법을 바꾼다'는 형님의 철학을 함께할 수 있어 영광이고 감사하다. 류호근 희망나눔동작네트워크 사무국장에게 한 발 한 발 전진한다는 것의 의미를 배웠다. "60년 인생 중 10년 정도는 자신이 추구하는 가치를 위해 던질 수 있지 않은가"라고 했던 국장님의 말 덕분에 공익마케팅스쿨을 길게 내다볼 수 있었다.

한낱 공무원의 생각을 존중해 주시며 '작은경제 연구회'를 만들어 시민을 위한 정책을 펼치고자 하셨던 서울시의회 이준형, 이경선, 이승미, 이은주 의원님에게 감사드린다. 덕분에 좋은 정치인도 있음을, 그래서 우리에게 아직 희망이 있음을 알았다.

내가 아는 한 서울시에서 보고서를 가장 잘 쓰는 사람은 이창현 과장님이다. '공무원 어린이' 시절, 과장님의 보고서를 몽땅 출력해서 행정의 문법을 공부했다. 내가 가장 존경하는 창현 형의 모습은 '따듯한 여유'다. 어떤 일이 있어도 차분하게 대응하고 주변 사람들을 따듯하게 이끈다. 강경훈 서울시 경제정책팀장은 딸 바보이자 워커홀릭이다. 모든 상황을 꼼꼼히 살피고 빈틈없이 일을 추진한다. 이 친구는 아마 꿈에서도 보고서를 다듬고 있을 거다.

이승진 주무관이 없었다면 나는 이 책의 반을 쓰지 못했다. 신시장 사업, 서울상인, 생활상권, 공공마켓 모두 이승진 주무관이 있었기에 가능했다.

김민옥, 이한순 팀장, 문희정, 이형림, 김지영, 윤여민 주무관들 덕분에 답답한 시청 생활을 즐겁게 보낼 수 있었다. 김지영, 황정식의 딸 라희가 건강하게 자라길 기도하며, 이 책에 쓰인 것처럼 온 마을이 한 아이를 품어주기를 바란다.

도시의 삶을 한 발 떨어져 보고 싶을 때면 강원도 정선의 동강으로 갔다. 강봉구 형님, 박경희 누님 부부는 내 집처럼 드나들어도 언제나 반겨주셨다. 두 분이 내어주신 동강의 햇살과 바람은 나에게 명상이었고 무릉도원이었다. 안기태 강원랜드 사회공헌 팀장님은 내 나이에도 술 먹고 응석 부릴 수 있는 품을 내어주셨다. 기태 형 덕분에 여전히 철없는 어른으로 살아갈 수 있어 감사하다.

공저라고 해도 과언이 아닐 만큼 처음부터 끝까지 조언해 주신 김동완 형님에게 무한한 감사를 드린다. 형님 덕분에 외로운 길을 용기 내어 한 발 한 발 내디딜 수 있었다. 한 글자 한 글자 꼼꼼하게 봐주시고 고집스런 나의 주장을 너그러이 받아주신 고용석 대표님, 신선숙 편집자님께도 감사드린다.

12년 동안 내게 책을 쓰라며 끊임없이 목표를 잃지 않게 해주고, 이 책을 쓰는 동안 물심양면으로 도와준 손승태 대표에게 이루 말할 수 없는 감사를 드린다. 승태야, 이제야 약속을 지켰네. 고맙다.

이토록 많은 스승을 만날 수 있게 해준 나의 영원한 스승,

보고 싶은 아버지께 이 책을 바칩니다.

참고 문헌

제인 제이콥스 지음, 유강은 옮김,《미국 대도시의 죽음과 삶》, 그린비, 2010년

박소현, 최이명, 서한림 공저,《동네 걷기 동네 계획》, 공간서가, 2015년

유현준 지음,《도시는 무엇으로 사는가》, 을유문화사, 2015년

헬레나 노르베리 호지 지음, 최요한 옮김,《로컬의 미래》, 남해의봄날, 2018년

정석 지음,《나는 튀는 도시보다 참한 도시가 좋다》, 효형출판, 2013년

후지요시 마사하루 지음, 김범수 옮김,《이토록 멋진 마을》, 황소자리, 2016년

모종린 지음,《골목길 자본론》, 다산북스, 2017년

이미경 지음, 이미경 그림,《동전 하나로도 행복했던 구멍가게의 날들》, 남해의봄날, 2017년

Issue + design project 지음, 김해창 옮김,《디자인이 지역을 바꾼다》, 미세움, 2014년

BRIDGE LAB 지음, 박수현 옮김,《트루 포틀랜드》, 터닝포인트, 2014년

이영래 지음,《살아보고 싶다면 포틀랜드》, 모요사, 2016년

박용남 지음,《도시의 로빈후드》, 서해문집, 2014년

제프 스펙 지음, 박혜인 옮김,《걸어다닐 수 있는 도시》, 마티, 2014년

리처드 플로리다 지음, 안종희 옮김,《도시는 왜 불평등한가》, 매경출판, 2018년

에스더 M. 스턴버그 지음, 서영조 옮김,《힐링 스페이스, 나를 치유하는 공간의 심리학》, 더퀘스트, 2020년

설혜심 지음,《소비의 역사》, 휴머니스트, 2017년

김대갑 지음,《카트에 담긴 역사 이야기》, 노느매기, 2016년

전상인 지음,《편의점 사회학》, 민음사, 2014년

엘리자베스 페이스 지음, 정상수 옮김,《쇼핑의 심리학》, 웅진윙스, 2010년

마틴 린스트롬 지음, 이상근, 장석훈 옮김,《쇼핑학》, 세종서적, 2010년

스티븐 A. 마글린 지음, 윤태경 옮김,《공동체 경제학》, 경희대학교출판문화원, 2020년

리베카 헨더슨 지음, 임상훈 옮김,《자본주의 대전환》, 어크로스, 2021년

조너선 앨드리드 지음, 강주헌 옮김,《경제학은 어떻게 권력이 되었는가》, 21세기북스, 2020년

아비지트 배너지, 에스테르 뒤플로 지음, 김승진 옮김,《힘든 시대를 위한 좋은 경제학》, 생각의힘, 2020년

폴 크루그먼 외 26명 지음. 매경출판 옮김,《세계 석학들이 내다본 코로나 경제 전쟁》, 매일경제신문사, 2020년

필립 코틀러, 허마원 카타자야, 이완 세티아완 지음, 이진원 옮김, 《필립 코틀러 마켓 5.0》, 더퀘스트, 2021년
마셜 밴 앨스타인, 상지트 폴 초더리, 제프리 파커 지음, 이현경 옮김, 《플랫폼 레볼루션》, 부키, 2017년
홍민기 지음, 「소득불평등: 현황과 대책」, 월간 노동리뷰 2017년 5월호
「Walkability Checklist」, U.S. Department of Transportation
박소현, 최이명, 서한림, 김준형, 「주거지 보행환경 인지가 생활권 보행만족도에 미치는 영향에 관한 연구」
고은정, 「근린의 물리적 환경과 사회적 다양성, 사회자본의 상관관계 분석」, 서울도시연구 제19권 제2호
홍현미라, 「한국형 동네 응집력 척도 개발에 관한 연구」, 서울도시연구 제17권 제2호
두리공간연구소 최이명, 「서울 4개 지역에서 나타난 아동놀이패턴 유형」
「2015년 의료취약지 모니터링 연구」, 보건복지부 국립중앙의료원, 2015년 11월
이신해, 정상미, 「'걷는 도시, 서울' 정책효과와 향후 정책방향」, 서울연구원

출처

1 「서울시 생활상권 활성화 관련 시민 소비생활 실태 조사」, 서울시 지역상권활력센터, 2018년 12월

2 「[이건 왜?] 대형마트 카트는 왜 점점 커질까」, 한국경제신문, 2008년 5월 15일

3 「서울시 생활상권 활성화 관련 시민 소비생활 실태 조사」, 서울시 지역상권활력센터, 2018년 12월

4 「가공식품소비자태도조사」, 농림축산식품부, 2020년

5 「연 5조 원 시장 된 가정간편식… 식품산업을 '과학'으로 만들다」, 한국경제, 2019년 7월 18일

6 임화진, 김종수, 「지역상권 활성화를 위한 우수 해외 사례 연구」, 서울연구원, 2012년

7 「가맹사업 통계정보」, 공정거래위원회, 2020년

8 「프랜차이즈, 비프랜차이즈 사업체 비교 분석」, 통계청 통계개발원, 2018년

9 「프랜차이즈 통계」, 국가통계포털, 2020년

10 「기후통계분석」, 기상청 기상자료개방포털, 2020년 12월

11 「온라인 쇼핑몰 거래액」, 국가통계포털, 2021년 9월 기준

12 「온라인 쇼핑몰 거래액」, 국가통계포털, 2021년 9월 기준

13 「'소셜 1호 티몬은?'…쿠팡·네이버 2강 재편」, 조선일보, 2021년 2월 19일

14 「홈코노미, 하비슈머, 케어푸드… '집 안에서 나 혼자' 소비행태 확산」, 국민일보, 2019년 1월6일

15 「홈코노미 분석 '당신의 시간을 여유롭게 즐겁게'」, KB트렌드리포트, 2019년 11월 18일

16 마츠우라 모토오 지음, 왕현철 옮김, 《주켄 사람들》, 거름 출판사, 2004년

17 「전통시장 경영현황」, 국가통계포털, 2021년 09월 기준

18 한정수, 「자영업자 지원사업 평가」, 국회예산정책처, 2015년 10월

19 「중산층이 무너진다…'K자 양극화'의 공포」, MBC 뉴스, 2020년 12월 31일

20 「Confronting Carbon Inequality」, OXFAM, 2020년 9월 21일

21 「Green Light for Midtown Evaluation Report」, New York City, 2010년 1월

22 「연세로 대중교통전용지구 조성사업」, 서울 정책아카이브, 2015년 4월 2일

23 「교통사고상세통계」, 교통사고분석시스템(TAAS), 2021년 9월

24 「2020년 국내 5대 백화점 67개 점포 매출 실적」, 어패럴뉴스, 2021년 1월 7일

25 「예금 상위 1% 계좌가 전체 예금 45.5% 차지」, 매일경제, 2019년 10월 13일
「소수의 투자자 돈 자유롭게 굴리는 사모펀드」, 매일경제, 2020년 11월 18일

26 KBS 명견만리 제작팀 저, 《명견만리 새로운 사회 편》, 인플루엔셜, 2017년
27 제인 제이콥스 지음, 유강은 옮김, 《미국 대도시의 죽음과 삶》, 그린비 출판사, 2017년
28 유현준 지음, 《도시는 무엇으로 사는가》, 을유문화사, 2015년
29 오병록, 「가구통행실태조사 자료를 이용한 통행특성 분석과 생활권 기준 설정 연구」, 2014년 9월
30 「대한민국 TOP5 쇼핑앱 사용자 분석」, IgaWorks, 2021년 4월
31 달라이 라마, 하워드 커틀러 지음, 류시화 옮김, 《당신은 행복한가》, 문학의 숲, 2012년
32 「온라인 쇼핑몰 거래액」, 국가통계포털, 2021년 9월 기준
33 「"취업 어려워 알바하다 창업" 2030 가맹점주 늘었다」, 파이낸셜뉴스, 2021년 4월 25일
34 노자 원전, 감산덕청 주석, 심재원 역주, 《노자 도덕경 그 선의 향기》, 정우서적, 2010년
35 사이먼 윈체스터 지음, 공경희 옮김, 《교수와 광인》, 세종서적, 2016년
36 박승현, 「'지방소멸'과 '지방창생'」, 일본비평 16호
37 「행정구역별 주민등록인구」, 국가통계포털, 2021년 5월 기준
38 「'코로나 '돈맥경화'… 230조 더 풀려도 안 쓴다」, 매일경제, 2020년 10월 11일
39 「주민 1인당 세출예산액」, 지방재정 365, 2021년 7월 기준
40 「시도/합계출산율」, 국가통계포털, 2021년 7월 기준
41 후지요시 마사하루 지음, 김범수 옮김, 《이토록 멋진 마을》, 황소자리, 2016년
42 「단절된 '이웃관계', 무색해진 '이웃사촌'의 의미」, 엠브레인 트렌드 모니터, 2019년 5월 24일
43 「Facebook Launches Test of Nextdoor Style 'Neighborhoods' Feature」, SocialMediaToday.com, 2020년 10월 21일
44 새로운 커뮤니티 활성화 지원사업 사례집 「더 많은 주민과 일상에서 만나기」, 서울시 마을공동체 종합지원센터, 2018년 12월 21일
45 「일본, '어린이식당' 어울림과 참여를 통한 지역복지」, 복지타임즈, 2021년 2월 26일
46 「GSEF 2018 빌바오포럼&스페인, 프랑스 전략기획 연수 결과보고서」, 서울시 사회적경제지원센터, 2018년 10월
47 Jenna R. Jambeck, Roland Geyer, Chris Wilcox et al., 「Plastic Waste Inputs from Land into the Ocean」, Science 347, no. 6223 (February 2015): 768-771
48 〈SEASPIRACY〉, NETFLIX, 2021년

슬리퍼 신은 경제학

초판 1쇄 인쇄일 | 2022년 4월 11일
초판 1쇄 발행일 | 2022년 4월 18일

지은이 | 오승훈
펴낸이 | 고용석
펴낸곳 | 다우출판
책임편집 | 더봄에이전시

출판등록 | 제2016-000069호(2005년 2월 22일)
주소 | 서울시 마포구 토정로 222 한국출판콘텐츠센터 422
전화 | 02-701-3443
이메일 | onbooker@gmail.com

ISBN 978-89-88964-56-9 03320